组织机构代码登记手册

(2011 版)

全国组织机构代码管理中心　编

主　编　张冬青　顾迎建
编著者　张冬青　顾迎建　袁亚光　冯晨

中国计量出版社

图书在版编目(CIP)数据

组织机构代码登记手册:2011版/全国组织机构代码管理中心编. —北京：中国计量出版社，2011.3（2013.10重印）

ISBN 978-7-5026-3418-6

Ⅰ.①组… Ⅱ.①全… Ⅲ.①组织机构—代码—中国—手册 Ⅳ.①F208-62

中国版本图书馆CIP数据核字（2011）第029795号

内容提要

本书是一部注重统一性、规范性和可操作性的组织机构代码登记手册。

全书共分为四篇。第一篇介绍了应当赋予组织机构代码的五种具体类型及每个类型的范围，并对组织机构代码采集信息项目和登记表进行了规范；第二篇从代码管理机构与申领代码证的组织机构发生的业务关系出发，介绍了赋码颁证工作的原则与程序；第三篇从组织机构代码系统的内部管理角度出发，介绍了码段管理、代码证管理、目标管理责任和档案管理四个方面的内容；第四篇介绍了组织机构代码相关术语，并收录了赋码颁证过程中应用到的重要国家标准。

本书可作为各级组织机构代码管理机构工作人员的工具书与培训教材。

中国计量出版社出版

北京和平里西街甲2号

邮政编码 100013

电话(010)64275360

http://www.zgjl.com.cn

中国标准出版社秦皇岛印刷厂印刷

新华书店北京发行所发行

*

787 mm×1092 mm 16开本 印张 20.5 字数 474 千字

2011年3月第1版 2013年10月第3次印刷

*

定价 50.00 元

前 言

我国改革开放已走过了30多年。这30多年来我国发生了一系列翻天覆地的变化，国民经济蓬勃发展，人民生活水平不断提高，中华民族以崭新的姿态屹立于世界民族之林。

组织机构代码标识制度是我国改革开放配套建立的一项国家基本管理制度。它将我国所有合法单位的基本信息汇聚于国家层面的统一平台上进行集中管理，通过多种信息化手段建立起了中国特色的“单位实名制制度”，保证了国家对各类单位法人进行全方位的动态跟踪管理。国务院于1989年创立这项制度时就明确指出：“组织机构代码标识制度是国家发挥监督管理体系整体效能，强化管理的一项改革。”

多年来，组织机构代码作为单位法人的身份证号，在我国20多个社会监管领域取得了广泛的应用，为促进政府部门之间的信息互通互联，消融部门之间的信息孤岛化现象发挥了重大作用。2007年，在我国市场经济体制不断完善，社会诚信体系建设日趋紧迫的时刻，国务院再次指出：“要逐步建设和完善以组织机构代码和身份证号码等为基础的实名制信息共享平台体系，形成失信行为联合惩戒机制，真正使失信者‘一处失信，寸步难行’”。由此可以看出，组织机构代码已经成为我国社会诚信体系建设和社会监督管理不可或缺的重要内容。

赋码办证工作是组织机构代码的基础性工作，是整个组织机构代码信息系统的源头。鉴于组织机构代码标识制度在我国国民经济中的重要作用，加强对赋码办证工作的统一管理，确保组织机构代码信息的准确性、真实性，具有尤为重要的意义。2009年3月，国家质检总局令第110号《组织机构代码管理办法》正式实施，组织机构代码工作由此具有了国家层面上的统一的工作规范。《组织机构代码管理办法》第六条明确规定：组织机构代码工作应当遵循统一政策、统一规章制度、统一标准规范、统一规划计划、统一方法步骤的原则。

为统一指导全国2700多个代码办证机构的赋码颁证工作，本书进行了多次编写与修订，最早可追溯到1990年由全国企事业社团统一代码标识制度领导小组办公室编写的《企业事业单位和社会团体统一代码标识制度文件汇编》，后分别于1993年、1997年、2005年和2007年进行了4次修订，2005版改为现名。与2007版相比，本次修订主要进行了以下几个方面的调整：

一是根据组织机构代码办证业务和电子档案业务中频繁出现的一些问题，在第三章和第六章分别增加了《组织机构赋码颁证中的特殊问题》和《代码数字档案工作中的常见问题及解决方法》两节，对一些典型问题进行了有针对性的解答。

二是根据《组织机构代码管理办法》的相关规定，补充和完善了相关内容。例如增加了一系列办证文书，使办证程序更加规范。

三是根据几年来电子档案业务扩展和赋码业务的变化情况，调整了一些内容。例如随着电子档案与码段管理工作结合的日益紧密，码段的申请条件也更加严格，本书也对此进行了阐述。

另外，2007版所引用的一些法律法规在近几年内已经失效，一些国家标准和相关政策文件相继修订，期间又另有一些新的法律法规出台，本书也对相关内容进行了调整。

本书写作人员：张冬青、顾迎建、袁亚光、冯晨。

全书由张冬青、顾迎建统编定稿。

限于本书作者的理论和知识水平，书中一定会存在不少的错误和不足。敬请同仁们批评指正。

编　者

2011年2月

目　　录

第一篇　组织机构赋码类型

第二篇　组织机构赋码颁证原则与程序

第三篇　组织机构赋码颁证的内部管理

第四篇　组织机构代码相关术语和国家标准简介

附　　录

第一篇

组织机构赋码类型

第一章
组织机构赋码类型的主要内容

第一节 组织机构赋码的一般类型

一、赋予组织机构代码的依据

建立组织机构代码标识制度，对我国每个依法成立的组织机构赋予一个唯一的、始终不变的代码，是国家发挥监督管理体系整体效能、强化管理的一项改革，也是我国信息化建设中的电子政务、电子商务和诚信体系建设的基础。国务院于 1997 年指出："对单位法人实行组织机构代码和对自然人实行社会保障号码制度，是国家整个经济和社会实现现代化管理的基本制度，尽快建立这一制度，对建立社会主义市场经济体制和推动社会进步具有十分重要的意义，且具有紧迫性。" 2007 年，国务院再次强调："各部门要积极配合，及时沟通情况，建立信用信息共享制度，逐步建设和完善以组织机构代码和身份证号码等为基础的实名制信息共享平台体系，形成失信行为联合惩戒机制，真正使失信者'一处失信，寸步难行'。"

作为国家的一项重要管理制度，组织机构代码工作必然要以一定的法律和规章制度作为依据。主要有如下法律法规：

（一）国务院文件

(1)《国务院批转国家技术监督局等部门关于建立企业事业单位和社会团体统一代码标识制度报告的通知》(国发[1989]号)

(2)《听取组织机构代码和社会保障号码工作进展情况汇报》会议纪要(1997)

(3)《国务院第 143 次总理办公会议决定事项通知》(1997)

(4)《国务院办公厅关于社会信用体系建设的若干意见》(国办发[2007]17 号)

（二）强制性国家标准

GB 11714—1997《全国组织机构代码编制规则》(1997)

（三）代码管理部门规范性文件

(1)《组织机构代码管理办法》(国家质检总局令 2009 第 110 号)

(2)《企业事业单位和社会团体代码管理办法》(1993)

(3)《关于向个体工商户颁发组织机构代码证书有关问题的通知》(国质检标函[2003]178 号)

(4) 各省市有关组织机构代码管理的法规和规章

（四）在各领域应用的规范性文件

1. 银行系统

《关于在账户管理工作中实施查验全国统一代码证书的通知》（技监局发[1993]006号）

2. 税务系统

（1）《关于在税务登记工作中查验全国统一代码证书的通知》（国税发[1993]094号）

（2）《关于在换发税务登记证工作中使用〈全国组织机构统一代码证书〉的通知》（技监局综发[1996]114号）

（3）《关于个体加油站赋码和换发税务登记证的通知》（国税发[2002]66号）

（4）《关于开展税务与组织机构代码信息共享工作的通知》（国税发[2010]98号）

3. 统计系统

（1）《关于为全面实施新的统计报表制度，加快〈单位代码证书〉发放的通知》（国统字[1993]155号）

（2）《关于加快〈单位代码证书〉发放保证全国第三产业普查和实施新统计报表制度的通知》（技监局发[1993]22号）

（3）《关于做好第一次全国基本单位普查工作的通知》（国统字[1996]117号）

（4）《关于开展第二次全国基本单位普查的通知》（国统字[2001]37号）

（5）《关于第二次全国基本单位普查工作有关组织机构代码问题的通知》（国统字[2001]68号）

（6）《关于国家统计局直属调查队领取中华人民共和国组织机构代码证有关问题的通知》（国质检标联[2006]420号）

4. 外经贸系统

《关于外商投资企业和台港澳侨投资企业领取全国组织机构代码和进出口企业代码有关事宜的通知》（外经贸资发[1997]第813号）

5. 公安系统

《中华人民共和国机动车登记办法》（2001年公安部令第56号）

6. 工商系统

《关于联合推动全国组织机构代码工作的通知》（工商企字[1997]第300号）

7. 质检系统

《关于在全国质量技术监督系统全面使用组织机构代码标识的通知》（质监局标发[1999]220号）

8. 海关系统

《海关总署、对外贸易经济合作部、国家税务总局、国家工商行政管理局、国家外汇管理局、国家质量技术监督局公告》（2001年第1号）

《关于在全国范围内对口岸电子执法系统入网用户进行资格审查的通知》（署通发[2001]188号）

9. 外汇系统

《关于在外汇业务工作中全面使用组织机构代码标识的通知》（汇发[2002]24号）

10. 铁路系统

《关于各铁路局及其设立的非法人单位申请变更中华人民共和国组织机构代码证有关问题的通知》(国质检标联[2006]17 号)

11. 人事系统

《关于在全国人事管理信息系统中使用全国组织机构代码的通知》(人发[1998]105 号)

12. 工会系统

《关于工会法人组织申领中华人民共和国组织机构代码证的通知》(总工发[2000]4 号)

13. 外交部系统

《关于对外国常驻新闻机构申领中华人民共和国组织机构代码证的通知》(国质检标联[2004]387 号)

14. 军队事业单位

《关于开展军队事业单位申领组织机构代码工作的通知》[2004]后司字第 710 号

15. 新华社系统

《关于加强新华社国内各分社组织机构代码证管理有关问题的通知》(国质检标联[2007]371 号)

16. 文化部系统

《关于外国政府在中国设立的文化中心办理全国组织机构代码证有关事项的通知》(文外函[2009]199 号)

17. 最高人民法院系统

《最高人民法院关于做好"全国组织机构代码共享平台"查询使用工作的通知》(法[2009]163 号)

18. 证监会系统

《关于在期货市场统一使用组织机构代码的通知》(证监发[2009]103 号)

19. 银监会系统

《关于共同推进银码信息共享的通知》(银监发[2009]108 号)

20. 保监会系统

《中国保监会 国家质检总局关于加强合作推进质检领域责任保险发展的会议纪要》(2006 年 9 月)

21. 住房和城乡建设部系统

《关于在住房公积金管理中使用组织机构代码的通知》(建保[2008]33 号)

22. 最高人民检察院系统

《关于在各级人民检察院使用"全国组织机构代码共享平台"的通知》(高检会[2009]6 号)

二、赋予组织机构代码的范围

(1)赋予代码的组织机构的地域范围：中华人民共和国境内依法成立的组织机构。

(2)赋予代码的组织机构种类：依据中华人民共和国法律成立的组织机构，包括《中华人民共和国民法通则》规定的企业法人、机关法人、事业法人和社会团体法人及其他依法成立的组织机构。

①县级以上(含县级)工商行政管理机关核准登记的企业；

②依据《中华人民共和国宪法》及其他相关法律依法成立的国家机关；

③县级以上(含县级)事业单位登记管理机关核准登记的事业法人；

④县级以上(含县级)民政部门核准登记的社会团体；

⑤其他依法成立的组织机构。

(3)不在赋码范围内的组织机构：

①组织机构的内设机构(包括国家只批准资格没有相应机构的)；

②非常设组织机构；

③我国在境外设立的组织机构；

④军队的队列单位、武警部队。

第二节　组织机构赋码的具体类型——企业法人

一、企业法人的定义

企业法人是指具有法人资格并经工商行政管理机关登记注册，从事营利性生产经营活动的经济组织。

根据我国《民法通则》的规定，全民所有制企业、集体所有制企业有符合国家规定的资金数额，有组织章程、组织机构和场所，能够独立承担民事责任，经主管机关核准登记，取得法人资格。在中华人民共和国领域内设立的中外合资经营企业，中外合作经营企业和外资企业，具备法人条件的，依法经工商行政管理机关核准登记，取得中国法人资格。

企业法人应当在核准登记的经营范围内从事经营，并对它的法定代表人和其他工作人员的经营活动承担民事责任。企业法人分立、合并或者有其他重要事项变更，应当向登记机关办理登记并公告。企业法人分立、合并，它的权利和义务由变更后的法人享有和承担。企业法人由于依法被撤销、解散、依法宣告破产及其他原因而终止。企业在法人终止时，应当向登记机关办理注销登记并公告。

二、企业法人包括的范围

企业法人包括公司和非公司制企业法人两大类。

(一) 公司

公司是指依照《公司法》在中国境内设立的有限责任公司和股份有限公司。公司是企业法人，有独立的法人财产，享有法人财产权。公司以其全部财产对公司的债务承担责任。有限责任公司的股东以其认缴的出资额为限对公司承担责任；股份有限公司的股东以其认购的股份为限对公司承担责任。

有限责任公司和股份有限公司设立、变更、终止，应当依照《中华人民共和国公司登记管理条例》的规定办理登记。公司经工商机关依法核准登记，领取《企业法人营业执照》，方取得企业法人资格。

（二）非公司制企业法人

非公司制企业法人是依照《中华人民共和国企业法人登记管理条例》和《中华人民共和国企业法人登记管理条例施行细则》登记设立的，以国家授予其经营管理的财产或企业所有的财产，独立承担民事责任的企业，包括国有企业、集体企业、联营企业等。在中华人民共和国境内设立的中外合资经营企业、中外合作经营企业、外资企业、私营企业及其他依法需要办理企业法人登记的企业，如果具备法人条件，也可取得企业法人资格。

非公司制企业法人经工商机关依法核准登记，领取《企业法人营业执照》，方取得企业法人资格。

三、企业非法人

企业非法人是指经工商行政管理机关登记注册，从事营利性生产经营活动，但不具有法人资格的经济组织。企业非法人主要包括个人独资企业、合伙企业、联营企业、企业的分支机构（分公司、办事处、代表处）等。

依据《中华人民共和国企业法人登记管理条例》的规定，企业法人设立的不能独立承担民事责任的分支机构，由该企业法人申请登记，经登记主管机关核准，领取《营业执照》，在核准登记的经营范围内从事经营活动。根据国家有关规定，由国家核拨经费的事业单位、科技性的社会团体从事经营活动或者设立不具备法人条件的企业，由该单位申请登记，经登记主管机关核准，领取《营业执照》，在核准登记的经营范围内从事经营活动。

非法人企业虽然不具备法人资格，但同样是市场经济活动主体的重要组成部分，出于管理的需要，也要对其赋予组织机构代码。

四、企业赋码的类型

国家工商总局规定的企业注册类型	批准设立法律法规	批准设立机关（或主管机关）	核准登记法律法规	核准登记机关
（一）内资企业 1. 国有企业 2. 集体企业 3. 股份合作企业	中华人民共和国公司法（法律 2005） 中华人民共和国全民所有制工业企业法（法律 1988） 中华人民共和国乡镇企业法（法律 1997 年） 中华人民共和国城镇集体所有制企业条例（法律 1992）	国家工商总局	中华人民共和国公司登记管理条例（法规 1994 年） 中华人民共和国企业法人登记管理条例（法规 1988 年）	国家工商总局及地方各级工商行政管理局

续表

国家工商总局规定的企业注册类型	批准设立法律法规	批准设立机关（或主管机关）	核准登记法律法规	核准登记机关
4. 联营企业 (1)国有联营企业 (2)集体联营企业 (3)国有与集体联营企业 (4)其他联营企业 5. 有限责任公司 (1)国有独资公司 (2)其他有限责任公司 6. 股份有限公司	中华人民共和国乡村集体所有制企业条例(法律 1990) 中华人民共和国私营企业暂行条例(法规 1988) 中华人民共和国私营企业暂行条例施行办法(规章 1998) 中华人民共和国合伙企业法(法律 2007) 中华人民共和国合伙企业登记管理办法(法规 2007) 中华人民共和国个人独资企业法(法律 2000) 金融机构管理规定(规章 1994) 中华人民共和国商业银行法(法律 2004) 商业银行设立同城营业网点管理办法(规章 2002)	国家工商总局 中国人民银行	中华人民共和国企业法人登记管理条例实行细则(规章 2000 年) 企业登记程序规定(规章 2004) 企业名称登记管理实施办法(规章 2004) 公司注册资本登记管理规定(规章 2004) 企业经营范围登记管理规定(规章 2004) 个体工商户登记程序规定(规章 2004)	
7. 私营企业 (1)私营独资企业 (2)私营合伙企业 (3)私营有限责任公司 (4)私营股份有限公司 8. 其他企业	劳动就业服务企业管理规定(法规 1990) 国家铁路运输企业登记管理办法(规章 1992) 城市信用合作社管理办法(规章 1997) 农村信用合作社机构管理暂行办法(规章 1998) 保险公司管理规定(规章 2009) 中华人民共和国保险法(法律 2009) 中华人民共和国港口法(法律 2004) 旅行社管理条例实施细则(法规 2001) 批发市场管理办法(规章 1994) 拍卖管理办法(规章 2005) 商业仓库管理办法(规章 1988) 中华人民共和国邮政法实施细则(法规 1990)	国家工商总局 中国人民银行 保监会 交通运输部		

续表

国家工商总局规定的企业注册类型	批准设立法律法规	批准设立机关（或主管机关）	核准登记法律法规	核准登记机关
	中华人民共和国注册会计师法（法律 1994） 会计师事务所审批和监督暂行办法（规章 2005） 国务院关于印发深化农村信用社改革试点方案的通知（法规性文件 国发[2003]15 号） 国务院办公厅关于进一步深化农村信用社改革试点的意见（法规性文件 国办发[2004]66 号）	财政部		
	出版物市场管理规定（规章 2004） 音像制品管理条例（法规 2002） 电影管理条例（法规 2002） 出版管理条例（法规 2002）	新闻出版署		
	典当管理办法（规章 2005）	商务部、公安部		
	企业集团财务公司管理办法（规章 2004）	银监会		
	互联网上网服务营业场所管理条例（法规 2002）	文化部		
	电子认证服务管理办法（规章 2009）	工信部		
	资产评估机构审批管理办法（规章 2005）	财政部、人事部、商务部		
（二）港、澳、台商投资企业 9. 合资经营企业（港或澳、台资） 10. 合作经营企业（港或澳、台资） 11. 港、澳、台商独资经营企业 12. 港、澳、台商投资股份有限公司	中华人民共和国中外合资经营企业法（法律 2001） 中华人民共和国中外合资经营企业法实施条例（法律 2001） 中华人民共和国中外合作经营企业法（法律 2000） 中华人民共和国中外合作经营企业法实施细则（规章 2001） 中华人民共和国外资企业法（法律 2000） 中华人民共和国外资企业法实施细则（法律 2001）	商务部	外商投资企业授权登记管理办法（规章 2003） 关于外商投资企业合并与分立的规定（规章 2001）	商务部及各地外经贸管理机关、国家工商局
	中外合作音像制品分销企业管理办法（规章 2009）	文化部		

续表

国家工商总局规定的企业注册类型	批准设立法律法规	批准设立机关（或主管机关）	核准登记法律法规	核准登记机关
（三）外商投资企业 13. 中外合资经营企业 14. 中外合作经营企业 15. 外资企业 16. 外商投资股份有限公司	中外合资中外合作职业介绍机构设立管理暂行规定（规章 2001） 中外合作会计师事务所管理暂行办法（规章 1996 年） 外国保险机构驻华代表机构管理办法（规章 2006） 外商投资电信企业管理规定（法规 2008） 中外合资人才中介机构管理暂行规定（规章 2008）	劳动和社会保障部、国家工商总局 财政部 保监会 国家工商总局		
（四）企业分支机构、代表机构 各类分公司 各类办事处 各类代表处	外国政府旅游部门在中国设立常驻代表机构管理暂行办法（规章 1998） 关于外国企业在中国设立旅游常驻代表机构的审批管理办法（规章 1994） 境外会计师事务所常驻代表机构管理暂行办法（规章 1996） 外资金融机构驻华代表机构管理办法（规章 2002） 境外机构设立驻华广播电视办事机构管理规定（规章 2004） 境外就业中介管理规定（规章 2002）	国家旅游局等 6 部委 国家旅游局 财政部 中国人民银行 广电总局 劳动和社会保障部	外国企业常驻代表机构登记管理条例（法规 2010）	

第三节　组织机构赋码的具体类型——国家机关法人

一、国家机关法人的定义

我国《民法通则》规定，有独立经费的机关从成立之日起，具有法人资格。机关法人包括国家权力机关、国家行政机关、国家司法机关、政党机关、人民解放军、武警部队、政协组织等。

二、国家机关法人的范围

（一）中国共产党

依据《中国共产党章程》，中国共产党的组织机构包括中国共产党中央委员会及中央各部门，地方各级委员会及其工作机构。

（二）国家权力机关法人

国家权力机关法人包括全国人民代表大会及其常务委员会、地方各级人民代表大会及其常务委员会。我国《宪法》规定，全国人民代表大会是最高国家权力机关，它的常设机构是全国人民代表大会常务委员会。地方各级人民代表大会是地方国家权力机关，县级以上地方各级人民代表大会设立常务委员会。

（三）国家行政机关法人

国家行政机关法人包括国务院和地方各级人民政府及其工作部门，以及地区行政行署。我国《宪法》规定，国务院是最高国家权力机关的执行机关，是最高行政机关。省、直辖市、县、市、市辖区、乡、民族乡、镇设立人民政府，自治区、自治州、自治县设立自治机关。

（四）国家司法机关法人

国家行政机关法人包括最高人民法院、地方各级人民法院和专门人民法院，最高人民检察院、地方各级人民检察院和专门人民检察院。我国《宪法》规定，人民法院是国家的审判机关，中华人民共和国设立最高人民法院、地方各级人民法院和军事法院等专门人民法院。人民检察院是国家的法律监督机关，中华人民共和国设立最高人民检察院、地方各级人民检察院和军事检察院等专门人民检察院。

（五）政协组织

依据《中国人民政治协商会议章程》规定，政协组织包括中国人民政治协商会议全国委员会和地方各级委员会及其办事机构。

（六）民主党派

民主党派包括民革、民盟、民建、民进、农工党、致公党、九三学社、台盟等中央和地方各级工作机构。

二、国家机关赋码类型

国家机关赋码类型	批准设立法律法规	批准成立机关
一、国家权力机关法人 （一）全国人民代表大会及常务委员会及其办事机构 1. 全国人大常委会办公厅 2. 各专门委员会 民族委员会 法律委员会 内务司法委员会 财政经济委员会	中华人民共和国宪法（2004） 中华人民共和国全国人民代表大会组织法（法律1982）	依法成立

续表

国家机关赋码类型	批准设立法律法规	批准成立机关
教育科学文化卫生委员会 外事委员会 华侨委员会 环境与资源委员会 农业与农村委员会 (二)地方各级人大常委会及其办事机构	中华人民共和国地方各级人民代表大会和地方各级人民政府组织法(法律 2004)	依法成立
二、国家行政机关法人 (一)国务院及其职能部门、各直属机构 1. 中华人民共和国国务院办公厅 2. 国务院组成部门 中华人民共和国外交部 中华人民共和国国防部 中华人民共和国国家发展和改革委员会 中华人民共和国教育部 中华人民共和国科学技术部 中华人民共和国工业和信息化部 中华人民共和国国家民族事务委员会 中华人民共和国公安部 中华人民共和国国家安全部 中华人民共和国监察部 中华人民共和国民政部 中华人民共和国司法部 中华人民共和国财政部 中华人民共和国人力资源和社会保障部 中华人民共和国国土资源部 中华人民共和国环境保护部 中华人民共和国住房和城乡建设部 中华人民共和国铁道部 中华人民共和国交通运输部 中华人民共和国水利部 中华人民共和国农业部 中华人民共和国商务部 中华人民共和国文化部 中华人民共和国卫生部 中华人民共和国国家人口和计划生育委员会 中国人民银行 中华人民共和国审计署 3. 国务院直属特设机构 国务院国有资产监督管理委员会	中华人民共和国宪法(2004) 中华人民共和国国务院组织法(法律 1982) 国务院行政机构设置和编制管理条例(法规 1997)	全国人民代表大会

续表

国家机关赋码类型	批准设立法律法规	批准成立机关
4. 国务院直属机构		
中华人民共和国海关总署		
国家税务总局		
国家工商行政管理总局		
国家质量监督检验检疫总局		
国家广播电影电视总局		
国家新闻出版总署(国家版权局)		
国家体育总局		
国家安全生产监督管理总局		
国家统计局		
国家林业局		
国家知识产权局		
国家旅游局		
国家宗教事务局		
国务院参事室		
国务院机关事务管理局		
5. 国务院办事机构		
国务院侨务办公室		
国务院港澳事务办公室		
国务院法制办公室		
国务院研究室		
6. 国务院部委管理的国家局		
国家信访局	信访条例(法规 2005)	国务院办公厅
国家粮食局		国家发改委
国家能源局		
国家国防科技工业局		工业和信息化部
国家烟草专卖局		
国家外国专家局		人力资源和社会保障部
国家公务员局		
国家海洋局		国土资源部
国家测绘局		
中国民用航空局		交通运输部
国家邮政局		
国家文物局		文化部
国家食品药品监督管理局		卫生部
国家中医药管理局		
国家外汇管理局		中国人民银行
国家煤矿安全监察局		国家安全生产监督管理总局

续表

国家机关赋码类型	批准设立法律法规	批准成立机关
(二)地方各级人民政府及其职能部门，各直属机构及其他部门和乡镇人民政府，省、市、县人民政府的派出机关	国务院办公厅关于抓紧做好企业事业单位公安机构体制改革工作的通知(法规性文件 国办发[2001]60号) 公安派出所组织条例(法律 1980) 工商行政管理所条例(规章 1991) 中华人民共和国看守所条例(法规 1990) 中华人民共和国看守所条例实施办法(规章 1991) 治安拘留所管理办法(试行)(规章 1990)	公安部 国家工商总局 公安部
三、国家司法机关法人 (一)国家审判机关法人 1. 最高人民法院 2. 地方各级人民法院 3. 专门人民法院 4. 人民法院派出的人民法庭 (二)国家检察机关法人 1. 最高人民检察院 2. 地方各级人民检察院 (1)省、自治区、直辖市人民检察院 (2)省、自治区、直辖市人民检察院分院，自治州、省辖市人民检察院 (3)县、市、自治县和市辖区人民检察院 3. 专门人民检察院 (1)军事检察院 (2)铁路运输检察院	中华人民共和国宪法(2004) 中华人民共和国人民法院组织法(法律 2007) 中华人民共和国宪法(2004) 中华人民共和国人民检察院组织法(法律 1986)	全国人民代表大会
四、党派、政协组织 (一)中国共产党 1. 中共中央及其工作机构 中央纪律检查委员会机关 中央办公厅 中央组织部 中央宣传部 中央统战部	中国共产党章程	中国共产党中央委员会

续表

国家机关赋码类型	批准设立法律法规	批准成立机关
中央对外联络部 中央政法委员会机关 中央政策研究室 中央台湾工作办公室(国务院台湾事务办公室) 中央对外宣传工作办公室(国务院新闻办公室) 中央机构编制委员会办公室 中央直属机关工作委员会 中央国家机关工作委员会 中央档案馆(国家档案局) 2. 地方工作机构 省委、市委、县委、区委及其职能机构		
(二)中国人民政治协商会议 1. 全国政协办公厅 2. 地方各级政协委员会及办事机构	中国人民政治协商会议章程	
(三)民主党派 1. 国民党革命委员会 2. 中国民主同盟 3. 中国民主建国会 4. 中国民主促进会 5. 中国致公党 6. 九三学社 7. 台湾民主自治同盟 8. 农工民主党 以上八个民主党派中央和地方的工作机构		
五、国家机关法人的分支机构、派出机构		

第四节 组织机构赋码的具体类型——事业单位法人

一、事业单位的定义

事业单位法人是指为社会公益目的，由国家机关举办或者其他组织利用国有资产举办的，依法取得法人资格的，从事教育、科技、文化、卫生等活动的社会服务组织。

我国《民法通则》规定，具备法人条件的事业单位，依法不需要办理法人登记的，从成立之日起，具有法人资格；依法需要办理法人登记的，经核准登记，取得法人资格。

二、事业单位的范围

根据《事业单位登记管理(暂行)条例》规定，凡由国家机关、党委、群众团体、民主党派机关、使用财政性经费的社团及国有企业举办或其他组织利用国有资产举办的事业单位，都是事业单位。具体地说，包括以下几类：

(1)各级党委、政府直属事业单位；

(2)各级人大、政协机关、人民法院、人民检察院、各民主党派机关举办的事业单位；

(3)各级党委部门和政府部门举办的事业单位；

(4)使用财政性经费的社会团体举办的事业单位；

(5)国有企业及其他组织利用国有资产举办的事业单位；

(6)依照法律有关规定，应当由各级登记管理机关登记的其他事业单位；

(7)上述事业单位举办的下属事业单位。

三、事业单位的主要类别

教育事业单位、科技事业单位、文化事业单位、卫生事业单位、体育事业单位、新闻出版事业单位、广播电视事业单位、勘查设计事业单位、勘探事业单位、农业事业单位、林业事业单位、畜牧业事业单位、渔业事业单位、水利事业单位、交通事业单位、气象事业单位、地震测防事业单位、海洋事业单位、环境保护事业单位、信息咨询与计算事业单位、知识产权事业单位、进出口检验事业单位、物资仓储事业单位、城市公用事业单位、社会福利事业单位、经济监督事务事业单位、法律咨询服务事业单位、人才交流事业单位、机关后勤事业单位、其他中介服务事业单位等。

四、事业单位赋码类型

事业单位赋码类型	批准设立法律法规及机关	批准设立机关(或主管机关)	核准登记法律法规	核准登记机关
一、教育事业单位 (一)高等教育事业单位 1. 大专院校 2. 独立设置的研究生院(部) (二)中等教育事业单位 中等专业学校 中等职业技术学院 中等师范学院 技工学校	中华人民共和国教育法(法律 1995) 普通高等学校设置暂行条例(法规 1986)	教育部	事业单位登记管理暂行条例(法规 2004)	事业单位登记管理局

续表

事业单位赋码类型	批准设立法律法规及机关	批准设立机关（或主管机关）	核准登记法律法规	核准登记机关
（三）基础教育事业单位 中学 小学 幼儿园 （四）成人教育事业单位 1. 各类干部管理院校 2. 教育（进修）学院 3. 党校 4. 团校 5. 职工大学 6. 夜大 7. 广播电视学校 8. 函授学校 9. 讲师团 10. 各类培训中心 （五）特殊教育事业单位 1. 工读学校 2. 残疾人学校 （六）其他教育事业单位	幼儿园管理条例（法规 1990） 成人高等学校设置的暂行规定（规章 1992） 广播电视大学暂行规定（规章 1988） 国务院办公厅关于国务院授权省、自治区、直辖市人民政府审批设立高等职业学校有关问题的通知（法规性文件 2000 年国务院办公厅） 技工学校工作条例（规章 1987）	教育部		
二、科技事业单位 （一）自然科学研究事业单位 基础型科研院所 公益型科研院所 技术开发型科研院所				

续表

事业单位赋码类型	批准设立法律法规及机关	批准设立机关（或主管机关）	核准登记法律法规	核准登记机关
(二)社会科学研究事业单位 基础理论研究院所 人文历史研究院所 (三)综合性科学研究事业单位 (四)其他科技事业单位	国家工程技术研究中心暂行管理办法(规章 1993)	中国社会科学院		
三、文化事业单位 (一)演出事业单位 各类艺术表演团体 (二)艺术创作事业单位 艺术创作院校 艺术中心 音像影视中心 (三)图书文献事业单位 图书馆 档案馆 文献信息中心 (四)文物事业单位 文物保护站 文物考古队(所) 博物馆 纪念馆 (五)群众文化事业单位 群众艺术馆 文化馆(站、宫) 青少年宫 俱乐部 (六)广播电视事业单位 广播电台(站) 电视台 转播台(站)	 群众艺术馆、文化馆管理办法(规章 1992) 广播电视管理条例(法规 1997) 广播电视站审批管理暂行规定(规章 2004) 广播电台电视台审批管理办法(规章 2004) 报社记者站管理办法(规章 2005)	文化部 国家文物局 国家广电总局 新闻出版署		

续表

事业单位赋码类型	批准设立法律法规及机关	批准设立机关（或主管机关）	核准登记法律法规	核准登记机关
（七）报刊杂志事业单位 各类报刊 杂志社				
（八）编辑事业单位 各类编辑部 党史编纂室 地方志编纂室		国家新闻出版署		
（九）新闻出版事业单位 各类出版社 新闻中心 新闻社	出版管理条例（法规 2002）			
（十）其他文化事业单位				
四、卫生事业单位				
（一）医疗事业单位 各类医院 卫生院 保健院（站）	医疗机构管理条例（法规 1994） 医疗机构管理条例实施细则（规章 2008） 中医医疗机构管理办法（试行）（规章 1989） 医药卫生科学研究机构管理试行办法（规章 1980） 药品检验所工作管理办法（规章 1992）	卫生部		
（二）卫生防疫检疫事业单位 各类地方病防治院（站、所） 防疫站（所） 检疫站（所）	职业卫生技术服务机构管理办法（规章 1990）	人力资源和社会保障部		
（三）血液事业单位 采血中心（站） 血库	血站管理办法（规章 2009）	卫生部		
（四）计划生育事业单位 计划生育技术指导中心 妇幼保健院（所、站）	计划生育服务管理条例（法规 2001） 计划生育技术服务管理条例（法规 2004） 计划生育技术服务机构执业管理办法（规章 2001）	国家计生委		

续表

事业单位赋码类型	批准设立法律法规及机关	批准设立机关（或主管机关）	核准登记法律法规	核准登记机关
（五）卫生检验事业单位 药品检验所（站） 食品检验所（站） （六）其他卫生事业单位				
五、社会福利事业单位 （一）抚养福利事业单位 养老院 福利院 孤儿院 （二）康复事业单位 干休所 荣军院 疗养院 修养所 伤残军人医院 残疾人康复中心 残疾人用品供应站 （三）殡葬事业单位 殡仪馆 火葬场 （四）其他社会福利事业单位	军队离休退休干部修养所暂行规定（规章 1990） 农村敬老院管理暂行办法（规章 1997） 殡葬事业单位管理暂行办法（规章 1983）	民政部		
六、体育事业单位 （一）体育竞技事业单位 各类运动项目中心 体育俱乐部 （二）体育设施事业单位 各类训练基地 运动场馆 （三）其他体育事业单位		国家体育总局		
七、交通事业单位 （一）公路维护、监理事业单位 公路养护段（站） 公路工程监理站 公路工程造价管理站 公路管理机构		交通运输部		

续表

事业单位赋码类型	批准设立法律法规及机关	批准设立机关（或主管机关）	核准登记法律法规	核准登记机关
（二）公路运输管理事业单位 公路运输管理机构 汽车检测中心（站） （三）交通规费征收事业单位 稽查征费（车辆购置附加费征收管理）机构 （四）航务事业单位 航务船舶检验机构 航道养护段（站） 救助打捞队 （五）其他交通事业单位				
八、城市公用事业单位 （一）园林绿化事业单位 环卫所 清洁卫生队（站） 管道疏通队（站） （二）市政维护管理事业单位 （三）房地产服务事业单位 房管所 房地产交易中心 房屋安全鉴定所（站） 住房公积金管理中心 房屋建设服务中心 （四）市政设施维护管理事业单位 （五）其他城市公用事业单位	城市绿化条例（法规 1992） 城市动物园管理规定（规章 2004）	住房和城乡建设部		

续表

事业单位赋码类型	批准设立法律法规及机关	批准设立机关（或主管机关）	核准登记法律法规	核准登记机关
九、农业、林业、牧业、渔业、水利事业单位 （一）技术推广事业单位 农经站 林业站 畜牧站 水利站 机械化推广站 （二）良种培育事业单位 种子（苗圃）站 实验（养殖、试验）站 配种站 （三）综合服务事业单位 土肥站 水土保持站 植物（森林防灾）保护站（所） 有关自然保护区 （四）动植物防疫检疫事业单位 动植物防疫所（站） 检疫所（站） （五）水文事业单位 水文勘测站 水流水域管理站 水文站 （六）其他农林牧渔业事业单位	全国乡镇农机管理服务站管理办法（试行）（规章 1992）	农业部 国家林业局 水利部		
十、信息咨询与计算事业单位 各种信息中心 咨询服务中心（站） 计算机应用中心（站） 价格信息事务所				

续表

事业单位赋码类型	批准设立法律法规及机关	批准设立机关（或主管机关）	核准登记法律法规	核准登记机关
十一、中介服务事业单位 （一）技术咨询事业单位 技术交流中心	劳动部、国家工商行政管理局关于加强职业介绍机构管理的通知（规章 1996） 工程咨询单位资格认定办法（规章 2009）	国家发改委		
（二）职业介绍（人才交流）事业单位 职业介绍中心 人才交流中心	人才市场管理规定（规章 2005）	人力资源和社会保障部		
（三）法律服务事业单位 律师事务所 律师援助机构	中华人民共和国律师法（法律 2008） 律师事务所管理办法（规章 2008）	司法部		
（四）经济监督服务事业单位 会计师事务所 审计事务所	中华人民共和国审计法（法律 2006） 中华人民共和国审计法实施条例（法规 1997）			
（五）其他中介服务事业单位	土地估价机构管理暂行规定（规章 1993） 资产评估机构审批管理办法（规章 2005） 境外就业中介管理规定（规章 2002） 商品交易市场登记管理办法（规章 1996） 证券交易所管理办法（规章 2001）	财政部 国家工商总局 人力资源与社会保障部 国家工商总局 证监会		
十二、勘察（探）设计事业单位 （一）勘察事业单位 各类勘察院（所） 测量队 （二）设计事业单位 各类规划、设计院（所） 地图制作中心	国务院办公厅关于深化地质勘察队伍改革有关问题的通知（法规性文件　国办发[2003]76 号）			

续表

事业单位赋码类型	批准设立法律法规及机关	批准设立机关（或主管机关）	核准登记法律法规	核准登记机关
（三）勘探事业单位 地质调查队（所） 地质测绘队（所） 探矿队（所） 勘探技术服务中心 （四）其他勘察（探）设计事业单位				
十三、气象事业单位 （一）气象管理事业单位 市、县气象局 （二）气象预测事业单位 气象观测站 防雷（雹）站 （三）气象预报事业单位 气象台 气象站 （四）其他气象事业单位				中国气象局
十四、地震测防事业单位 （一）地震测防管理事业单位 地震局 （二）地震预测事业单位 大地测量站 （三）地震预报事业单位 地震台、地震站 （四）其他地震测防事业单位		中国地震局		

续表

事业单位赋码类型	批准设立法律法规及机关	批准设立机关（或主管机关）	核准登记法律法规	核准登记机关
十五、海洋事业单位 （一）海洋管理事业单位 海洋局 （二）海洋监测事业单位 海洋水文站 海洋预报台 （三）海洋保护事业单位 海洋自然保护区 （四）其他海洋事业单位		国家海洋局		
十六、环境保护事业单位 （一）环境标准事业单位 环境标准站 （二）环境监测事业单位 环境监测站 大气监测中心（站） （三）其他环境保护事业单位		环境保护部		
十七、检验检测事业单位 （一）标准计量事业单位 标准化站（所） 计量所（站） （二）技术监督事业单位 技术检验检测所（站） 质量监督站（所） 工程监理处（所）	中华人民共和国产品质量法（法律 2000） 产品质量认证委员会管理办法（规章 1992） 中华人民共和国标准化法（法律 1989） 中华人民共和国标准化法实施条例（法规 1990） 全国专业标准化技术委员会管理规定（规章 2009） 职业安全卫生检测检验站管理办法（规章 1990） 劳动防护用品质量监督检验机构管理办法（规章 1995）	国家质量监督检验检疫总局		

续表

事业单位赋码类型	批准设立法律法规及机关	批准设立机关（或主管机关）	核准登记法律法规	核准登记机关
（三）质量检测事业单位 产品质量检测站（所） 压力容器检验所（站） 检验测试中心 技术质量认证中心 （四）出入境检验检疫中心（站、所） （五）其他检验检测事业单位	进出口商品检验鉴定机构管理暂行办法（规章 2002）			
十八、知识产权事业单位 （一）专利事业单位 专利服务中心（站） 专利事务所 （二）商标事业单位 商标服务中心（站） 商标事务所 （三）版权事业单位 版权服务中心（站） 版权事务所 （四）其他知识产权事业单位	专利代理条例（法规 1991） 专利代理管理办法（规章 2003） 高校代理组织管理暂行办法（修正）（规章 1998）	国家知识产权局 国家工商总局		
十九、机关后勤服务事业单位 机关服务中心 文印通讯事业单位		国务院机关事务管理局		
二十、军队事业单位		总后勤部等		
二十一、事业单位的分支单位、派出机构				

五、不需要各级事业单位登记管理局颁发《事业单位法人登记证》的事业法人

(1)法律规定具备法人条件，自批准设立之日起即取得法人资格的事业单位；

(2)法律、其他行政法规规定具备法人条件，经有关主管部门依法审核或登记，已经取得相应的执业许可证书的事业单位，如国家出资举办的律师事务所；

(3)县以上各级党委、人民政府直属事业单位。

六、国务院直属事业单位

国务院直属事业单位	相关批准设立法律
新华通讯社	
中国科学院	
中国社会科学院	
中国工程院	
国务院发展研究中心	
国家行政学院	
中国地震局	
中国气象局	
中国银行业监督管理委员会	中华人民共和国银行业监督管理法(法律 2006)
中国证券监督管理委员会	中华人民共和国证券法(法律 2004)
中国保险监督管理委员会	
国家电力监管委员会	电力监管条例(法规 2005)
全国社会保障基金理事会	
国家自然科学基金委员会	

七、中共中央直属事业单位

中共中央直属事业单位
中央党校
中央文献研究室
中央党史研究室
中央编译局
人民日报社
求是杂志社
光明日报社
中国日报社
经济日报社

第五节 组织机构赋码的具体类型
——社会团体法人

一、社会团体的定义

是指中国公民自愿组成，为实现会员共同意愿，按照其章程开展活动的非营利性社会组织。国家机关以外的组织可以作为单位会员加入社会团体。我国《民法通则》规定，具备法人条件的社会团体，依法不需要办理法人登记的，从成立之日起，具有法人资格；依法需要办理法人登记的，经核准登记，取得法人资格。

二、社会团体赋码颁证的范围

(1)中央编办管理的 21 个群众团体；

(2)民政部门核准登记的各类社会团体。

我国《社会团体登记管理条例规定》，国务院民政部门和县级以上地方各级人民政府民政部门是本级人民政府的社会团体登记管理机关。国务院有关部门和县级以上地方各级人民政府有关部门、国务院或者县级以上地方各级人民政府授权的组织，是有关行业、学科或者业务范围内社会团体的业务主管单位(参加中国人民政治协商会议的人民团体，由国务院机构编制管理机关核定、并经国务院批准免于登记的团体，机关、团体、企业事业单位内部经本单位批准成立、在本单位内部活动的团体除外)。

全国性的社会团体，由国务院的登记管理机关负责登记管理；地方性的社会团体，由所在地人民政府的登记管理机关负责登记管理；跨行政区域的社会团体，由所跨行政区域的共同上一级人民政府的登记管理机关负责登记管理。

三、社会团体赋码的类型

社会团体赋码类型	批准设立法律法规	批准成立机关(或主管部门)	核准登记的法律法规	核准登记机关
(一)中央机构编制部门直接管理的群众团体 1. 中华全国总工会 2. 中国共产主义青年团 3. 中华全国妇女联合会 4. 中国文学艺术界联合会 5. 中国科学技术协会 6. 中华全国归国华侨联合会 7. 中国作家协会	中华人民共和国工会法(法律 2001)	中央编办		

续表

社会团体赋码类型	批准设立法律法规	批准成立机关（或主管部门）	核准登记的法律法规	核准登记机关
8. 中国法学会 9. 中国人民对外友好协会 10. 中国国际贸易促进会 11. 中国残疾人联合会 12. 宋庆龄基金会 13. 中华全国新闻工作者协会 14. 中华全国台湾同胞联谊会 15. 黄埔军校同学会 16. 中国人民外交学会 17. 中国红十字会 18. 中国思想政治工作研究会 19. 欧美同学会 20. 中华职业教育社 21. 全国工业商业联合会				
（二）各级民政部门登记管理 1. 专业性社会团体 2. 行业性社会团体 3. 学术性社会团体 4. 联合性社会团体 5. 外国商会及港澳台社会团体	中华人民共和国红十字会法（法律 1993） 外国商会管理暂行规定（法规 1989）		社会团体登记管理条例（法规 1998）	民政部
（三）社会团体的分支机构、代表机构			社会团体分支机构、代表机构登记办法（规章 2001）	民政部

第六节　组织机构赋码的具体类型
——其他机构

一、其他组织机构的定义

主要是指《民法通则》规定的企业法人、机关法人、事业法人、社会团体法人之外的，依法成立的组织机构。

二、其他组织机构的范围

（一）民办非企业单位

民办非企业单位，是指企业事业单位、社会团体和其他社会力量以及公民个人利用非国有资产举办的，从事非营利性社会服务活动的社会组织。国务院民政部门和县级以上地方各级人民政府民政部门是本级人民政府的民办非企业单位登记管理机关。国务院有关部门和县级以上地方各级人民政府的有关部门、国务院或者县级以上地方各级人民政府授权的组织，是有关行业、业务范围内民办非企业单位的业务主管单位。

民办非企业单位不得设立分支机构，其自行解散的，分立、合并的，或者由于其他原因需要注销登记的，应当向登记管理机关办理注销登记。民办非企业单位成立、注销以及变更名称、住所、法定代表人或者负责人，由登记管理机关予以公告。

（二）村民委员会、居民委员会

我国《宪法》规定，城市和农村按居民居住地区设立的居民委员会或者村民委员会是基层群众性自治组织。居民委员会、村民委员会设人民调解、治安保卫、公共卫生等委员会，办理本居住地区的公共事务和公益事业，调解民间纠纷，协助维护社会治安，并且向人民政府反映群众的意见、要求和提出建议。

（三）基金会

我国《基金会管理条例》规定，基金会是指利用自然人、法人或者其他组织捐赠的财产，以从事公益事业为目的，按照本条例的规定成立的非营利性法人。国务院民政部门和省、自治区、直辖市人民政府民政部门是基金会的登记管理机关。国务院有关部门或者国务院授权的组织，是国务院民政部门登记的基金会、境外基金会代表机构的业务主管单位。省、自治区、直辖市人民政府有关部门或者省、自治区、直辖市人民政府授权的组织，是省、自治区、直辖市人民政府民政部门登记的基金会的业务主管单位。

（四）宗教活动场所

根据我国《宗教事务条例》和《宗教活动场所设立审批和登记办法》，信教公民的集体宗教活动，一般应当在经登记的宗教活动场所（寺院、宫观、清真寺、教堂以及其他固定宗教活动处所）内举行。筹备设立宗教活动场所，由宗教团体向拟设立的宗教活动场所所在地的县级人民政府宗教事务部门提出申请，申请获批准后，方可办理该宗教活动场所的筹建事项。宗教活动场所经批准筹备并建设完工后，应当向所在地的县级人民政府宗教事务部门申请登记。县级人民政府宗教事务部门对该宗教活动场所的管理组织、规章制度建设等情况进行审核，对符合条件的予以登记，发给《宗教活动场所登记证》。

（五）其他

其他依法成立并经相应政府主管部门登记管理的组织机构。

三、其他组织机构的赋码类型

其他组织机构赋码类型	批准设立法律法规	批准设立机关或主管机关	核准登记法律法规	核准登记机关
(一)民办非企业单位 1. 社会力量举办的学校 2. 中外合作举办的学校 3. 合作律师事务所 4. 合伙律师事务所 5. 社会力量举办的医疗机构	中华人民共和国律师法(法律 2008) 中华人民共和国民办教育促进法(法律 2003) 中华人民共和国民办教育促进法实施条例(法规 2004) 中华人民共和国中外合作办学条例(法规 2003) 中华人民共和国中外合作办学条例实施办法(规章 2004) 律师事务所分所登记管理办法(规章 1997) 外国律师事务所驻华代表机构管理条例(规章 2002) 司法部关于执行《外国律师事务所驻华代表机构管理条例》的规定(规章 2004) 香港、澳门特别行政区律师事务所驻内地代表机构管理办法(规章 2007) 司法部关于修改《香港、澳门特别行政区律师事务所驻内地代表机构管理办法》的决定(规章 2007)	司法部 教育部 教育部、人力资源和社会保障部 教育部 司法部	民办非企业单位登记管理暂行条例(法规 1998)	民政部
(二)其他 1. 基金会 2. 居委会 3. 村委会 4. 宗教活动场所 5. 外国常驻新闻机构 6. 代表机构	中华人民共和国城市居民委员会组织法(法律 1990) 中华人民共和国村民委员会组织法(法律 1998) 宗教事务条例(法规 2005) 宗教活动场所设立审批和登记办法(规章 2005) 中华人民共和国仲裁法(法律 1995) 仲裁委员会登记暂行办法(法规 1995) 人民调解委员会组织条例(法规 1989)	民政部 国家宗教事务管理局	基金会管理条例(法规 2004) 基金会名称管理规定(规章 2004)	民政部

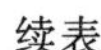

续表

其他组织机构赋码类型	批准设立法律法规	批准设立机关或主管机关	核准登记法律法规	核准登记机关
7. 戒毒劳动教养管理机构	中外合作会计师事务所管理暂行办法(规章 1996)			
	社会力量办医科类学校管理办法(规章 1994)	卫生部		
	全国人大常委会关于司法鉴定管理问题的决定(法律 2005)	司法部		
	司法鉴定机构登记管理办法(规章 2005)	司法部		
	国家分析测试中心管理暂行办法(规范性文件 1987)	科技部		
	国家科委关于建立生产力促进中心的若干意见(规范文件 1993)	科技部		
	国家认定企业技术中心管理办法(规章 2007)	国家发改委		
	生产力促进中心管理办法(规章 2003)	科技部		
	铁路事业单位机构编制管理暂行办法(规章 1996)			
	中华人民共和国自然保护区条例(法规 1994)			
	物业管理条例(法规 2007)	住房和城乡建设部		
	劳动教养戒毒工作规定(规章 2003)	司法部		
	安全评价机构管理规定(规章 2009)	国家安全生产监督管理总局		
	期货交易所管理办法(规章 2007)	证监会		

第二章
组织机构基本信息及登记表

第一节　组织机构基本信息

一、组织机构基本信息

序号	组织机构基本信息
1	机构名称
2	组织机构法定代表人或负责人
3	组织机构法定代表人或负责人身份证件类型及号码
4	经营范围(职能、宗旨)
5	成立日期
6	职工人数
7	证照有效期
8	企业登记注册类型(2008 版)
9	外商投资国别或地区及代码
10	注册资金(开办资金)
11	货币种类及代码
12	主管部门名称及代码
13	登记批准机构名称及代码
14	批准文号或注册号
15	机构地址
16	行政区划及代码
17	邮政编码
18	固定电话
19	移动电话
20	电子邮箱
21	网址

续表

序号	组织机构基本信息
22	经办人
23	经办人身份证件类型及号码
24	经办人电话
25	填表日期
26	机构代码
27	申办状态
28	代码证有效期
29	经济行业(2002 版)
30	三次产业类型
31	备注 1
32	备注 2
33	备注 3
34	备注 4
35	机构类型(2006 版)
36	受理人
37	审核人
38	录入人

二、组织机构基本信息登记项目与以往相比发生变化的内容

(1)增加了“三次产业类型”(详见填表说明);

(2)增加了“法定代表人的移动电话”;

(3)增加了“电子邮箱”;

(4)增加了“网址”;

(5)增加 4 个备注字段，分别用于填写其他需要说明的事项;

(6)法定代表人或负责人身份证明及号码，单独作为一项;

(7)机构类型，由一位变为两位(详见填表说明);

(8)企业登记注册类型，更新为 2008 版(详见填表说明);

(9)经济行业只填写 2002 版(详见填表说明)。

第二节　组织机构基本信息登记表及填表说明

一、申领组织机构代码证基本信息登记表(讨论稿)

□□□□□□□□—□

申领组织机构代码证基本信息登记表

申领单位填写（填写说明见背面）

机构名称（盖章）			
法定代表人（负责人）		证件类型:□居民身份证□其他＿＿＿＿	
经营范围（职能、宗旨）			
成立日期	年　月　日	职工人数	（人）
证照有效期	年　月　日至　年　月　日		
企业登记注册类型(08版)		外商投资国别或地区	
注册(开办)资金	（万元）	货币种类	
主管部门名称及代码	□□□□□□□□—□		
登记批准机构名称及代码	□□□□□□□□—□		
批准文号或注册号			
机构地址			
行政区划		邮政编码	
固定电话		移动电话	
电子邮箱		网址	
经办人		证件类型:□居民身份证□其他＿＿＿＿	
经办人电话		填表日期	年　月　日

以上信息需对外开放，如是涉密机构或有涉密信息，请告知发证机构受理人并提供国家保密机构出具的证明文件

发证机构填写

申办状态 □申请 □换证 □变更 □迁出 □迁入 □年检 □补证 □其他

机构代码 □□□□□□□□—□

代码证有效期	年　月　日至　年　月　日		
经济行业(02版)		三次产业类型	
备注 1		机构类型(06版)	
备注 2		受 理 人	年　月　日
备注 3		审 核 人	年　月　日
备注 4		录 入 人	年　月　日

全国组织机构代码管理中心制

二、指标解释和填表说明

（一）填表规定

登记表的各个项目以及代码都必须使用钢笔或签字笔填写。需要填写汉字的，必须工整清晰地填写；需要填写数字的，一律使用阿拉伯数字。

（二）指标解释和填表说明

1. 机构名称

填写本单位全称。企业填写企业登记主管机关核准的名称；机关、事业单位填写机构编制机关批准的名称；社会团体填写社会团体登记管理机关核准登记的名称；其他机构填写经主管部门批准或核准的单位全称。凡经登记主管机关核准或批准，具有2个或2个以上名称的单位，必须填写一个法人单位名称，同时用括号注明其余的单位名称，括号内的单位名称按机构设立文件上的格式填写。填写完毕后，在指定位置加盖本单位公章，具有2个或2个以上名称的单位，必须加盖所有名称对应的公章。

2. 法定代表人（负责人）

填写本单位批准设立文件上法定代表人（负责人）的姓名，机构批准设立文件上法定代表人（负责人）的姓名须与法定代表人（负责人）有效身份证件上的姓名完全一致。企业填写营业执照上的法定代表人（负责人）的姓名；机关填写上级行政主管机关相关任命文件上的法定代表人（负责人）的姓名；事业单位填写事业单位法人证书上的法定代表人的姓名；社会团体填写社会团体法人登记证书上法定代表人（负责人）的姓名；其他不具有法人资格的单位填写单位主要负责人的姓名。

合伙企业的投资人为多个人的，在此处填写营业执照上第一个合伙人的姓名，其他合伙人的姓名按照“合伙人：合伙人姓名”的样式填写到备注里，例如，合伙人：张×。

合伙企业的投资人为多个单位的，在此处填写营业执照上第一个合伙企业的全称，其他合伙企业全称按照“合伙企业：合伙企业全称”的样式填写到备注里，例如，合伙企业：北京××设计院。

3. 法定代表人（负责人）**身份证件类型及号码**

按实际情况勾选法定代表人（负责人）身份证件类型，并填写其身份证件号码。一般公民勾选“居民身份证”，其他人士勾选“其他”，并在下划线上填写具体的身份证件名称，军人填写军官证、士兵证，港澳人士填写港澳通行证，台湾人士填写台胞证，外籍人士填写护照，华侨填写在常住国的长期居住证及中国驻常住国使馆核发的护照。

合伙企业的投资人为多个人的，在此处填写营业执照上第一个合伙人的身份证件类型及号码，其他合伙人的身份证件类型及号码按照“证件类型：证件类型名称，号码：身份证件号码”的样式填写到备注里，例如，证件类型：居民身份证，号码：110101197805028888。

合伙企业的投资人为多个单位的，在填写身份证件号码处填写营业执照上第一个合伙企业的机构代码，其他合伙企业机构代码按照“机构代码：合伙企业组织机构代码”的样式填写到备注里，例如，机构代码：40000988－8。

4. 经营范围(职能、宗旨)

(1)企业按照营业执照上所注明的经营范围填写;

(2)事业单位按照事业单位法人证书上的业务范围填写;

(3)社会团体按照社会团体法人登记证书上所注明的业务范围填写;

(4)机关填写上级部门规定的主要职能;

(5)其他机构填写批准成立文件上规定的业务范围。

5. 成立日期

按照本单位批准设立文件上的成立日期填写。

6. 职工人数

填写本单位职工的总数。

7. 证照有效期

按照本单位批准设立文件上的有效期填写，机构批准设立文件上没有有效期的可不填写有效期。

8. 企业登记注册类型(2008 版)

按照国统办字〔2008〕105 号《国家统计局办公室关于印发＜企业登记注册类型对照表＞的通知》的规定填写本单位所属登记注册类别和代码(企业填写)。

9. 外商投资国别或地区及代码

依据 GB/T 2659《世界各国和地区名称代码》的规定填写(发证机关可协助填写)，企业填写。

10. 注册(开办)**资金**

企业按照营业执照上的相关资金填写，事业单位、社会团体按相关证书上的开办资金、注册资金填写，机关及无注册资金的机构免填。

11. 货币种类及代码

依据 GB 12406—1996《表示货币和资金的代码》的规定填写货币类别和代码(发证机关可协助填写)，机关及无注册资金的机构免填。

12. 主管部门名称及代码

填写本单位上一级主管部门的名称及组织机构代码(发证机关可协助填写)。

13. 登记批准机构名称及代码

(1) 企业应填写核准登记该企业的工商局的名称及代码(发证机关可协助填写);

(2) 事业单位应填写核准其登记的事业单位登记管理局的名称及代码(发证机关可协助填写);

(3) 社会团体应填写核准其登记的民政部门的名称及代码(发证机关可协助填写);

(4) 机关应填写批准其成立的部门名称及代码(发证机关可协助填写);

(5) 其他组织机构应填写国家认可的批准机关的名称及代码(发证机关可协助填写)。

14. 批准文号或注册号

(1)企业应填写营业执照上的注册号;

(2)事业单位填写事业单位法人证书上的登记号;

(3)社会团体填写社团登记证上的登记号;

(4)机关填写批准成立文件的文号；

(5)其他单位应填写相关批准文件的文号或证书的登记号。

15. 机构地址

应包括省(自治区、直辖市)、地区(市、州、盟)、县(市、旗、区)、乡(镇)、村、街名称和门牌号。

16. 行政区划及代码

按照GB 2260《中华人民共和国行政区划代码》的规定，填写与机构地址对应的行政区划名称和代码(发证机关可协助填写)。

17. 邮政编码

填写与机构地址相对应的邮政编码。

18. 固定电话

按照区号—号码的方式填写本单位的固定电话，如有分机，按照区号—号码—分机号的方式填写，例如010—62376489—501。

19. 移动电话

填写本单位法定代表人(负责人)的移动电话。

20. 电子邮箱

填写本单位的电子邮箱。

21. 网址

填写本单位网址。

22. 经办人

由申领单位人员签字，须与申领单位人员有效身份证件上的姓名保持一致。

23. 经办人身份证件类型及号码

按实际情况勾选申领单位人员的身份证件类型，并填写其身份证件号码。一般公民勾选“居民身份证”，其他人士勾选“其他”，并在下划线上填写具体的身份证件名称，军人填写军官证、士兵证，港澳人士填写港澳通行证，台湾人士填写台胞证，外籍人士填写护照，华侨填写在常住国的长期居住证及中国驻常住国使馆核发的护照。

24. 经办人电话

申领单位人员的移动电话号码或固定电话号码。

25. 填表日期

申领单位人员填写《申领组织机构代码证基本信息登记表》的时间。

26. 机构代码

赋予申领单位的组织机构代码。

27. 申办状态

按照申领代码证的实际情况勾选。

(1)申请登记；

(2)换证登记(因申领单位的代码证有效期满而换发新代码证书)；

(3)变更登记(更改申领单位已变化的代码登记信息，登记批准机构发生变化的除外)；

(4)迁出登记(因申领单位的登记批准机构变化而将其代码迁出原代码管理机构)；

(5)迁入登记(因申领单位的登记批准机构变化而将其代码迁入新代码管理机构);

(6)年度验证;

(7)补证(因申领单位的代码证书遗失、损毁而补发新的证书);

(8)其他。

28. 代码证有效期

一般从填表日期开始顺延4年。对于营业执照、法人证书及其他批准成立文件的有效期小于4年的,按营业执照、法人证书及其他批准成立文件的有效期确定代码证作废日期。

29. 经济行业(2002版)

按照GB/T 4754—2002《国民经济行业分类》的规定填写本单位所属的类别和代码(发证机关可协助填写)。

30. 三次产业类型

按照国统字[2003]14号《国家统计局关于印发＜三次产业划分规定＞的通知》的规定填写本单位所属产业及代码。

31. 备注1

填写其他需要补充或说明的事项。

32. 备注2

填写其他需要补充或说明的事项。

33. 备注3

填写其他需要补充或说明的事项。

34. 备注4

填写其他需要补充或说明的事项。

35. 机构类型(2006版)

按照GB/T 20091—2006《组织机构类型》的规定填写申领单位所属的机构类型和代码(发证机关可协助填写)。

36. 受理人

由发证机关受理登记人员签字,并填写受理日期。

37. 审核人

由发证机关审核批准发证人员签字,与受理人不能为同一人员,并填写审核日期。

38. 录入人

由发证机关录入人员签字,并填写录入日期。

第三节　组织机构申领代码证应提交的材料

组织机构申领代码证,应当提交以下材料:

(1)单位法定代表人和经办人的身份证件原件及复印件:

①一般应提交本人居民身份证原件及(正反面)复印件(A4);居民身份证丢失的,可提交临时身份证原件及复印件(A4)。

②没有居民身份证的法定代表人(负责人)、经办人,应提供下列身份证明的一种:

a. 军人应提供：

文职证；

军官证；

士兵证(士官证、士兵证)；

离休证；

退休证。

b. 港澳台居民应提供：

港澳通行证；

台胞证。

c. 外国国籍的应提供本人护照。

(2)申办单位应根据自身机构类型(企业、事业单位、机关、社会团体及其他依法成立的机构)的不同，提交相应的机构批准成立文件及复印件，具体如下：

①企业提交营业执照副本原件及复印件(A4)，包括：

a. 企业法人营业执照(图 2-1、图 2-2)；

b. 企业营业执照(图 2-3、图 2-4)；

c. 个人独资企业营业执照(图 2-5)；

d. 合伙企业营业执照(图 2-6)；

e. 外国(地区)企业常驻代表机构登记证(三资企业)(图 2-7)。

(另，外资企业除提交营业执照外，还需提交外商投资企业批准证书)

②事业单位提交《事业单位法人证书》副本原件及复印件(A4)(图 2-8)。

③机关提交机关批准文件原件(如依法成立的，提供相关法律法规)及复印件(A4)，包括：

a. 国务院、国务院办公厅、中央编办的批准文件；

b. 县级以上(含县级)政府、政府办公厅、编办的批准文件。

④社会团体提交《社会团体法人登记证书》副本原件及复印件(A4)，包括：

a. 社会团体法人登记证书(民政部门发)(图 2-9)；

b. 社会团体分支(代表)机构登记证书(民政部门发)(图 2-10)。

⑤其他组织机构批准证书或批准成立文件原件及复印件(A4)，包括：

a. 民办非企业单位登记证书(民政部门发)(图 2-15)；

b. 基金会法人登记证书(民政部门发)(图 2-11)；

c. 律师事务所执业证书(司法部门发)(图 2-14)；

d. 宗教活动场所登记证(国家宗教事务管理局发)(图 2-12)；

e. 其他法律法规认可的批准性文件(图 2-16)。

(3)申办单位应携带本单位公章，并加盖在代码申领表指定位置。公章如不能携带，可在代码管理机构相关网站上下载代码申领表并在指定位置加盖公章后前来办理，或到代码管理机构领取代码申领表带回盖章。

(4)申办单位需要委托办理的，应出具申办单位法定代表人(负责人)签字并加盖本单位公章的委托书原件，交发证机关存档。

(5) 如属涉密机构，应提供保密机关的相关证明文件原件及复印件(A4)。

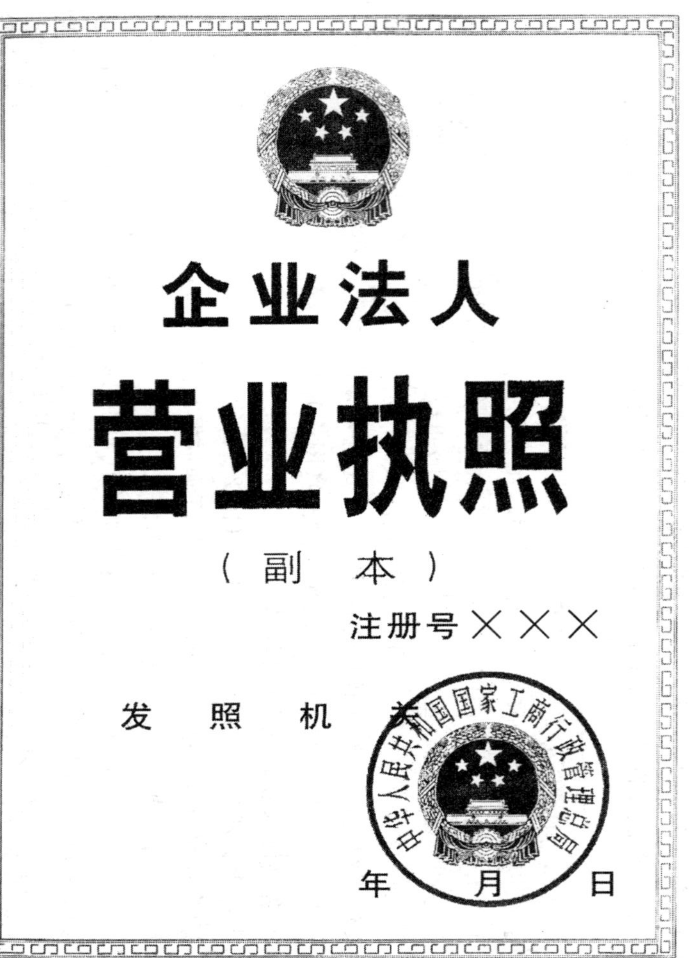

企业法人

营业执照

（副　本）

注册号×××

发照机关

年　月　日

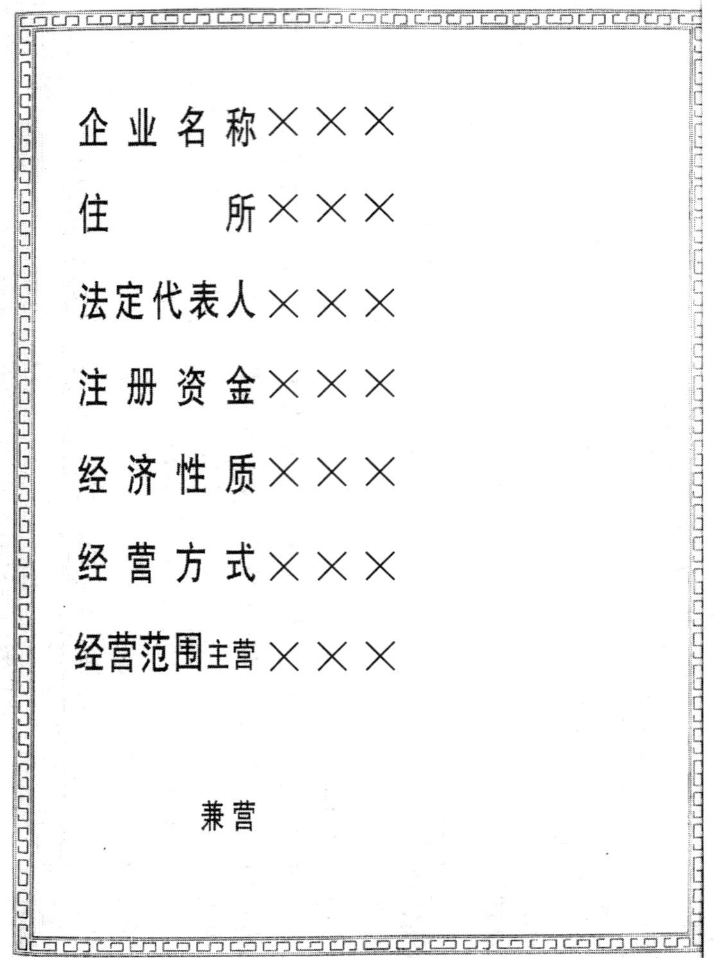

企业名称×××

住　　所×××

法定代表人×××

注册资金×××

经济性质×××

经营方式×××

经营范围主营×××

兼营

图 2-1

企业法人营业执照

（副　本）

注册号×××

名　　称×××

住　　所×××

法定代表人×××

注册资本×××

企业类型×××

经营范围×××

营业期限　自　　　　　至

成立日期

说　明

1.《企业法人营业执照》是企业取得企业法人资格和合法经营的凭证。
2.《企业法人营业执照》分正本和副本，正本和副本具有同等法律效力。营业执照正本应放在企业法人住所醒目的位置。企业法人可根据业务需要，向登记机关申请领取若干副本。
3. 营业执照不得伪造、涂改、出租、出借、转让。除登记机关外，其他任何单位和个人均不得扣留、收缴和吊销。
4. 企业法人应在核准登记的经营范围内从事经营活动。
5. 企业法人登记注册事项发生变化时，应向原登记机关申请变更登记。
6. 每年一月一日至四月三十日，登记机关对企业法人进行年度检验。
7. 企业注销登记时，应交回营业执照正、副本。营业执照被登记机关吊销后即自行失效。

企业法人年检情况

登记机关

×××年××月××日

图2-2

营 业 执 照
（副　本）

注册号　企外国保副字第×××××号

名　　称　×××

营业场所　×××

企业类型　×××

负 责 人　×××

经营范围　×××

隶属企业　×××

经 营 期 限　自××××年××月××日至××××年××月××日

成 立 日 期　××××年××月××日

编号：№ 0383349

说　　明

1. 《营业执照》是不具有企业法人资格的经营单位或企业法人分支机构（以下统称企业）合法经营的凭证。
2. 《营业执照》分正本和副本，正本和副本具有同等法律效力。营业执照正本应放在企业营业场所醒目的位置。企业可根据业务需要，向登记机关申请领取若干副本。
3. 营业执照不得伪造、涂改、出租、出借、转让。除登记机关外、其他任何单位和个人均不得扣留、收缴和吊销。
4. 企业应在核准登记的经营范围内从事经营活动。
5. 企业登记注册事项发生变化时，应向原登记机关申请变更登记。
6. 每年一月一日至四月三十日，登记机关对企业进行年度检验。
7. 企业注销登记时，应交回营业执照正、副本。营业执照被登记机关吊销后即自行失效。

企 业 年 检 情 况

登记机关

×××年××月××日

图 2-3

营业执照

（副本）

字1000001800×××(×-×)号

发照机关

××年××月××日

名称 ×××

地址 ×××

负责人 ×××

资金数额 ×××

经济性质 ×××

经营范围 主营×××

兼营×××

经营方式 ×××

经营期限 自

至

图2-4

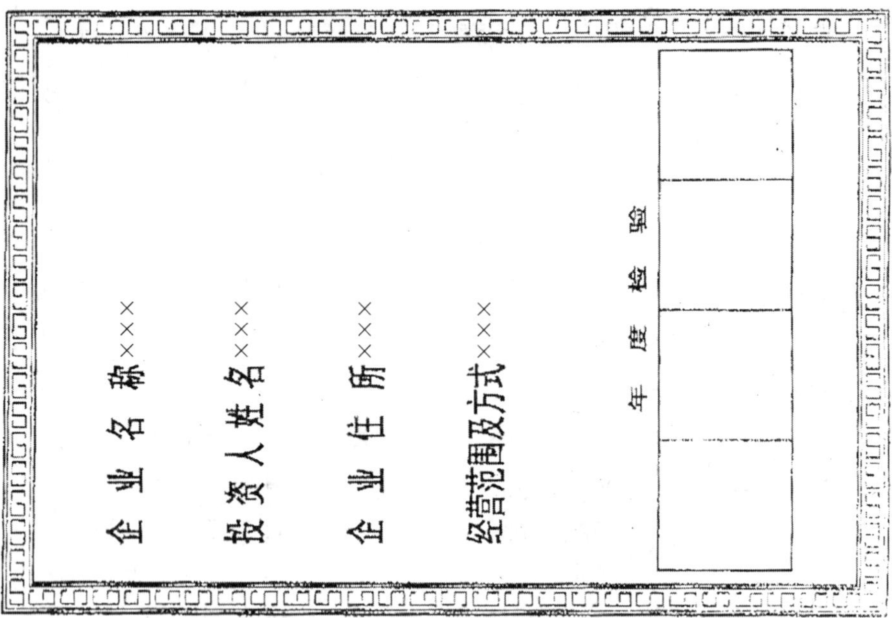

企业名称×××

投资人姓名×××

企业住所×××

经营范围及方式×××

年度检验

中华人民共和国国家工商行政管理总局制

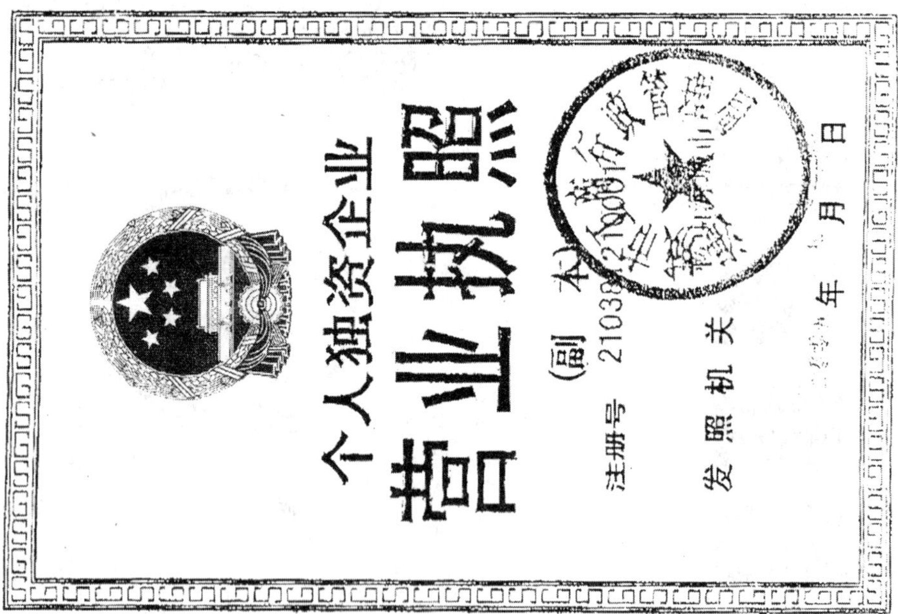

个人独资企业

营业执照

(副本)

注册号　2103

发照机关

年　月　日

图 2-5

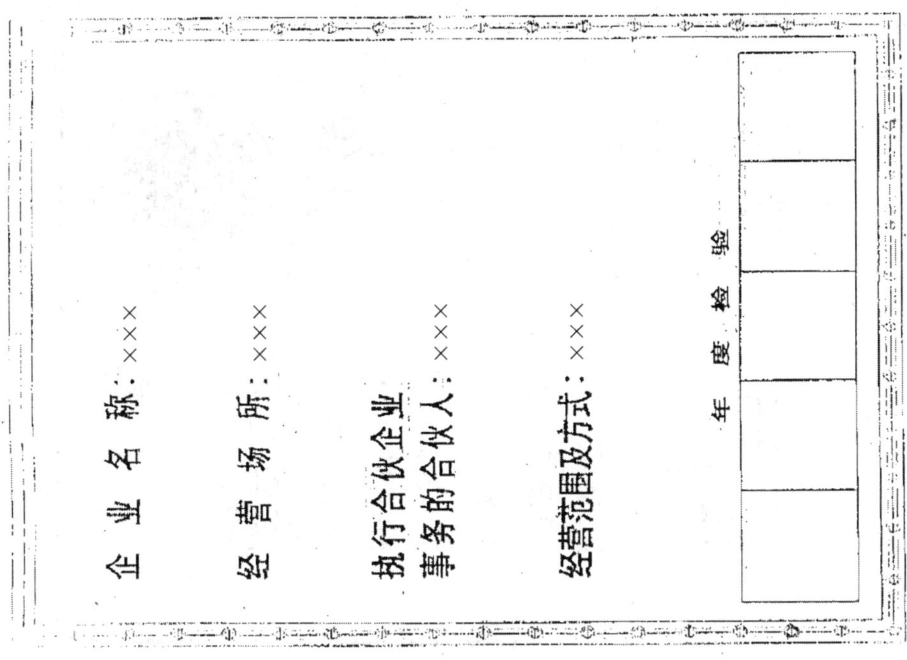

企业名称：×××

经营场所：×××

执行合伙企业事务的合伙人：×××

经营范围及方式：×××

年度检验

中华人民共和国国家工商行政管理总局制

合伙企业

营业执照

(副本)

注册号 2103812100×××

发照机关

××××年××

图2-6

外国(地区)企业常驻代表机构

登 记 证

REGISTRATION CERTIFICATE

OF

FOREIGN ENTERPRISES PERMANENT OFFICE

IN CHINA

注册号：×××

Certificate No.

该代表机构经审核准予登记注册。特发此证。

The following representative office is hereby granted this registration certificate

编号：No 0164172

机构名称 (中文) ×××
Name of Office (外文) ×××

地址 ×××
Address

首席代表姓名 ××× 国 籍 ×××
Name of Chief Representative Nationality

业务范围 ×××
Scope of Business ×××

派出企业名称 ×××
Name of Head Office

派出企业注册地 ×××
Registered Address of Head Office

本机构设立日期 ××××年××月××日
Issued on

驻在期限自 ××××年××月××日 至 ××××年××月××日
Residence from to

本证有效期限自 ××××年××月××日 至 ××××年××月××日
Valid from to

中华人民共和国国家工商行政管理总局局长

DIRECTOR-GENERAL OF STATE ADMINISTRATION FOR INDUSTRY AND COMMERCE OF THE PEOPLE'S REPUBLIC OF CHINA

中华人民共和国国家工商行政管理总局

××××年××月××日

图 2-7

中华人民共和国

事业单位法人证书

（副本）

事证第 11000000××××号

国家事业单位登记管理局制

有效期 自××××年××月××日 至××××年××月××日

名　　称 ×××

宗 旨 和 ×××

业务范围 ×××

住　　所 ×××

法定代表人 ×××

经费来源 ×××

开办资金 ×××

举办单位 ×××

登记管理机关

国家事业单位登记管理局
证书专用章

年度报告标记

图2-8

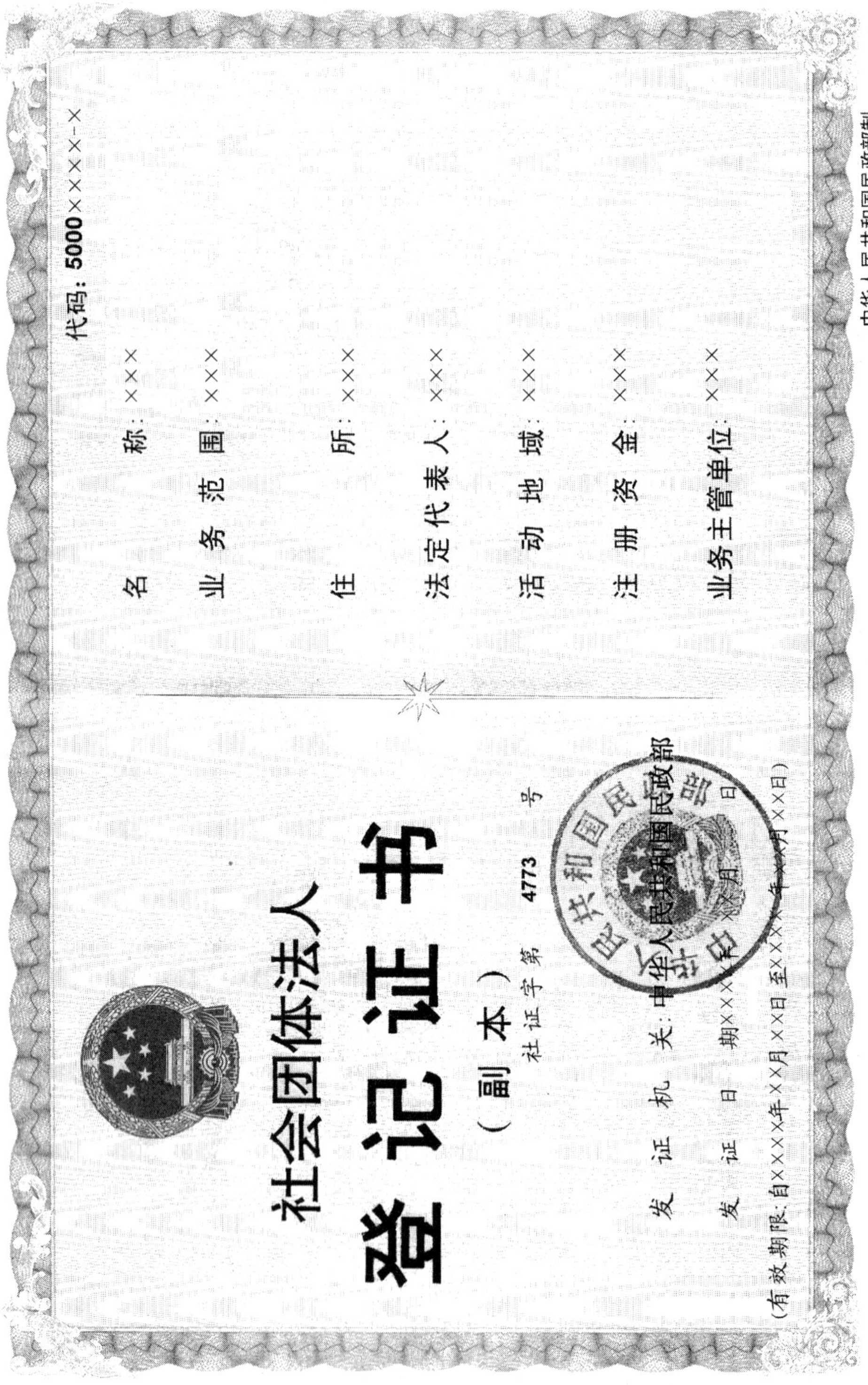

社会团体法人

登记证书

（副本）

社证字第 4773 号

发证机关：中华人民共和国民政部

发证日期××××

（有效期限：自××××年××月××日至××××年××月××日）

代码：5000××××-×

名　　称：×××

业务范围：×××

住　　所：×××

法定代表人：×××

活动地域：×××

注册资金：×××

业务主管单位：×××

中华人民共和国民政部制

图2-9

名　　称：×××
住　　所：×××
负 责 人：×××
活动地域：×××
业务范围：×××
中华人民共和国民政部制

图 2-10

社会团体分支(代表)机构
登记证书
（ 3520-1 号
发证机关：中华人民共和国民政部
发证日期：××××年××月××日
登记日期：××××年××月××日
有效期限：自××××年××月××日 至××××年××月××日

代码：50000×××-×

基金会法人

登记证书

（副本）

基证字第 XXXX　　号

发证机关：中华人民共和国民政部

发证日期：XXXX 年 XX 月 XX 日

有效期限：自XXXX年 XX月 XX日至 XXXX 年XX月XX日

名　　　称：×××

业务范围：×××

住　　　所：×××

法定代表人：×××

类　　　型：×××

原始基金数额：×××

业务主管单位：×××

中华人民共和国民政部制

图 2-11

宗教活动场所登记证

（副　本）

宗场证字（　　）　　　号

发证机关

发证时间　　　年　　月　　日

名　称＿＿＿＿＿＿＿＿＿＿＿＿

教　别＿＿＿＿＿＿＿＿＿＿＿＿

类　别＿＿＿＿＿＿＿＿＿＿＿＿

负责人＿＿＿＿＿＿＿＿＿＿＿＿

地　址＿＿＿＿＿＿＿＿＿＿＿＿

国家宗教事务管理局监制

图 2-12

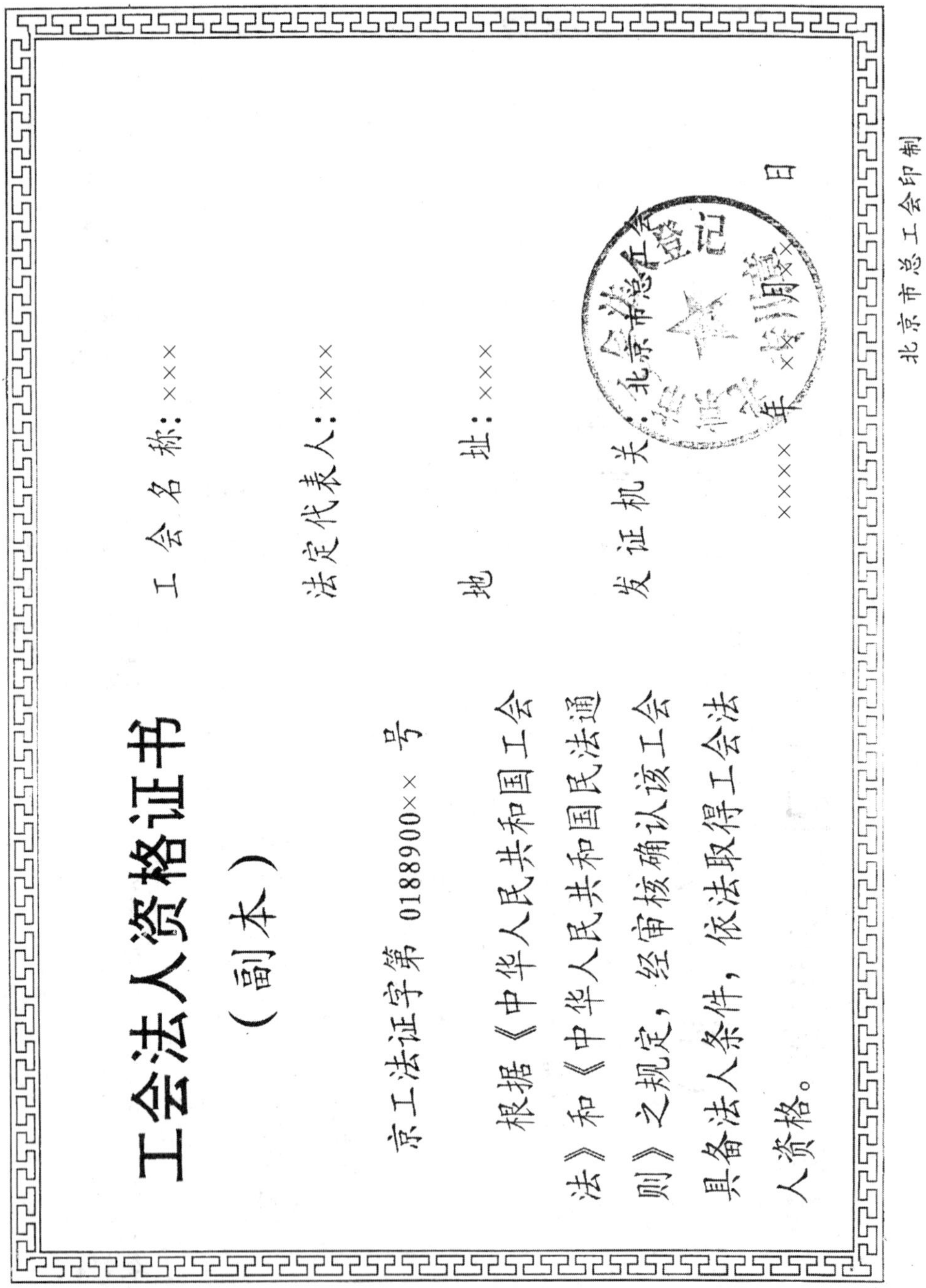

工会法人资格证书

（副本）

京工法证字第 0188900×× 号

根据《中华人民共和国工会法》和《中华人民共和国民法通则》之规定，经审核确认该工会具备法人条件，依法取得工会法人资格。

工会名称：×××

法定代表人：×××

地　　址：×××

发证机关：北京市总工会

××××年××月××日

北京市总工会印制

图 2-13

外国律师事务所驻华代表处

执业许可证

证号 ×××

×××　　律师事务所，符合《外国律师事务所驻华代表机构管理条例》规定的条件，准予在中国 ××× 设立代表处，并依法执业。

中华人民共和国司法部

××××年××月××日

外国驻华新闻机构证

新证字第×××号

机构名称：×××

国　　别：×××

地　　址：×××

电　　话：×××

传　　真：×××

注册日期：×××

外交部新闻司颁发

图 2-14

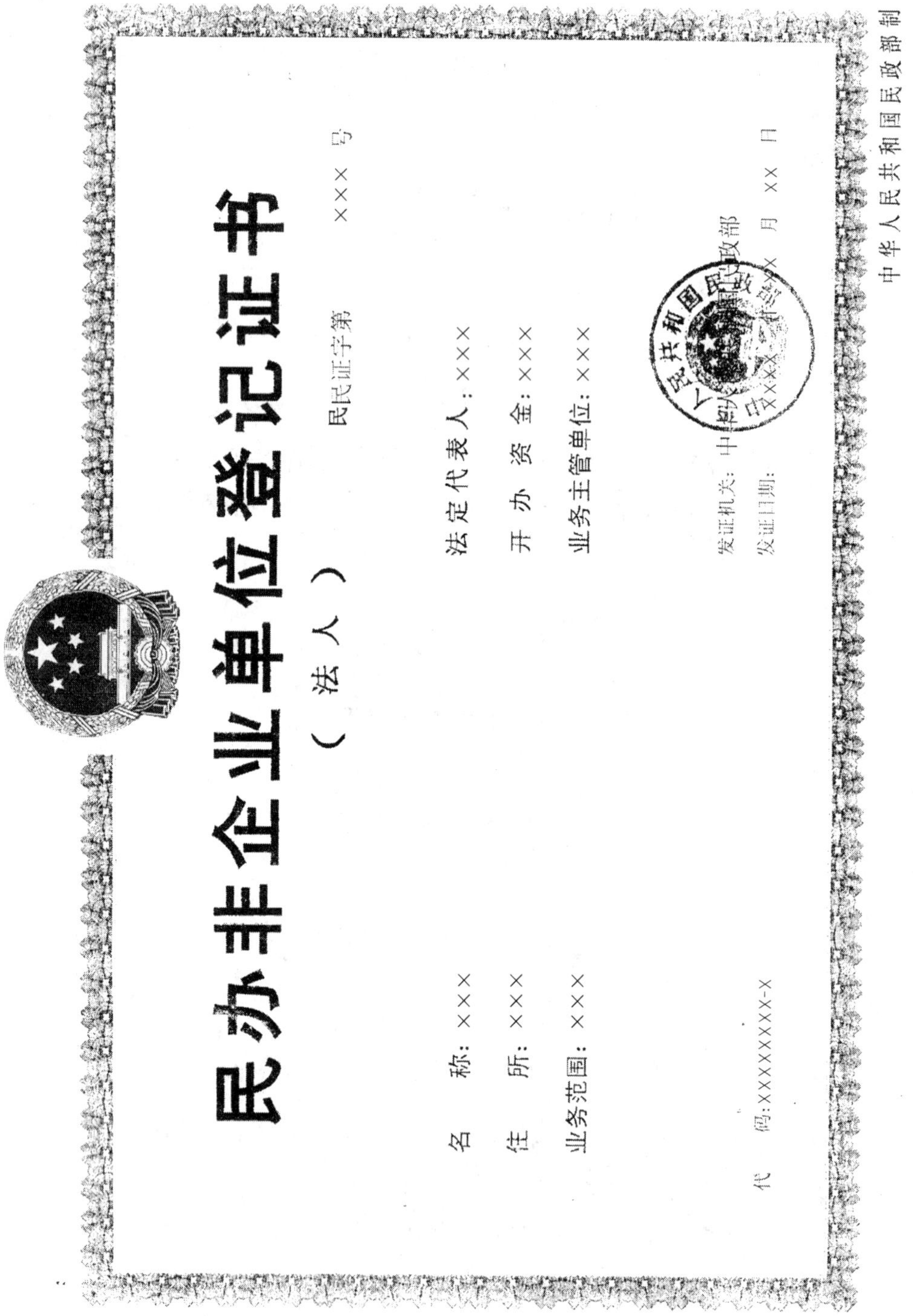

民办非企业单位登记证书

（法人）

民民证字第 ×××号

名　　称：×××

住　　所：×××

业务范围：×××

法定代表人：×××

开办资金：×××

业务主管单位：×××

代　　码：XXXXXXXX-X

发证机关：中华人民共和国民政部

发证日期：XXXX年XX月XX日

中华人民共和国民政部制

图2-15

农民专业合作社法人营业执照

注册号 ×××

名 称 ×××

住 所 ×××

法定代表人姓名 ×××

成员出资总额 ×××

业务范围 ×××

登记机关

日

中华人民共和国国家工商行政管理总局监制

图2-16

第二篇

组织机构赋码颁证原则与程序

第三章
组织机构赋码颁证原则

第一节　组织机构赋码颁证的一般原则

一、分级赋码颁证原则

分级赋码颁证原则是组织机构代码标识制度中针对赋予组织机构代码和颁发组织机构代码证所规定的总的原则。

组织机构申领代码证的一般原则是：

(1) 国家工商行政管理总局、中央编办及国家事业单位登记管理局、民政部等核准登记的组织机构由全国组织机构代码管理中心负责赋码颁证。

(2) 省级工商行政管理局、机构编制委员会办公室事业单位登记管理局、民政厅(局)核准登记(批准成立)的组织机构，由省级组织机构代码管理机构负责赋码颁证。

(3) 地、市、州、盟一级工商行政管理局、机构编制委员会办公室事业单位登记管理局、民政局核准登记(批准成立)的组织机构，由同一级组织机构代码管理机构赋码颁证。

(4) 县、市、旗、区一级工商行政管理局、机构编制委员会办公室事业单位登记管理局、民政局核准登记(批准成立)的组织机构，由同一级组织机构代码管理机构赋码颁证。

二、组织机构变更的赋码原则

GB 11714—1997《全国组织机构代码编制规则》明确规定了组织机构代码的唯一性、终身不变性。因此，组织机构在存续期间发生登记事项变更时，组织机构代码始终保持不变。而组织机构代码证由于组织机构名称、地址、机构类型、颁发单位、有效期等登记事项的变更，必须换发新的代码证。

涉及组织机构代码证变更的登记项目主要有：

(一) 组织机构名称的变更

组织机构因规模、经营(业务)范围、举办单位等情况发生变化，机构名称由工商、编办、民政等机构核准登记部门批准，并在相关执照、证书上完成变更登记的，到原组织机构代码管理机构进行代码证的变更。

(二) 地址的变更

组织机构注册地址发生变更并经工商、编办、民政等机构核准部门在相关执照、证书上做过变更的，该组织机构应到原组织机构代码管理机构进行代码证的变更。

（三）经营（业务）范围、注册（开办）资金、法定代表人等登记项目发生变更

组织机构可持变更后的执照、证书和原代码证书及IC卡到原办证机构做相应的变更登记。单位法定代表人发生变更的还须带法人身份证的原件及复印件。这些项目由于不涉及更换代码证书，因此只需在《申领组织机构代码证基本信息登记表》和数据库中以及组织机构代码证IC卡内做相应变更即可。

（四）企业合并、分立而产生的组织机构代码的保留与废置

具体有以下几种情况：

(1)合并，是指两个以上公司依照公司法有关规定，通过订立协议而归并成一个公司。公司合并可以采取吸收合并和新设合并两种形式。

①吸收合并，是指公司接纳其他公司加入本公司，接纳方继续存在，加入方解散。

②新设合并，是指两个以上公司合并设立一个新的公司，合并各方解散。

(2)公司分立可以采取存续分立和解散分立两种形式。

①存续分立，是指一个公司分离成两个以上公司，本公司继续存在并设立一个以上新的公司。

②解散分立，是指一个公司分解为两个以上公司，本公司解散并设立两个以上新的公司。

公司合并或分立，须经公司原审批机关批准并到登记机关办理有关公司设立、变更或注销登记。

因组织机构合并、分立，工商行政管理机关对原组织机构进行注销登记，又对合并、分立后的组织机构进行新的注册登记的，也应相应地废置原组织机构的代码，并依据新的组织机构核准登记证明，对合并、分立后的组织机构赋予新的代码。如合并、分立后保留的组织机构，机构核准登记部门未做注销、撤销登记处理的，保留原组织机构代码。

三、组织机构撤销、注销及解散的废置代码原则

(1) 对于工商、编办、民政等组织机构核准登记部门注销、撤销的企业、机关、事业单位、社会团体，组织机构代码管理机构也应依据组织机构批准成立或核准登记机关的注销、撤销证明文件，对这些组织机构的代码进行废置。

(2) 代码一经废置，不能再赋予其他组织机构。

第二节 组织机构赋码颁证的具体原则

一、中央各部委垂直领导部门以及派出机构的赋码原则

对于中央国家机关各系统的垂直领导和派出机构的赋码原则，主要遵循谁统一领导和管理，就到对应的哪一级组织机构代码管理机构申领代码和证书。如国家质检系统的省级以下质监系统，实行了垂直领导，因此省以下质监局应到省一级代码管理机构申办

代码证。

下面列举了一些系统的垂直领导的中央各部委和派出机构，这些机构原则上应由全国组织机构代码管理中心赋码颁证。具体按机关或事业单位垂直领导的部门或设立派出机构的主要有：

（一）中国人民银行系统

依据《中华人民共和国中国人民银行法》（2004 年 2 月 1 日施行）第二章第十三条，中国人民银行根据履行职责的需要设立分支机构，作为中国人民银行的派出机构。中国人民银行对分支机构实行统一领导和管理。

中国人民银行设立了 11 个省级分行。这些分支机构作为中国人民银行的派出机构，接受中国人民银行的统一领导和管理，作为国家机关分支机构，由全国组织机构代码管理中心负责 11 个省级分行的赋码颁证。另外，中国人民银行上海总部作为中国人民银行总行的有机组成部分，由全国组织机构代码管理中心负责赋码颁证。

天津分行
沈阳分行
上海分行
南京分行
济南分行
武汉分行
广州分行
成都分行
西安分行
中国人民银行营业管理部
中国人民银行重庆营业管理部

（二）监察部系统

依据《中华人民共和国行政监察法实施条例》（2004 年 9 月 17 日中华人民共和国国务院令第 419 号公布）第六条监察机关派出的监察机构或者监察人员对派出它的监察机关负责并报告工作，并由派出它的监察机关实行统一管理。

在实行垂直管理的国家行政机关中，监察机关派出的监察机构根据工作需要，经派出它的监察机关批准，可以向驻在部门的下属行政机构再派出监察机构或者监察人员。

全国组织机构代码管理中心负责监察部派驻省（区、市）级派出机构的赋码颁证工作。

（三）国家审计署系统

由国家审计署直接管理的派出机构。

1. 25 个派出审计局

外交外事审计局
发展计划审计局
经济审计一局
经济审计二局
贸易审计局
国防工业审计局
教育审计局
科学技术审计局
政法审计局
民族宗教审计局
监察人事审计局
资源环保审计局
社会保障审计局
建设建材审计局
交通运输审计局
信息邮政审计局

农林水审计局
文化体育审计局
卫生药品审计局
海关审计局
经济执法审计局
新闻通讯审计局
旅游侨务审计局
科学工程审计局
地震气象审计局

2. 18个审计特派员办事处

京津冀特派员办事处
太原特派员办事处
沈阳特派员办事处
哈尔滨特派员办事处
上海特派员办事处
南京特派员办事处
武汉特派员办事处
广州特派员办事处
郑州特派员办事处
济南特派员办事处
西安特派员办事处
兰州特派员办事处
昆明特派员办事处
成都特派员办事处
长沙特派员办事处
深圳特派员办事处
长春特派员办事处
重庆特派员办事处

以上派出机构由全国组织机构代码管理中心负责赋码颁证。

（四）海关总署系统

海关总署广东分总署、海关总署驻天津特派员办公室、海关总署驻上海特派员办公室及以下41个直属海关作为国家机关机构赋码颁证。

北京海关
天津海关
石家庄海关
太原海关
满洲里海关
呼和浩特海关
沈阳海关
大连海关
长春海关
哈尔滨海关
上海海关
南京海关
杭州海关
宁波海关
合肥海关
福州海关
厦门海关
南昌海关
青岛海关
长沙海关
广州海关
黄埔海关
深圳海关
拱北海关
汕头海关
湛江海关
江门海关
武汉海关
南宁海关
成都海关
重庆海关
贵阳海关
昆明海关
拉萨海关
西安海关
乌鲁木齐海关
兰州海关
银川海关

西宁海关　　海口海关

郑州海关

（五）国家质量监督检验检疫总局系统

依据国办发[1999]59号《国务院办公厅关于印发全国各地出入境检验检疫机构组建方案的通知》精神，各地出入境检验检疫机构分为直属和分支局，实行垂直管理的体制，即依据中编办发[1999]16号《关于下达各地出入境检验检疫机构行政编制和分支机构设置方案的通知》，直属局由国家出入境检验检疫局直接领导，分支局隶属于所在区域的直属局。

35个省级出入境检验检疫局及278个下属分支局，按国家机关赋码颁证。

北京出入境检验检疫局及下属3个分支局

天津出入境检验检疫局及下属5个分支局

河北出入境检验检疫局及下属9个分支局

山西出入境检验检疫局及下属4个分支局

黑龙江出入境检验检疫局及下属16个分支局

辽宁出入境检验检疫局及下属15个分支局

内蒙出入境检验检疫局及下属8个分支局

吉林出入境检验检疫局及下属6个分支局

浙江出入境检验检疫局及下属12个分支局

上海出入境检验检疫局及下属9个分支局

江苏出入境检验检疫局及下属19个分支局

安徽出入境检验检疫局及下属7个分支局

甘肃出入境检验检疫局及下属3个分支局

福建出入境检验检疫局及下属11个分支局

江西出入境检验检疫局及下属5个分支局

山东出入境检验检疫局及下属22个分支局

湖北出入境检验检疫局及下属6个分支局

湖南出入境检验检疫局及下属6个分支局

广东出入境检验检疫局及下属32个分支局

海南出入境检验检疫局及下属4个分支局

广西出入境检验检疫局及下属11个分支局

重庆出入境检验检疫局及下属2个分支局

四川出入境检验检疫局及下属8个分支局

贵州出入境检验检疫局

云南出入境检验检疫局及下属10个分支局

陕西出入境检验检疫局及下属3个分支局

河南出入境检验检疫局及下属7个分支局

西藏出入境检验检疫局及下属2个分支局

青海出入境检验检疫局及下属1个分支局

宁夏出入境检验检疫局
新疆出入境检验检疫局及下属 10 个分支局
宁波出入境检验检疫局及下属 6 个分支局
深圳出入境检验检疫局及下属 10 个分支局
珠海出入境检验检疫局及下属 4 个分支局
厦门出入境检验检疫局及下属 2 个分支局

（六）国务院电力监管委员会系统

依据中央编办复字[2004]58 号《关于国家电力监管委员会派出机构设置和人员编制的批复》文件，依据《国务院关于印发电力体制改革方案的通知》(国发[2002]5 号)和《国务院办公厅关于印发国家电力监管委员会职能配备机构设置和人员编制规定的通知》(国办发[2003]7 号)的规定，国家电力监管委员会在华北等区域设立监管局，由电监会垂直领导。电监会在全国设立 6 个区域监管局，为履行电力行政执法的事业单位。设立华北、东北、西北、华东、华中、南方 6 个电监局。

依据《电力监管条例》(2005 年 2 月 15 日中华人民共和国国务院令第 432 号)第六条“国务院电力监管机构根据履行职责的需要，经国务院批准，设立派出机构。国务院电力监管机构对派出机构实行统一领导和管理。”国务院电力监管机构的派出机构在国务院电力监管机构的授权范围内，履行电力监管职责。电力监管省级派出机构由全国组织机构代码管理中心负责赋码颁证。

（七）国家税务总局系统

29 个省级国税局作为国家机关赋码颁证。

依据国办发(1998)73 号文件，“二、主要职责(十)、国家税务总局对全国国税系统实行垂直管理。”

北京市国家税务局
天津市国家税务局
河北省国家税务局
黑龙江省国家税务局
吉林省国家税务局
浙江省国家税务局
江苏省国家税务局
安徽省国家税务局
甘肃省国家税务局
福建省国家税务局
江西省国家税务局
山东省国家税务局
湖北省国家税务局
湖南省国家税务局
广东省国家税务局
海南省国家税务局
广西壮族自治区国家税务局
重庆市国家税务局
四川省国家税务局
贵州省国家税务局
云南省国家税务局
陕西省国家税务局
青海省国家税务局
宁夏回族自治区国家税务局
新疆维吾尔自治区国家税务局
西藏自治区国家税务局
河南省国家税务局
山西省国家税务局
辽宁省国家税务局

（八）国家统计局系统

依据《国务院办公厅关于印发国家统计局直属调查队管理体制改革方案的通知》（国办发[2005]14号2005年3月16日），国家统计局直属调查队管理体制改革方案包括：

1. 机构设置

（1）撤销国家统计局直属的各级农调队、城调队、企调队。

（2）组建国家统计局省（区、市）调查总队31个，副省级城市调查队15个，市（地、州、盟）调查队332个，县（市、区、旗）调查队887个。新组建的各级调查队原则上与同级人民政府统计机构同一级别。

2. 领导体制

国家统计局各级调查队是国家统计局的派出机构，国家统计局对各级调查队实行垂直管理。

省级31个调查总队，副省级15个城市调查队由全国组织机构代码管理中心按事业单位赋码颁证。

（九）国家煤矿安全监察局系统

依据国办发[1999]104号《国务院办公厅关于印发煤矿安全监察管理体制改革实施方案的通知》精神，改革现行煤矿安全监察体制，实行垂直管理。省（自治区、直辖市）煤矿安全监察局均为国家煤矿安全监察局的直属机构，实行国家煤矿安全监察局与所在省（自治区、直辖市）政府双重领导，以国家煤矿安全监察局为主的管理体制。中编办发[2000]11号《关于各地煤矿安全监察局行政编制分配和办事处设置方案的通知》，国办函[2000]50号《国务院办公厅关于组建江苏煤矿安全监察局等问题的复函》，中央编办发[2005]3号《关于组建福建、湖北、广东、广西、青海煤矿安全监察局有关事项的通知》，中央编办发[2005]4号《关于煤矿安全监察办事处更名为监察分局的通知》，规定了各地煤矿安全监察局行政编制分配和机构设置。

国家煤矿安全监察局是国家安全生产监督管理总局管理的国家局，包括：

河北煤矿安全监察局
山西煤矿安全监察局
内蒙古煤矿安全监察局
辽宁煤矿安全监察局
吉林煤矿安全监察局
黑龙江煤矿安全监察局
山东煤矿安全监察局
河南煤矿安全监察局
安徽煤矿安全监察局
江西煤矿安全监察局
湖南煤矿安全监察局
四川煤矿安全监察局
重庆煤矿安全监察局
贵州煤矿安全监察局
云南煤矿安全监察局
陕西煤矿安全监察局
甘肃煤矿安全监察局
宁夏煤矿安全监察局
新疆煤矿安全监察局
江苏煤矿安全监察局
福建煤矿安全监察局
湖北煤矿安全监察局
广东煤矿安全监察局
广西煤矿安全监察局
青海煤矿安全监察局

原煤矿安全监察办事处更名为煤矿监察分局，按机关分支机构办理。

（十）国家测绘局系统

国土资源部管理的国家局，依据中编发[1995]2号中央机构编制委员会《关于印发陕西、黑龙江、四川、海南测绘机构改革方案的通知》，设在四个省的测绘机构仍实行以国家测绘局为主与省政府双重领导的管理体制。

陕西测绘局
海南测绘局
四川测绘局
黑龙江测绘局

（十一）水利部系统

按事业单位办理。

水利部长江水利委员会
水利部松辽水利委员会
水利部黄河水利委员会
水利部海河水利委员会
水利部淮河水利委员会
水利部太湖流域管理局
水利部珠江水利委员会

（十二）公安部系统

依据国函(1997)76号《国务院关于北京等9城市边防检查职业化改革试点方案的批复》北京、天津、上海、广州、深圳、珠海、厦门、海口、汕头等九城市设立边防检查总站。边防检查属于中央事权，改职业制的9个总站由公安部垂直领导。

北京出入境边防检查总站
珠海出入境边防检查总站
天津出入境边防检查总站
厦门出入境边防检查总站
上海出入境边防检查总站
海口出入境边防检查总站
广州出入境边防检查总站
汕头出入境边防检查总站
深圳出入境边防检查总站

（十三）交通部系统

1. 海事局系统

依据国办发[1999]90号《国务院办公厅关于印发交通部直属海事机构设置方案的通知》，海事机构是国家执法监督机构。

依据中央编办发[2010]52号《关于印发交通运输部直属海事系统人员编制和机构设置方案的通知》，省级直属海事局和分支局按机关法人办理；从事技术支持和服务保障工作的航标、测绘、通信以及后勤管理的按事业单位办理；有些分支海事局申领了事业单位法人证书，按事业单位办理。

上海海事局
福建海事局
天津海事局
广东海事局
辽宁海事局
广西海事局
河北海事局
海南海事局
山东海事局
长江海事局
江苏海事局
黑龙江海事局
浙江海事局
深圳海事局

营口海事局
烟台海事局
连云港海事局
厦门海事局
汕头海事局
湛江海事局

2. 航务管理局系统

交通部长江航务管理局
交通部珠江航务管理局
交通部黑龙江航务管理局

（十四）国家海洋局系统

国土资源部管理的国家局，依据中央机构编制委员会中编发[1995]11号文《中央机构编制委员会关于印发〈国家海洋局北海、东海、南海分局机构改革方案〉的通知》，北海、东海、南海三个分局为行政管理机构，仍实行国家海洋局垂直领导的管理体制。

按机关法人办理。

国家海洋局北海分局
国家海洋局东海分局
国家海洋局南海分局

（十五）财政部系统

依据中编办[1998]7号中央机构编制委员会办公室关于印发《财政部驻各省财政监察专员办事处职能配置、机构设置和人员编制规定》的通知，"财政部按省设置财政监察专员办事处，作为财政部的派出机构，就地履行中央财政监督职能。"

按国家机关分支机构，34个派出机构由全国组织机构代码管理中心负责赋码颁证。

财政部驻北京市财政监察专员办事处
财政部驻天津市财政监察专员办事处
财政部驻河北省财政监察专员办事处
财政部驻内蒙古自治区财政监察专员办事处
财政部驻辽宁省财政监察专员办事处
财政部驻大连市财政监察专员办事处
财政部驻吉林省财政监察专员办事处
财政部驻黑龙江省财政监察专员办事处
财政部驻上海市财政监察专员办事处
财政部驻江苏省财政监察专员办事处
财政部驻浙江省财政监察专员办事处
财政部驻宁波市财政监察专员办事处
财政部驻福建省财政监察专员办事处
财政部驻厦门市财政监察专员办事处
财政部驻安徽省财政监察专员办事处
财政部驻江西省财政监察专员办事处
财政部驻山东省财政监察专员办事处

财政部驻青岛市财政监察专员办事处
财政部驻河南省财政监察专员办事处
财政部驻湖北省财政监察专员办事处
财政部驻湖南省财政监察专员办事处
财政部驻广东省财政监察专员办事处
财政部驻深圳市财政监察专员办事处
财政部驻广西壮族自治区财政监察专员办事处
财政部驻海南省财政监察专员办事处
财政部驻重庆市财政监察专员办事处
财政部驻四川省财政监察专员办事处
财政部驻贵州省财政监察专员办事处
财政部驻云南省财政监察专员办事处
财政部驻青海省财政监察专员办事处
财政部驻陕西省财政监察专员办事处
财政部驻甘肃省财政监察专员办事处
财政部驻宁夏回族自治区财政监察专员办事处
财政部驻新疆维吾尔回族自治区财政监察专员办事处

（十六）中国地震局系统

21个按事业单位办理。

北京市地震局
天津市地震局
河北省地震局
山西省地震局
内蒙古自治区地震局
辽宁省地震局
吉林省地震局
江苏省地震局
浙江省地震局
安徽省地震局
江西省地震局
山东省地震局
河南省地震局
湖北省地震局
广东省地震局
四川省地震局
云南省地震局
西藏自治区地震局
陕西省地震局
宁夏回族自治区地震局

（十七）中国民用航空局系统

根据国办发[2002]63号《国务院办公厅关于印发中国民用航空地区行政机构职能配置机构设置和人员编制规定的通知》，民航地区管理局及其派出机构由全国组织机构代码管理中心办理，其中7个管理局按机关法人办理，下属分局按机关分支机构办理，如下：

1. 中国民用航空华北地区管理局

中国民用航空北京安全监督管理局
中国民用航空天津安全监督管理局
中国民用航空河北安全监督管理局
中国民用航空山西安全监督管理局
中国民用航空内蒙古安全监督管理局

2. 中国民用航空东北地区管理局

中国民用航空吉林安全监督管理局
中国民用航空黑龙江安全监督管理局
中国民用航空大连安全监督管理局
中国民用航空辽宁安全监督管理局

3. 中国民用航空华东地区管理局

中国民用航空江苏安全监督管理局
中国民用航空浙江安全监督管理局
中国民用航空安徽安全监督管理局
中国民用航空福建安全监督管理局
中国民用航空江西安全监督管理局
中国民用航空山东安全监督管理局
中国民用航空厦门安全监督管理局
中国民用航空上海安全监督管理局

4. 中国民用航空中南地区管理局

中国民用航空河南安全监督管理局
中国民用航空湖北安全监督管理局
中国民用航空湖南安全监督管理局
中国民用航空广西安全监督管理局
中国民用航空海南安全监督管理局
中国民用航空深圳安全监督管理局
中国民用航空广东安全监督管理局

5. 中国民用航空西南地区管理局

中国民用航空重庆安全监督管理局
中国民用航空贵州安全监督管理局
中国民用航空云南安全监督管理局
中国民用航空西藏安全监督管理局
中国民用航空四川安全监督管理局

6. 中国民用航空西北地区管理局

中国民用航空甘肃安全监督管理局
中国民用航空宁夏安全监督管理局
中国民用航空青海安全监督管理局
中国民用航空陕西安全监督管理局

7. 中国民用航空新疆管理局

中国民用航空乌鲁木齐安全监督管理局

（十八）中国气象局系统

29 个分支机构，由全国组织机构代码管理中心按事业单位办理。

北京市气象局
天津市气象局
河北省气象局
内蒙古自治区气象局
黑龙江省气象局
辽宁省气象局
安徽省气象局
江苏省气象局
广西自治区气象局
重庆市气象局
贵州省气象局
山西省气象局
甘肃省气象局
青海省气象局
新疆自治区气象局
江西省气象局
宁波市气象局
山西省气象局
吉林省气象局
上海市气象局
浙江省气象局
山东省气象局
福建省气象局
湖南省气象局
广东省气象局
四川省气象局

云南省气象局
河南省气象局
西藏自治区气象局

（十九）国家环境保护部

以下单位由全国组织机构代码管理中心按事业单位办理。

环境保护部华南环境保护督查中心
环境保护部华东环境保护督查中心
环境保护部西北环境保护督查中心
环境保护部西南环境保护督查中心
环境保护部东北环境保护督查中心
环境保护部北方核与辐射安全监督站
环境保护部西北核与辐射安全监督站
环境保护部东北核与辐射安全监督站
环境保护部四川核与辐射安全监督站
环境保护部广东核与辐射安全监督站
环境保护部上海核与辐射安全监督站

（二十）中国保险监督管理委员会系统

依据中央编办复字[2004]12 号《关于中国保险监督管理委员会派出机构设置和人员编制的批复》，36 个监管局为中国保险监督管理委员会的派出机构。

依据《中国保险监督管理委员会派出机构监管职责规定》(2004 年 6 月 30 日中国保险监督管理委员会令第 7 号公布，自 2004 年 8 月 1 日起施行)，中国保险监督管理委员会对派出机构实行垂直领导、统一管理。本规定所称派出机构，是指中国保监会派驻各省、自治区、直辖市和计划单列市的监管局。

以下 36 个监管局按事业单位，由全国组织机构代码管理中心办理：

中国保险监督管理委员会北京监管局
中国保险监督管理委员会上海监管局
中国保险监督管理委员会广东监管局
中国保险监督管理委员会辽宁监管局
中国保险监督管理委员会四川监管局
中国保险监督管理委员会陕西监管局
中国保险监督管理委员会天津监管局
中国保险监督管理委员会湖北监管局
中国保险监督管理委员会重庆监管局
中国保险监督管理委员会深圳监管局
中国保险监督管理委员会吉林监管局
中国保险监督管理委员会黑龙江监管局
中国保险监督管理委员会海南监管局
中国保险监督管理委员会河南监管局
中国保险监督管理委员会福建监管局
中国保险监督管理委员会山西监管局
中国保险监督管理委员会宁夏监管局
中国保险监督管理委员会青海监管局
中国保险监督管理委员会安徽监管局
中国保险监督管理委员会江苏监管局
中国保险监督管理委员会贵州监管局
中国保险监督管理委员会河北监管局
中国保险监督管理委员会广西监管局
中国保险监督管理委员会浙江监管局
中国保险监督管理委员会甘肃监管局
中国保险监督管理委员会湖南监管局
中国保险监督管理委员会云南监管局
中国保险监督管理委员会新疆监管局
中国保险监督管理委员会大连监管局
中国保险监督管理委员会青岛监管局
中国保险监督管理委员会宁波监管局
中国保险监督管理委员会江西监管局
中国保险监督管理委员会内蒙古监管局
中国保险监督管理委员会山东监管局
中国保险监督管理委员会西藏监管局
中国保险监督管理委员会厦门监管局

（二十一）中国银行监督管理委员会系统

根据《中华人民共和国银行监督管理法》（2004年2月1日施行）第二章第八条第一款，"国务院银行业监督管理机构根据履行职责的需要设立派出机构，国务院银行业监督管理机构对派出机构实行统一领导和管理"。依据中央编办复字[2004]10号中央机构编制委员会办公室（批复）《关于中国银行业监管委员会派出机构设置和人员编制的批复》，中国银行业监督管理委员会在省、自治区、直辖市和计划单列市设立银监局，作为中国银行业监督管理委员会的派出机构，共36家。以下36家监管局按事业单位，由全国组织机构代码管理中心办理：

中国银行业监督管理委员会北京监管局
中国银行业监督管理委员会天津监管局
中国银行业监督管理委员会河北监管局
中国银行业监督管理委员会山西监管局
中国银行业监督管理委员会内蒙古监管局
中国银行业监督管理委员会辽宁监管局
中国银行业监督管理委员会吉林监管局
中国银行业监督管理委员会黑龙江监管局
中国银行业监督管理委员会上海监管局
中国银行业监督管理委员会江苏监管局
中国银行业监督管理委员会浙江监管局
中国银行业监督管理委员会安徽监管局
中国银行业监督管理委员会福建监管局
中国银行业监督管理委员会江西监管局
中国银行业监督管理委员会山东监管局
中国银行业监督管理委员会河南监管局
中国银行业监督管理委员会湖北监管局
中国银行业监督管理委员会湖南监管局
中国银行业监督管理委员会广东监管局
中国银行业监督管理委员会广西监管局
中国银行业监督管理委员会海南监管局
中国银行业监督管理委员会重庆监管局
中国银行业监督管理委员会四川监管局
中国银行业监督管理委员会贵州监管局
中国银行业监督管理委员会云南监管局
中国银行业监督管理委员会西藏监管局
中国银行业监督管理委员会陕西监管局
中国银行业监督管理委员会甘肃监管局
中国银行业监督管理委员会青海监管局
中国银行业监督管理委员会宁夏监管局
中国银行业监督管理委员会新疆监管局
中国银行业监督管理委员会大连监管局
中国银行业监督管理委员会宁波监管局
中国银行业监督管理委员会厦门监管局
中国银行业监督管理委员会青岛监管局
中国银行业监督管理委员会深圳监管局

（二十二）中国证券监督管理委员会系统

依据《中华人民共和国证券法》（2004年8月28日第十届全国人民代表大会常务委员会第十一次会议通过）第七条 第三款，"国务院证券监督管理机构根据需要可以设立派出机构，按照授权履行监督管理职责"按事业单位办理。

中国证券监督管理委员会北京监管局
中国证券监督管理委员会天津监管局
中国证券监督管理委员会河北监管局
中国证券监督管理委员会山西监管局
中国证券监督管理委员会内蒙古监管局
中国证券监督管理委员会辽宁监管局
中国证券监督管理委员会吉林监管局
中国证券监督管理委员会黑龙江监管局
中国证券监督管理委员会上海监管局
中国证券监督管理委员会江苏监管局
中国证券监督管理委员会浙江监管局
中国证券监督管理委员会安徽监管局
中国证券监督管理委员会福建监管局
中国证券监督管理委员会江西监管局

中国证券监督管理委员会山东监管局
中国证券监督管理委员会河南监管局
中国证券监督管理委员会湖北监管局
中国证券监督管理委员会湖南监管局
中国证券监督管理委员会广东监管局
中国证券监督管理委员会广西监管局
中国证券监督管理委员会海南监管局
中国证券监督管理委员会重庆监管局
中国证券监督管理委员会四川监管局
中国证券监督管理委员会贵州监管局
中国证券监督管理委员会云南监管局
中国证券监督管理委员会西藏监管局
中国证券监督管理委员会陕西监管局
中国证券监督管理委员会甘肃监管局
中国证券监督管理委员会青海监管局
中国证券监督管理委员会宁夏监管局
中国证券监督管理委员会新疆监管局
中国证券监督管理委员会深圳监管局
中国证券监督管理委员会大连监管局
中国证券监督管理委员会宁波监管局
中国证券监督管理委员会厦门监管局
中国证券监督管理委员会青岛监管局

（二十三）国家物资储备局系统

国家物资储备局是国家发展和改革委员会管理的司局级单位，按机关办理。

依据中编发[1995]12 号文，中央机构编制委员会关于印发《省、自治区、直辖市储备物资管理机构改革方案》的通知，全国 26 个储备物资管理局和办事处，仍实行以国家物资储备局为主与省、自治区、直辖市政府双重领导的管理体制。按事业单位，由全国组织机构代码管理中心办理。

内蒙古储备物资管理局
山西储备物资管理局
辽宁储备物资管理局
河北储备物资管理局
山东储备物资管理局
湖北储备物资管理局
湖南储备物资管理局
贵州储备物资管理局
江西储备物资管理局
安徽储备物资管理局
新疆储备物资管理局
青海储备物资管理局
广东储备物资管理局
甘肃储备物资管理局
云南储备物资管理局
黑龙江储备物资管理局
河南储备物资管理局
广西储备物资管理局
四川储备物资管理局
宁夏储备物资管理局
吉林储备物资管理局
陕西储备物资管理局
国家物资储备局天津办事处
国家物资储备局上海办事处
国家物资储备局深圳办事处
国家物资储备局浙江办事处

（二十四）农业部系统

按事业单位办理。

东海渔政渔港监督管理局
南海渔政渔港监督管理局
黄海渤海渔政渔港监督管理局
农业部渔政指挥中心

（二十五）商务部系统

根据商办发[2003]10 号《商务部关于机构设置的通知》，商务部下属 16 个派出机构。这些机构作为国家机关分支机构，由全国组织机构代码管理中心办理：

商务部驻上海特派员办事处
商务部驻广州特派员办事处
商务部驻南宁特派员办事处
商务部驻海南特派员办事处
商务部驻武汉特派员办事处
商务部驻青岛特派员办事处
商务部驻成都特派员办事处
商务部驻昆明特派员办事处
商务部驻大连特派员办事处
商务部驻南京特派员办事处
商务部驻福州特派员办事处
商务部驻郑州特派员办事处
商务部驻杭州特派员办事处
商务部驻天津特派员办事处
商务部驻深圳特派员办事处
商务部驻西安特派员办事处

（二十六）国家邮政局系统

依据《国务院办公厅关于印发国家邮政局主要职责内设机构和人员编制规定的通知》（国办发[2006]7号）和《国务院办公厅关于印发省（区、市）邮政监管机构机构设置主要职责和人员编制规定的通知》（国办发[2006]8号）精神，国家邮政局实行政企分开，继续行使政府邮政监督管理职能，企业职能剥离给新组建的中国邮政集团公司。同时设立省（区、市）邮政管理局，实行垂直管理体制，由国家邮政局直接领导。省（区、市）邮政管理局组建后，原省（区、市）邮政局撤销。

国家邮政局及其下设的31个省（区、市）邮政管理局由全国组织机构代码管理中心按国家机关办理。

北京市邮政管理局
天津市邮政管理局
河北省邮政管理局
山西省邮政管理局
内蒙古自治区邮政管理局
辽宁省邮政管理局
吉林省邮政管理局
黑龙江省邮政管理局
上海市邮政管理局
江苏省邮政管理局
浙江省邮政管理局
安徽省邮政管理局
福建省邮政管理局
江西省邮政管理局
山东省邮政管理局
河南省邮政管理局
湖北省邮政管理局
湖南省邮政管理局
广东省邮政管理局
广西壮族自治区邮政管理局
海南省邮政管理局
重庆市邮政管理局
四川省邮政管理局
贵州省邮政管理局
云南省邮政管理局
西藏自治区邮政管理局
陕西省邮政管理局
甘肃省邮政管理局
青海省邮政管理局
宁夏回族自治区邮政管理局
新疆维吾尔自治区邮政管理局

（二十七）国土资源部系统

依据《国务院办公厅关于建立国家土地督察制度有关问题的通知》（国办发[2006]50号），由国土资源部线地方派驻9个国家土地督察局。由全国组织机构代码管理中心按国家机关办理。

国家土地督察北京局
国家土地督察沈阳局
国家土地督察上海局
国家土地督察南京局
国家土地督察济南局
国家土地督察广州局
国家土地督察武汉局
国家土地督察成都局
国家土地督察西安局

(二十八)新华社系统

依据国办发[1994]101号《国务院办公厅关于印发新华通讯社机关机构编制方案的通知》精神，新华通讯社是国务院直属事业单位，在各省、自治区、直辖市设立31个派出机构。由全国组织机构代码管理中心按事业单位办理。

新华社北京分社
新华社上海分社
新华社天津分社
新华社重庆分社
新华社河北分社
新华社山西分社
新华社内蒙古分社
新华社辽宁分社
新华社吉林分社
新华社黑龙江分社
新华社江苏分社
新华社浙江分社
新华社安徽分社
新华社福建分社
新华社江西分社
新华社山东分社
新华社河南分社
新华社湖北分社
新华社湖南分社
新华社广东分社
新华社广西分社
新华社海南分社
新华社四川分社
新华社贵州分社
新华社云南分社
新华社西藏分社
新华社陕西分社
新华社甘肃分社
新华社宁夏分社
新华社青海分社
新华社新疆分社

(二十九)全国工商联行业商会

依据《工商业联合会组织通则》、《国务院关于鼓励支持和引导个体私营等非公有制经济发展的若干意见》和全国工商联全联函[2006]6号《关于申请办理全国工商联直属行业商会(公会)代码证的函》，全国工商联直属行业商会(公会)由全国组织机构代码管理中心办理。组织机构类型归入“其他机构”。

全国工商联金银珠宝业商会
全国工商联美容化妆品业商会
全国工商联水产业商会
全国工商联烘焙业公会
全国工商联五金机电商会
全国工商联房地产商会
全国工商联古玩业商会
全国工商联纺织服装业商会
全国工商联汽车(摩托车)配件用品业商会
全国工商联旅游业商会
全国工商联家居装饰业商会
全国工商联书业商会
全国工商联并购公会

全国工商联石油业商会
全国工商联石材业商会
全国工商联厨具业商会
全国工商联礼品业商会
全国工商联农业产业商会
全国工商联新能源商会
全国工商联女企业家商会
全国工商联纸业商会
全国工商联医药商会
全国工商联边境口岸商会
全国工商联钟表业商会
全国工商联大豆产业公会
全国工商联文化产业商会
全国工商联营养保健业商会
全国工商联会议展览业商会
全国工商联炒货业商会
全国工商联咨询业商会
全国工商联冶金业商会
全国工商联民营军工商会
全国工商联汽车经销商商会
全国工商联电视网络购物商会
全国工商联建筑业商会
全国工商联文化办公设备商会
全国工商联基础领域商会

二、军队事业单位的赋码原则

军队事业单位赋码工作是全国组织机构代码赋码范围的延伸，根据2004年中国人民解放军总后勤部与国家质检总局联合发文《关于军队事业单位申请组织机构代码的通知》精神，军队事业单位纳入全国组织机构代码的赋码范围。

具体的赋码原则是：

(1)总后勤部统一管理全军事业单位。

(2)全军事业单位包括：

①中央军委批准成立的；

②总政治部、总参谋部、总后勤部、总装备部批准成立的；

③国防大学、军事科学院、国防科技大学、各大军区、各军兵种司令部批准成立的；

④其他军队事业单位管理部门批准成立的。

(3)总后勤部人事劳动局将全军事业单位统一汇总整理，核准认可后，交全国组织机构代码管理中心。

(4)全国组织机构代码管理中心进行统一赋码，制作代码证，同时对个别已经在各地代码管理机构申领代码证的军队事业单位进行统一的迁址处理，即保留原代码不变，统一迁到全国组织机构代码管理中心管理。

(5)全国组织机构代码管理中心将制作完成的军队事业单位代码证交总后勤部人事劳动局，由他们将代码证发放到每个军队事业单位。

三、铁路系统的赋码原则

2006年，我国铁路系统对机构设置进行了一系列的改革。为了适应组织机构代码标识制度的需要和铁路系统管理的需要，根据国家质检总局与铁道部联合发文《关于各铁路局及其设立的非法人单位申领变更中华人民共和国组织机构代码证的有关问题的通知》(国质检标联[2006]17号)，对铁道部所属各铁路局及其设立的非法人单位申领、变更《中华人民共和国组织机构代码证》工作做出如下规定：

(一) 申领代码证的范围

(1)取得铁路运输企业法人资格的铁路局(含青藏铁路公司)。

(2)铁路局设立的非法人单位。

(二) 变更代码证的范围

(1)原以铁路分局名义申领代码证的单位，需变更为铁路局或铁路局设立的非法人单位。

(2)原以铁路分局站段名义申领代码证的单位，需变更为铁路局设立的非法人单位。

(三) 申领代码证的条件和方式

(1)各铁路局应出具《企业法人营业执照》，由颁发营业执照的工商部门相对应的同级的组织机构代码管理部门核发代码证。

(2)铁路局设立的所属机构应出具铁路局同意办理代码证的证明文件(见附1)，由该单位办公地点所在地的省级(自治区、直辖市)组织机构代码管理部门核发代码证。如：沈阳铁路局批准的长春直属火车站，应由吉林省组织机构代码管理机构核发代码证。

(四) 变更代码证的条件和方式

(1)原以铁路分局名义申领代码证的机构，应出具铁路局同意其变更代码证的证明文件(见附件3-1)，及时到办公所在地对应的省级(自治区、直辖市)组织机构代码管理机构办理变更登记。如原办证机构与规定的变更登记不是同一机构的，应先到原办证机构办理迁址手续，持原办证机构出具的迁址通知单(见附件3-2)，到本文规定的变更登记机构办理变更登记。

(2)原以铁路分局所属站段名义申领代码证的机构，应出具铁路局同意变更为铁路局设立的所属机构的证明文件(见附件3-1)，及时到办公所在地对应的省级组织机构代码管理机构办理变更登记。如原办证机构与规定的变更登记不是同一机构的，应先到原办证机构办理迁址手续，持原办证机构出具的迁址通知单(见附件3-2)，到规定的变更登记机构办理变更登记。

附件 3-1

证　明

××局证明第××号

××组织机构代码管理中心：

××××为我单位所属的非法人机构，其经济独立核算，负责人为××××，地址为××××号。该单位在对外经济活动中所牵涉到的经济责任由我单位负责。

特此证明。

××铁路局

××××年××月××日

(盖章)

附件 3-2

迁址通知单

组织机构代码	
组织机构名称	
组织机构地址	
迁移地址	
处理结果	
备　　注	

××组织机构代码管理中心

（盖章）

年　　月　　日

（五）申领、变更代码证的类型及备案

各级组织机构代码管理部门对持各铁路局证明文件办理申领或变更代码证手续的机构，组织机构类型应列入“其他”类。

四、国家统计局系统的赋码原则

根据《国务院办公厅关于印发国家统计局直属调查队管理体制改革方案的通知》（国办发〔2005〕14 号）和《关于国家统计局各级调查队机构设置和人员编制的批复》（中央编办复字〔2005〕149 号）通知要求，国家统计局撤销了 90 个省级调查队，新成立了 31 个调查总队。同时对副省级以下调查队进行改革，新成立 15 个副省级城市调查队、332 个市（地、州、盟）调查队、887 个县（市、区、旗）调查队。依据国家质检总局与国家统计局联合发文《关于国家统计局直属调查队领取中华人民共和国组织机构代码证有关问题的通知》（国质检标联[2006]420 号），规定如下：

1. 申领组织机构代码证的范围

已取得事业单位法人资格和法人证书的国家统计局各级调查队和直属事业单位。

2. 申领组织机构代码证的方式

新成立的国家统计局各级调查队和直属事业单位持事业法人证书副本原件及复印件、申领组织机构代码证基本信息登记表、事业单位法人代表身份证复印件和经办人身份证复印件，到同级质量技术监督局组织机构代码管理中心或指定部门办理组织机构代码证的申领手续。省级调查总队和直属事业单位到全国组织机构代码管理中心办理，省级以下（含副省级）调查队和直属事业单位到本行政区内的同级质量技术监督局组织机

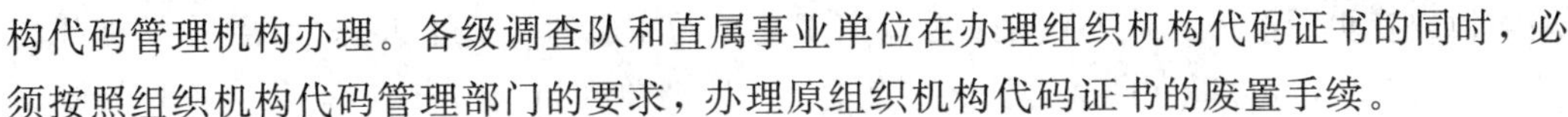

构代码管理机构办理。各级调查队和直属事业单位在办理组织机构代码证书的同时，必须按照组织机构代码管理部门的要求，办理原组织机构代码证书的废置手续。

五、外资银行的赋码原则

根据《中华人民共和国外资银行管理条例》和国务院有关文件，外国银行分行可以改制为由其总行单独出资设立的、在中国注册的法人银行。

1. 申领、变更代码证的范围

经过中国银行业监督管理委员会(以下简称“银监会”)批准的，由原外国银行国内分行改制的外资法人银行总行(以下简称“外资法人总行”)及其分支机构(包括分行、支行)。

2. 申领、变更代码证的原则

外资法人总行原则上应当领取新的组织机构代码，但由外国银行分行直接改制的外资法人总行，且该外资法人总行在其注册地未设有外资法人分行的，该外资法人总行可以继续使用原外国银行分行的组织机构代码。

外资法人总行在各地的分行、支行继续使用原外国银行分行、支行的组织机构代码，并办理变更手续。新设的外资法人银行分行、支行办理新的组织机构代码。

原外国银行分行改制为外资法人总行的，可以在中国境内最多保留一家隶属于其海外母行的外国银行分行从事外汇批发业务。从事外汇批发业务的外国银行分行可以领取新的组织机构代码，并将原组织机构代码转给承继其原主要业务的外资法人分行。

例一，上海市原已存在“香港上海汇丰银行有限公司上海分行。”2007 年 3 月 20 日，银监会批准在上海成立“汇丰银行(中国)有限公司”、“汇丰银行(中国)有限公司上海分行”，并准许“香港上海汇丰银行有限公司上海分行”保留作为从事外汇批发业务的外国银行分行。其中，“汇丰银行(中国)有限公司” 作为外资法人总行领取新的组织机构代码，机构类型为“企业法人”；“汇丰银行(中国)有限公司上海分行”作为业务实体继续使用原已存在的“香港上海汇丰银行有限公司上海分行”的组织机构代码，机构类型为“企业非法人”；现“香港上海汇丰银行有限公司上海分行”作为保留下来从事外汇批发业务的银行，赋予其新的组织机构代码，机构类型为“企业非法人”。

例二，2006 年 12 月 22 日，银监会批准日本瑞穗实业银行股份有限公司上海分行、大连分行分别改制为“瑞穗实业银行(中国)有限公司”、“瑞穗实业银行(中国)有限公司大连分行”。“瑞穗实业银行(中国)有限公司”由日本瑞穗实业银行股份有限公司上海分行直接改制而成，且“瑞穗实业银行(中国)有限公司”在上海未设立外资法人分行，因此“瑞穗实业银行(中国)有限公司”继续使用原日本瑞穗实业银行股份有限公司上海分行的组织机构代码，机构类型变更为“企业法人”。“瑞穗实业银行(中国)有限公司大连分行”继续使用原日本瑞穗实业银行股份有限公司大连分行的组织机构代码，机构类型为“企业非法人”。

3. 申领、变更代码证的办理方式

(1)外资法人总行及其分支机构应按照组织机构代码工作制度，到相应代码机构办理申领或变更手续。具体办法是：由国家工商总局注册的外资法人总行，到全国组织机构代码管理中心办理；由省(自治区、直辖市、计划单列市、副省级市)工商部门注册的外资法人总行及其分支机构，到该省(自治区、直辖市、计划单列市、副省级市)代码机构办理；由地(市)工商部门注册的外资法人银行分支机构，到该地(市)代码机构办理；由县(区)工商部门注册的外资法人银行分支机构，到该县(区)代码机构办理。

未按以上规定办理的，应按照组织机构代码工作制度办理迁址手续。

(2)外资法人总行及其分支机构申领、变更代码证，需提交银监会出具的批准文件、营业执照、法人代表身份证原件及双面复印件、经办人身份证原件及双面复印件。

六、新华通讯社国内分社的赋码原则

依据《国务院办公厅关于印发新华通讯社机关机构编制方案的通知》(国办发[1994]101 号)和国家质检总局、新华社《关于加强新华社国内各分社组织机构代码证管理有关问题的通知》(国质检标联[2007]371 号)，新华通讯社是国务院直属事业单位，其在各省、自治区、直辖市设立的派出机构可以办理组织机构代码，具体办理方式为：

(1)全国组织机构代码管理中心统一负责为新华社国内各分社办理组织机构代码。

(2)尚未办理代码证书的新华社分社，应持《国务院办公厅关于印发新华通讯社机关机构编制方案的通知》(国办发[1994]101 号)、新华通讯社《关于为新华通讯社国内分社办理组织机构代码证的函》、分社负责人身份证件、经办人身份证到全国组织机构代码管理中心办理。

(3)新华社分社若已经在所在地办理过组织机构代码，须到全国组织机构代码管理中心办理变更手续。办理时除提交上述材料外，还需提交原代码证书颁发单位出具的《迁出单》。

七、文化部外国驻华文化中心的赋码原则

根据文化部、国家质检总局《关于外国政府在中国设立的文化中心办理全国组织机构代码证有关事项的通知》(文外函[2009]199 号)，外国政府在我国设立的文化中心，经文化部核准登记后，可以办理组织机构代码。具体办理方式为：

(1)全国组织机构代码管理中心统一对外国文化中心赋码颁证，各地方代码管理机构遇到此类事项，要及时报送全国组织机构代码管理中心统一处理。

(2)外国文化中心申办代码证需提交的材料包括：

①文化部向外国驻华使馆发送的确认该国驻华文化中心成立的《确认函》复印件；

②文化部颁发的外国文化中心设立证明文件原件和复印件；

③文化部致外国文化中心要求其申领代码证的通知函；

④外国文化中心负责人身份证件，单位公章，经办人身份证件。

(3)外国文化中心的登记事项发生变更，由文化部对外文化联络局出具证明并提供相关信息。外国文化中心持文化部对外文化联络局出具的证明和其他相关材料，到全国组织机构代码管理中心办理代码证变更手续。

(4)外国文化中心申领代码证的机构类型为“其他”。

八、外国常驻新闻机构的赋码原则

根据国家质检总局、外交部联合发文《关于外国常驻新闻机构申领中华人民共和国组织机构代码证的通知》(国质检标联[2004]第 387 号)以及《外国记者和外国常驻新闻机构管理条例》等有关规定，在外交部新闻司登记注册并取得《外国驻华新闻机构证》的外国常驻新闻机构，可以办理组织机构代码。具体赋码方式为：

(1)全国组织机构代码管理中心统一办理外国常驻新闻机构赋码颁证。地方各级代码管理机构遇到外国常驻新闻机构咨询办证事宜，应及时报送全国组织机构代码管理中心统一处理。

(2)外国常驻新闻机构持《外国驻华新闻机构证》，到全国组织机构代码管理中心填报《中华人民共和国组织机构代码证申报表》，申领中华人民共和国组织机构代码证，经全国组织机构代码管理中心审核后赋码，核发代码证。外国常驻新闻机构撤销、合并、变动时，应到全国组织机构代码管理中心办理变更登记。

(3)外国常驻新闻机构申领代码证的机构类型为“其他”。

第三节　组织机构赋码颁证中的特殊问题

组织机构代码的赋码范围是我国依法设立的组织机构。与自然人相比，组织机构在实体判定上具有复杂性。从当前来看，我国正处于改革时期，新的组织机构类型不断出现。因此，各地代码颁证人员在颁证工作中往往会遇到各种特殊的情况。根据各地方代码管理机构多年来的颁证实践，我们在这里对一些问题进行了汇总，并依照国家相关法律法规提出了处理措施。

一、批准文件类问题

1. 认定合法批准成立文件的原则

一般情况下，申领组织机构代码应当提交规范的批准成立文件，具体包括：企业提交《企业法人营业执照》或《营业执照》，事业单位提交《事业单位法人证书》，机关提交县级以上(含县级)政府或编办的批准成立文件，社会团体提交《社会团体法人登记证书》、《社会团体分支(代表)机构登记证书》，社会团体中的工会应提交《工会法人资格证书》。

其他依法成立的机构，可依据《民办非企业单位登记证书》、《农民专业合作社营业执照》、《基金会法人登记证书》、《宗教活动场所登记证》、《律师事务所执业许可证》等法定的批准成立文件办理代码证书，其他机构中的村委会、居委会，可依据县级政府的批准设立文件办理代码证书。

国家质检总局与其他部委的联合发文中明确规定，可以凭借某类文件办理代码证书的，依据文件规定执行。目前可作为办证依据的文件如表 3-1 所示。

表 3-1

序号	申领机构	依据的文件	依据的规章
1	外国文化中心	1. 文化部向外国驻华使馆发送的确认该国驻华文化中心成立的《确认函》复印件 2. 文化部颁发的外国文化中心设立证明文件原件和复印件 3. 文化部致外国文化中心要求其申领代码证的通知函	文化部、国家质检总局《关于外国政府在中国设立的文化中心办理全国组织机构代码证有关事项的通知》(文外函[2009]199 号)
2	新华通讯社国内分社	《国务院办公厅关于印发新华通讯社机关机构编制方案的通知》(国办发[1994]101 号)	国家质检总局、新华通讯社《关于加强新华社国内各分社组织机构代码证管理有关问题的通知》(国质检标联[2007]371 号)
3	铁路局设立的非法人单位	铁路局同意该非法人单位办理代码证的证明文件	国家质检总局、铁道部《关于各铁路局及其设立的非法人单位申请变更中华人民共和国组织机构代码证有关问题的通知》(国质检标联[2006]17 号)
4	国家统计局直属调查队	事业单位法人证书	国家质检总局、国家统计局《关于国家统计局直属调查队领取中华人民共和国组织机构代码证有关问题的通知》(国质检标联[2006]420 号)
5	外国常驻新闻机构	外国驻华新闻机构证	国家质检总局、外交部《关于外国常驻新闻机构申领中华人民共和国组织机构代码证的通知》(国质检标联[2004]第 387 号)

前述范围之外的组织机构，如有国家层面的法律法规作为其批准设立依据的，也可依据相关法律法规办理代码证书。

应注意的是，我国《行政许可法》第十五条规定：地方性法律法规和省、自治区、直辖市人民政府规章，不得设定应当由国家统一确定的公民、法人或者其他组织的资格、资质的行政许可；不得设定企业或者其他组织的设立登记及其前置性行政许可。根据这一规定，只有“全国人大及其常务委员会发布的法律”和“国务院发布的法规”才能作为组织机构批准设立的依据。除非经全国人大及其常委会、国务院制定的法律法规授权，各省、自治区、直辖市的发布的地方性法规、规章对组织机构的登记许可不能作为办理代码证书的依据。

2. 办理代码登记时提交的组织机构批准设立文件应符合的条件

组织机构办理代码登记时，需提交组织机构批准设立文件，如企业的法人营业执照或营业执照、机关单位的批准设立文件、事业单位法人登记证。这些文件需符合以下条件才予办理代码登记：

第一，文件需齐全。这条主要针对机关的批准设立文件。机关批文一般有很多页，携带不便，扫描也费时费力，但至少要携带关于组织机构设立、编制等基本信息的那些文件，同时让人觉得这是一份完整的文件。

第二，发文单位必须是依法有权核准组织机构设立的部门。例如工商行政部门、民政部门、机构编制部门等。

第三，必须有发文单位的公章(法律规定可以不盖章的除外)。

第四，文件内容必须与组织机构的设立或存在相关，能证明组织机构是依法设立的。

3. 机关单位批准文件无发文机关盖章是否有效

《国家行政机关公文处理办法》第三章第十条规定，“公文除‘会议纪要’和以电报形式发出的以外，应当加盖印章。联合上报的公文，由主办机关加盖印章；联合下发的公文，发文机关都应当加盖印章。”

《中国共产党机关公文处理条例》第三章第八条规定，“除会议纪要和印制的有特定版头的普发性公文外，公文应当加盖发文机关印章”。

根据上述规定，除属于《中国共产党机关公文处理条例》规定的普发性公文之外，批准成立文件必须盖章。

4. 关于许可证类证书能否作为代码证书颁证依据

目前，政府主管部门为各类社会组织颁发了不同的行业性许可证书，例如《律师事务所执业许可证》、《职业技能鉴定许可证》、《职业培训许可证》、《司法鉴定许可证》、《期刊出版许可证》等，这些许可证类证书是否可作为办理代码证书的依据，不能一概而论，应根据国家法律的不同规定分别处理。

法律规定可作为机构批准成立依据的许可证书，可以凭其办理代码证书。例如：依据全国人大常委会颁布的《律师法》，可以凭借司法部门颁发的《律师事务所执业许可证》为律师事务所办理代码证书。

根据法律规定，有些行业许可证书并不能作为单位批准成立文件。例如，根据国务院颁布的《出版管理条例》，出版单位经登记后，应持《出版许可证》向工商行政管理部门登记，依法领取营业执照。因此，代码管理部门应当凭借营业执照，而不是《出版许可证》为出版单位办理代码证书。

5.《企业集团登记证》是否能作为办理组织机构代码的依据

企业集团是几个企业的联合体，由数家企业组成，不具备独立的法人资格，也不能凭企业集团登记证办理组织机构代码证书。

6.《职业技能鉴定许可证》能否作为办证依据

根据《职业技能鉴定规定》第二章第九条“职业技能鉴定站(所)是具体承担对待业人员、从业人员、军地两用人才、各级各类职业技术院校和其他职业培训机构的毕(结)业生，进行职业技能鉴定的事业性机构。在管理上实行站(所)长负责制”。职业技能鉴定机构应凭《事业单位法人登记证》或机构编制部门的批文办理代码证，而非《职业技能鉴定许可证》(见图 3-1)。

职业技能鉴定许可证

名　　称　×××
负 责 人　×××
地　　址　×××
有效期限　×××
机构编号　×××
核准机关　×××

鉴定职业（工种）范围	鉴定等级
车工	初级、中级、高级、技师
钳工	初级、中级、高级、技师
焊工	初级、中级、高级、技师
电工	初级、中级、高级、技师
汽车修理	初级、中级、高级、技师
汽车驾驶	初级、中级、高级、技师
计算机	初级、中级、高级、技师
营业员	初级、中级、高级、技师
美容美发	初级、中级、高级、技师
物业管理	初级、中级、高级、技师
中式烹调	初级、中级、高级、技师
餐厅服务	初级、中级、高级、技师
客房服务	初级、中级、高级、技师
保健按摩	初级、中级、高级、技师
摩托车维修	初级、中级、高级、技师
裁剪	初级、中级、高级、技师

劳动和社会保障行政部门（印章）
发证日期：2007年10月06日

图 3-1

7. 中国农业银行下发的红头文件能否作为办理代码证的依据

中国农业银行是国有四大股份制商业银行之一，是股份制公司，没有权力设立机构，因此其下发的红头文件(如图 3-2 所示)不能作为机构设立批准文件和办理代码证的依据。

中国农业银行文件

农银发〔2009〕193号

关于审计局机构设置及职能调整的通知

各省、自治区、直辖市分行，新疆兵团分行，各直属分行，各培训学院：

为进一步加强全行风险控制，完善内部治理机制，根据《中国农业银行内部审计体制改革总体方案》，总行决定，对现行审计体制进行改革，完善总行审计局职能及机构设置，建立总行垂直管理的审计体系，现将有关情况通知如下：

一、审计局的主要职能、内设机构及人员编制

(一)主要职能。

1、贯彻落实国家审计法规，制定全行内部审计标准、审计程序和审计规章制度等，并组织实施和监督检查。

2、制定全行中长期审计规划、年度工作计划和重点审计项目，经批准后组织实施。

— 1 —

图 3-2

8. 幼儿园凭《幼儿园办园许可证》能否办理组织机构代码证书

幼儿园根据其出资方的不同分为两种，一种是国有幼儿园，其机构类型一般是事业单位，凭《事业单位法人证书》办理代码证，另一种是民办幼儿园，其机构类型是其他机构，凭《民办非企业单位登记证书》(见图 3-3)办理代码证。

（副本）

民办非企业单位

登记证书

（个 体）

代 码:

发证机关: 宜春市袁州区民政局

发证日期: 二〇〇九年七月三十一日

有效期限: 自 2009 年 7 月 31 日至 2013 年 7 月 30 日

名 称:×××

住 所×××

开办资金:×××

业务主管单位:×××

业务范围:

学前教育

中华人民共和国民政部制

图 3-3

9.《劳动就业服务企业证书》能否作为办证依据

根据《劳动就业服务企业管理规定》第八条“开办劳动就业服务企业，须经审批机关批准，并经同级工商行政管理机关核准登记，领取《企业法人营业执照》或者《营业执照》后始得经营”。劳动就业服务企业办理代码证的凭证为工商部门核发的营业执照，而非《劳动就业服务企业证书》(图 3-4)。

劳动就业服务企业证书

（副本）

注册号: ×××

经认定: ×××

为劳动就业服务企业。特发此证。

代发证机关

（印章）

企业名称×××

企业负责人×××

经济性质×××

核算形式×××

经营方式×××

经营范围×××

地 址×××

电 话×××

图 3-4

10.《社会福利机构设置批准证书》能否作为办理组织机构代码的依据

不能，该证书只能视为行业许可。

11. 一个单位同时具有企业和事业单位两套批准文件，能否申请两个代码

一些组织机构具有企业、事业单位的双重身份，这种情况下，如果属于转制行为，应注销一个身份，保留另外一个身份，赋予一个组织机构代码；如果在法律上确属两个合法身份，应按照法律规定，视为两个法人主体，赋予两个组织机构代码。

12. 能够成为诉讼主体的组织是否一定有资格办理组织机构代码证书？法院的《立案通知书》是否可以作为确定组织机构法人资格的依据

一般情况下，法院会在《立案通知书》中确认某些组织的诉讼主体资格。一般来讲，认为自己权益受到侵害的自然人或一定形式的组织都可以成为诉讼主体，能够成为诉讼主体，并不意味着其就是依法成立的机构，法院并不对诉讼主体的其他资格进行任何确认，因此，法院的《立案通知书》不能作为确定组织机构法人资格的依据。

13. 村委会、居委会如何办理代码证书

《村民委员会组织法》第八条第二款规定：村民委员会的设立、撤销、范围调整，由乡、民族乡、镇的人民政府提出，经村民会议讨论同意后，报县级人民政府批准。《城市居民委员会组织法》第六条第二款规定：居民委员会的设立、撤销、规模调整，由不设区的市、市辖区的人民政府决定。

根据以上规定，村委会、居委会办理代码证书应持县(区)级人民政府的批准成立文件办理代码证书。

14.《仲裁委员会登记证》能否作为办证依据

根据《中华人民共和国仲裁法》第二章第十条“仲裁委员会可以在直辖市和省、自治区人民政府所在地的市设立，也可以根据需要在其他设区的市设立，不按行政区划层层设立。仲裁委员会由前款规定的市的人民政府组织有关部门和商会统一组建。设立仲裁委员会，应当经省、自治区、直辖市的司法行政部门登记。”及国务院颁布的《仲裁委员会登记暂行办法》第三条“仲裁委员会可以在直辖市和省、自治区人民政府所在地的市设立，也可以根据需要在其他设区的市设立，不按行政区划层层设立。设立仲裁委员会，应当向登记机关办理设立登记；未经设立登记的，仲裁裁决不具有法律效力”。

办理设立登记，应当向登记机关提交下列文件：

(1)设立仲裁委员会申请书；

(2)组建仲裁委员会的市的人民政府设立仲裁委员会的文件；

(3)仲裁委员会章程；

(4)必要的经费证明；

(5)仲裁委员会住所证明；

(6)聘任的仲裁委员会组成人员的聘书副本；

(7)拟聘任的仲裁员名册。及第四条“登记机关应当在收到本办法第三条第三款规定的文件之日起10日内，对符合设立条件的仲裁委员会予以设立登记，并发给登记证书；对符合设立条件，但所提供的文件不符合本办法第三条第三款规定的，在要求补正后予以登记；对不符合本办法第三条第一款规定的，不予登记”。第四条中的“登记机关应当在收到本办法第三条第三款规定的文件之日起 10 日内，对符合设立条件的仲裁委员会予以设立登记，并发给登记证书”，仲裁委员会依法成立文件应是《仲裁委员会登记证》，因此，仲裁委员会可以凭《仲裁委员会登记证》办理代码登记。

15.《网络文化经营许可证》能否作为办证依据

根据中华人民共和国第 292 号国务院令《互联网信息服务管理办法》第三条 中的“互联网信息服务分为经营性和非经营性两类”，第四条“国家对经营性互联网信息服务实行许可制度；对非经营性互联网信息服务实行备案制度。未取得许可或者未履行备案手续的，不得从事互联网信息服务”及第七条“从事经营性互联网信息服务，应当向省、自治区、直辖市电信管理机构或者国务院信息产业主管部门申请办理互联网信息服务增值电信业务经营许可证(以下简称经营许可证)。省、自治区、直辖市电信管理机构或者国务院信息产业主管部门应当自收到申请之日起 60 日内审查完毕，作出批准或者不予批准的决定。予以批准的，颁发经营许可证；不予批准的，应当书面通知申请人并说明理由。申请人取得经营许可证后，应当持经营许可证向企业登记机关办理登记手续”，只有经营性互联网信息服务单位需要申请《网络文化经营许可证》，而经营性互联网信息服务单位还需到工商部门办理登记，因此，《网络文化经营许可证》(如图 3-5)不能作为办证依据。经营性互联网信息服务单位的办证依据应是法人营业执照或营业执照。

网络文化经营许可证

编号：文网文[2008] 号

单位名称：

地 址：

法定代表人：

经济类型：

注册资本：

经营范围：

发证机关：

二00八年 月 日

中华人民共和国文化部监制

图 3-5

16. 房地产开发企业资质证书能否作为办证依据

根据《房地产开发企业资质管理规定》第二条“本规定所所称房地产开发企业是指依法设立、具有企业法人资格的经济实体”，房地产开发企业的办证依据是该工商行政管理部门核发的法人营业执照，房地产开发企业资质证书只是其资质的证明，不是其依法成立文件，因此，不能作为办证依据。

17.《广告经营许可证》能否作为办证依据

国家工商行政管理总局颁布的《广告经营许可证管理办法》第四条规定"《广告经营许可证》是广告经营单位从事广告经营活动的合法凭证"，因此，《广告经营许可证》(图3-6)并不是广告经营单位的依法成立文件，不能作为办理代码证的依据。

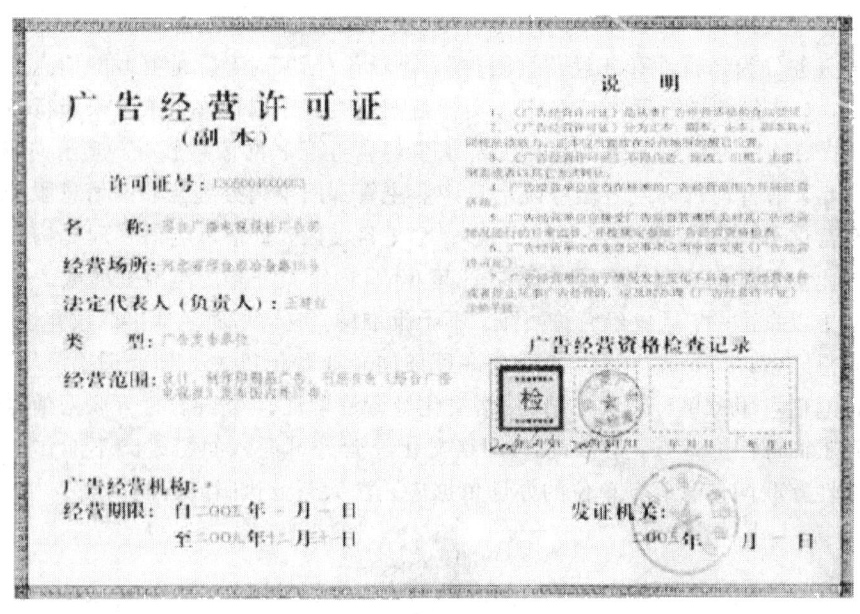
广告经营许可证
(副本)
许可证号：
名　　称：
经营场所：
法定代表人(负责人)：
类　　型：
经营范围：
广告经营机构：
经营期限：自　年　月　日
至　年　月　日
说　明
广告经营资格检查记录
检
发证机关：
年　月　日

图 3-6

二、身份证件类问题

1. 法定代表人、经办人身份证丢失，可以将临时身份证作为身份证件吗

可以，但临时身份证件上必须有姓名、性别、照片等身份证上的信息，且必须有公安部门的公章。

2. 用临时身份证件办理代码证后，是否需要等新身份证办理好了再提交一次

公安部门核发的临时身份证件可以作为身份证件使用，新的身份证件办好后，不需要重新提交新身份证复印件。但下次办理别的业务时，需要出示、提交新身份证原件及复印件。

3. 香港公民的居民身份证件能否作为办理代码证时的有效身份证件

根据国家质检总局颁布的《组织机构代码管理办法》第十条及其释义，办理组织机构代码证时提供的有效证件包括：一般公民的居民身份证，军人的军官证、士兵证(或身份证)，港澳人士的港澳通行证，台湾人士的台胞证，外籍人士的护照。因此，在办理组织机构代码证时，香港公民的有效身份证件应是港澳通行证，而非香港政府颁发的居民身份证件。

4. 户口簿、驾照能否作为法定代表人、经办人身份证

户口簿、驾照不能作为法定代表人、经办人身份证件。但可作为辅助证明，如一代身份证图像部分不清晰，可将驾照或户口簿扫描在同一图像中，帮助代码工作者识别。

5. 办理代码时，外籍人士的护照必须要其翻译件吗

不是必须的，如是法定代表人(负责人)的护照，必须保证其与机构批准文件上的姓名一致。

三、其他问题

1. 组织机构代码是否属于行政许可

行政许可是行政机关对经济和社会事务的管理行为，不包括对民事权利、民事关系的确认。因此，植物新品种权的授予，组织机构代码、商品条码的注册，产权登记、机动车登记、婚姻登记、户籍登记、抵押登记等，不是行政许可；而城市规划管理中选址意见书的批准、土地管理中对国有土地使用权出让的批准，是行政许可。(选自国务院法制办秘书行政司《全国贯彻实施行政许可法工作简报》)

2. 一个单位有两个或两个以上名称的情况，如何赋码

如果是一个单位几块牌子，其中一块牌子是法人名称，另一块牌子是法人别名，那么在赋码时应选用法人名称，只颁发一个组织机构代码，但在填写申报表时，应要求其填写法人名称及别名备查。

但如果是两个单位合署办公，两个单位都能独立承担民事责任，具有各自的法人名称，赋码时应作为两个单位处理，分别赋予组织机构代码。

3. 机关的派出机构是否可以办理代码证书

机关的派出机构可以办理代码证书，机构类型是机关非法人。

4. 内设机构能否办理办理代码证

根据国家质检总局颁布《组织机构代码管理办法》第八条及其释义，以下几种情形目前不在代码登记范围：

(1)我国在境外设立的组织机构；

(2)非常设组织机构；

(3)组织机构的内设机构；

(4)军队、武警部队的队列单位；

(5)非法设立的机构。

因此，机构的内设机构不能办理代码证。

5. 持有营业执照或法人营业执照的机构，其机构类型是否一定是企业

不一定。例如，工商行政管理部门作为个体工商户和农民专业合作社的登记部门，会分别为以上机构核发营业执照和法人营业执照，但以上机构的机构类型并不是企业，而是其他机构。

6. 公安局的派出所是否可以办理代码证书

公安局的派出所可以办理代码证书，机构类型是机关非法人。

7. 跨年的单位如何年检？比如2009年未年检的，2010年来年检该如何办理

2009年未年检的，只能等到2010年的年检了。年检标志于每年年底统一收回，过年后不再办理上一年的年检。

8. 民主党派的机构类型是什么

根据《组织机构类型》国家标准，民主党派，(包括民盟、民进、民革、民建、致公党、

农工党、九三学社、台盟）的机构类型是国家机关，并非社会团体。

9. 代码管理机构提供的废置说明能否作为注销机构代码的依据

根据国家质检总局颁布的第 110 号局长令《组织机构代码管理办法》第 21 条“组织机构依法终止的，应当自注销之日起 30 日内持有关部门核准的注销文件或证明办理注销登记，并交回组织机构代码证书”。其释义中明确说明“有关部门”指的是核准部门，而核准部门主要是工商部门、民政部门、编制管理部门，代码管理机构不属于核准部门，因此其开具的废置说明不能作为注销机构代码的依据。

10. 机关单位合并如何办理代码证书

如果在合并前，先对这两个机构进行撤销的话，那这两个机构的代码都要注销，再给新合并成立的机构一个新的代码。如果是将一个机构并入了另一个机构，只需注销一个，另一个代码不变，做个变更即可。具体需要看机构批准成立文件是如何规定的。

11. 基层法律服务所是否可以办理代码证书

根据《基层法律服务所管理办法》第四条“基层法律服务所按照事业法人体制进行管理和运作，独立承担民事责任”，基层法律服务所是事业法人单位，可以办理代码证书。

12. 土地估价事务所，应该依据什么办理代码证

现在绝大多数土地估价机构都是企业，少量是事业单位，因此，应凭借《营业执照》或《事业单位法人证书》办理代码证，不能根据《土地估价资格证书》办理代码证。

13. 农民专业合作社是否需要到工商部门年检后才能申请代码登记

《农民专业合作社登记管理条例》中并未要求农民专业合作社年检，只要其营业执照在有效期内，即可申请代码登记。

14. 机构核准登记部门已出具机构注销证明，但代码证全部遗失，是否需要先登报再办理代码注销登记

不需要。

15. 办理迁出登记时，机构名称发生变更，是否应在办理迁出的同时变更名称

为方便新迁入代码管理机构的工作和国家代码中心对电子档案的管理，应在迁出时变更机构名称。

16. 营业执照上法定代表人（负责人）上有两个人的名字，代码证上法定代表人（负责人）如何录入

代码证上法定代表人（负责人）项两个人的名字都录入。

17. 新成立的有限公司办代码证需要提供公司章程和名称核准通知书吗

不需要。

第四章
组织机构代码证颁发流程

第一节　组织机构代码证申领及发放程序

组织机构代码证作为组织机构代码的载体，它是组织机构代码管理机构给每一个企业、机关、事业单位和社会团体颁发的全国唯一的、始终不变的本单位代码标识的凭证。

一、申办单位申领组织机构代码证的程序

（一）提出申请

(1)申办单位新申办组织机构代码证应提交组织机构代码发证机关规定的各类材料；

(2)如变更、到期换证还应提交原代码证及IC卡，并向发证机关说明变更的具体事项。如没有主动说明的，出现问题由申办单位负责。

（二）填写登记表

申办单位提交的材料经过代码发证机关审核合格后，由申办单位填写《申领组织机构代码证基本信息登记表》，申办单位应如实填写并在指定位置加盖公章，将须提交的申办材料交发证机关审核并将复印件(A4)交发证机关存档。

（三）交费、领证

发证机关对申办单位所填登记表审核无误后，向申办单位说明你单位申办的代码证已经受理，三个工作日后凭发证机关发的《代码证书领取通知单》领取代码证书。申办单位领证前应对发证机关打印的登记表校对表进行校对核对无误后签字，交纳相关办证费用，凭领证通知单及发票领取代码证。

这是申办代码证的通用申领程序，各省市可根据当地实际情况，酌情变通相关内容。

二、发证机关的颁证程序

对组织机构新申办组织机构代码证，应按照分级赋码的原则办理如下相关手续：

（一）受理

《组织机构代码管理办法》第十一条规定，质量技术监督部门收到申请文件后，应当即时做出是否受理的决定；申请材料不全或不符合法定要求的，应当当场告知申请人需要补正的全部内容。

办证单位如果没有按照《组织机构代码管理办法》第九条的规定，到“批准设立或者核准登记部门同级的质量技术监督部门”申请，而是向其上一级或下一级代码机构申请，或者向其他行政区域的代码机构申请，负责接待的代码管理机构有义务告知申办单位向正确的代码管理机构申办代码。

如果确属该代码机构受理的，代码机构应根据《组织机构代码管理办法》第十条的规定，查验申办单位提交的申请材料。如果申办单位提交的申请材料不齐全或者不符合要求的，代码机构要当场告知申办单位需要补正的全部材料，并为其发放《补正告知书》（见附件4-1）。

附件4-1

补正告知书　　　　（存根联）

________________：

按照《组织机构代码管理办法》（国家质检总局第110号局长令）第十条的规定，经对你单位提交的组织机构代码登记申办材料进行审核，存在缺少________________

____

____

的情况，请你单位补齐上述材料后来我单位办理组织机构代码登记。

代码机构签章

年　　月　　日

签收人：　　　　　　年　　月　　日

补正告知书　　　　（申办机构联）

________________：

按照《组织机构代码管理办法》（国家质检总局第110号局长令）第十条的规定，经对你单位提交的组织机构代码登记申办材料进行审核，存在缺少________________

____

____

的情况，请你单位补齐上述材料后来我单位办理组织机构代码登记。

代码机构签章

年　　月　　日

说明：(1)签收人为经办人；

(2)存根联由代码机构留存，申办机构联盖章后交由申办机构；

(3)存根联与申办机构联之间加盖骑缝章。

经过查验，申办单位提交的材料符合《组织机构代码管理办法》第十条规定的，代码机构应当场做出受理的决定，并发放《受理决定书》(见附件 4-2)。

附件 4-2

受理决定书　　　　(存根联)

______________________:

按照《组织机构代码管理办法》(国家质检总局第 110 号局长令)第十条的规定，我单位已对你提交的组织机构代码登记申请进行受理，并将对材料进行审核，如果符合登记条件，将在 3 个工作日后颁发组织机构代码证书。

代码机构签章

年　　月　　日

签收人：　　　　年　　月　　日

受理决定书　　　　(申办机构联)

______________________:

按照《组织机构代码管理办法》(国家质检总局第 110 号局长令)第十条的规定，我单位已对你提交的组织机构代码登记申请进行受理，并将对材料进行审核，如果符合登记条件，将在 3 个工作日后颁发组织机构代码证书。

代码机构签章

年　　月　　日

说明：(1)签收人为经办人；

(2)存根联由代码机构留存，申办机构联盖章后交由申办机构；

(3)存根联与申办机构联之间加盖骑缝章。

代码机构受理后，应向申办单位提供《申领组织机构代码证基本信息登记表》，申办单位应如实填写。登记表填写合格后，代码机构的受理人将申办单位提供的证明材料的复印件和盖章后的登记表留存，其他材料返还申办单位，并通知申办单位 3 个工作日后领取结果。

(二) 审核

《组织机构代码管理办法》第十二条规定，质量技术监督部门应当在受理申请之日起

3 日内完成审核，对符合规定要求的予以登记，颁发组织机构代码证书；对不符合规定要求的，不予登记并书面说明理由。

组织机构代码管理机构在收到申办单位的申请材料后，应当对申办单位提供材料的真实性、合法性进行审核。审核人与受理人不能为同一个人，审核的重点包括以下方面：

1. 机构批准成立文件的审批机关是否合法

工商、编办、民政部门是主要的机构核准登记(批准成立)部门，其他机构不作为机构批准部门，对不具有审批权的机关发出的批准文件不具有法律效力，不能视为该组织机构设立的合法批准文件；领导讲话、会议发言、会议纪要、理论文章等非公文材料不应视为审批文件；规范的审批文件主要是审批机关就该机构的设立发出的批复通知、函等规范公文。

2. 审查提供的执照、证书是否有效

《营业执照》、《事业单位法人证书》、《社会团体法人登记证书》是主要的批准成立和核准登记的证照。其他的文件(法律规定有效的除外)不能作为批准组织机构成立的文件。

3. 各类身份证件是否符合要求(详见第二章第三节)

对经审核符合《组织机构代码管理办法》第八条登记范围要求及第十条申请材料规定的，应当按照规定程序颁发组织机构代码证书。

对经审核不符合第八条登记范围要求及第十条申请材料规定的，不予办理代码证书，并以《不予登记决定书》(见附件 4-3)的形式向组织机构告知具体的原因和理由。

附件 4-3

组织机构代码不予登记决定书

(文号)

(申办机构)：________

(不予登记理由说明)________________

____

____

____

代码机构签章

年　　月　　日

签收人：　　　　　　　　　　签收日期：

说明：(1)签收人为经办人；

(2)本文书一式两份。正本由代码机构盖章后送达经办人；副本由代码机构存档。

（三）查重、录入、校对、打印

(1)对于新申办代码证书的组织机构，要报送到数据部门进行核查，在确定该单位以前未办理过组织机构代码后，由数据部核查人员签字。

(2)录入人在办证系统进行数据录入。

(3)录入完成后，录入人打印一份申办单位登记信息校对表，请申办单位校对，确认无误后，由申办单位经办人在校对表上签字。

(4)打印代码证书，制作电子副本 IC 卡。

（四）收费、发证

申办单位交费后，组织机构代码管理机构凭交费发票颁发代码证。

（五）制作电子档案

将申办单位提交的材料扫描制成电子档案。

（六）纸质档案的归档

将扫描完成的纸质档案归档。

三、新办之外的其他程序

（一）变更

《组织机构代码管理办法》第十九条规定，组织机构代码登记事项发生变更的，应当自变更之日起 30 日内，持有关部门核准的变更文件或证明办理变更登记。

在代码登记事项中，组织机构的一些信息项目如有变更须经有关部门核定，主要包括机构名称、法定代表人(或负责人)、机构地址、登记批准机构、经营范围、注册资金、机构类型、经济类型等。组织机构的这些事项发生变更后，应在有关部门核准之日起 30 日内，持批准设立或核准登记部门的变更文件或证明到原颁发代码证书的代码机构办理变更登记手续。

依据不同的变更事项，变更手续主要分以下三种类型：

(1)如果组织机构变更的登记事项涉及到代码证书上的内容，包括机构名称、机构类型、机构地址、有效期等项目，代码机构应为其核发新的代码证书。

(2)如果组织机构的注册核准登记机关发生变更，应首先到原组织机构代码发证机构办理迁址手续，由原发证机关为其开具《组织机构代码迁址证明》(见附件 4-4)，申办单位持《组织机构代码迁址证明》到相应的新的组织机构代码发证机关办理该单位组织机构代码证的迁入登记，原组织机构代码号保持不变。

(3)如果组织机构变更的登记事项不属上述(1)、(2)所包含的范围，代码机构应当在数据库中变更相应数据项。

附件 4-4

迁址证明

组织机构代码：________________

组织机构名称：______________________________

自________________(迁出地)迁入____________________(迁入地)

迁址原因：______________________________

证书回收情况：□正本　　　　□纸质副本　个　　　　□电子副本

经办人：　　　　　　联系电话：________________

受理人：　　　　　　办理日期：________________

代码管理机构：______________________________(签章)

迁址证明

组织机构代码：________________

组织机构名称：______________________________

自________________(迁出地)迁入____________________(迁入地)

迁址原因：______________________________

证书回收情况：□正本　　　　□纸质副本　个　　　　□电子副本

经办人：　　　　　　联系电话：________________

受理人：　　　　　　办理日期：________________

代码管理机构：______________________________(签章)

说明：(1)组织机构代码：申请迁址机构的组织机构代码；
(2)组织机构名称：申请迁址机构的全称；
(3)迁出地：申请迁址机构的原代码登记受理部门；
(4)迁入地：申请迁址机构的新代码登记受理部门；
(5)迁址原因：申请迁址的原因，一般为申请迁址机构的机构批准部门发生变更；
(6)证书回收情况：申请迁址的机构向代码管理机构交回代码证书的情况；
(7)经办人：申请迁址机构指定到代码管理机构申请迁址的人员；
(8)联系电话：经办人的手机号码或固定电话号码；
(9)受理人：代码管理机构受理迁址业务的人员；
(10)办理日期：代码管理机构办理迁址业务的时间；
(11)代码管理机构：受理组织机构代码登记的组织机构。

（二）组织机构代码证的遗失补领程序

《组织机构代码管理办法》第十八条规定，组织机构代码证书遗失或者毁损的，组织机构应当申请补证，并向社会公告补证和遗失情况。

组织机构代码证不慎遗失或损毁，应当按下述程序申请补领：

(1)由申请补领单位向组织机构代码管理机构提交丢失原因说明及由其法定代表人签字的申请补领报告。

(2)经组织机构代码管理机构同意后，申请补领单位到组织机构代码发证机关指定的报刊上刊登《组织机构代码证书遗失作废公告》(见附件 4-5)。

(3)申请补领单位将刊登有《组织机构代码证书遗失作废公告》的整版报纸提交组织机构代码发证机关审核，在完成上述程序后，申办单位持全部补办材料重新申办。

(4)组织机构代码发证机关予以补发，发证日期以补发日期为准。

附件 4-5

组织机构代码证书遗失作废公告

____________(组织机构名称)的组织机构代码证书(□ 纸质正本、□纸质副本、□电子副本)不慎遗失，组织机构代码为________，证书登记号为________，电子副本流水号为________，现声明作废。

说明：由遗失代码证书的组织机构提供。

（三）年度验证

《组织机构代码管理办法》第二十三条规定，各级质量技术监督部门应当对组织机构代码登记信息有效性等进行年度验证，确保组织机构代码的唯一性和相关信息数据的准确性、时效性。

对已申领组织机构代码证书的机关、企业、事业单位、社会团体以及其他组织机构，各级代码机构应当为其办理年度验证手续。

组织机构代码证书年度验证的时间，由代码管理机构根据客观情况和需要确定，但原则上应当于每年机构批准或核准登记部门年检后进行。开展年度验证工作之前，代码管理机构可事先发布年度验证公告，明确告知各类组织机构年度验证的时间范围及相关事宜，年度验证期限临近届满时，可以对未办理年度验证的各类组织机构进行公示，责令其办理年度验证手续。

（四）组织机构代码证的注销

《组织机构代码管理办法》第二十一条规定，组织机构依法终止的，应当自注销之日起 30 日内持有关部门核准的注销文件或证明办理注销登记，并交回组织机构代码证书。

被核准部门以注销、撤销等方式依法终止的组织机构，应当自终止之日起 30 日内，持核准部门的终止文件或证明到原颁发代码证书的代码机构办理代码注销登记，并交回代码证书和 IC 卡；如果组织机构的代码证书已经遗失或毁损，应向代码机构提交书面说明。

代码管理机构应当为办理注销登记的组织机构开具《注销证明》(见附件 4-6)，组织机构代码一经注销，不能赋予其他组织机构。

附件 4-6　　**组织机构代码注销证明**

<table>
<tr><td colspan="2">机构代码</td><td colspan="5"></td></tr>
<tr><td colspan="2">机构名称</td><td colspan="5"></td></tr>
<tr><td colspan="2">注销核准机关</td><td colspan="5"></td></tr>
<tr><td colspan="2">注销核准文号</td><td colspan="5"></td></tr>
<tr><td colspan="2">注销原因</td><td colspan="5"></td></tr>
<tr><td colspan="2">证书回收情况</td><td colspan="5">□正本　　□ 纸质副本　个　　□电子副本</td></tr>
<tr><td>经办人</td><td colspan="2"></td><td>身份证件号码</td><td></td><td>联系电话</td><td></td></tr>
<tr><td colspan="2">受理人</td><td colspan="2"></td><td>办理日期</td><td colspan="2"></td></tr>
<tr><td colspan="2">代码管理机构</td><td colspan="5">（签章）</td></tr>
</table>

填表说明：

(1)机构代码：申请注销代码的机构的组织机构代码；

(2)机构名称：申请注销代码的机构的全称；

(3)注销核准机关：核准组织机构撤销、注销的部门，一般为核准组织机构设立的部门；

(4)注销核准文号：核准组织机构撤销、注销文件或证明的编号；

(5)注销原因：申请注销代码的原因；

(6)证书回收情况：申请注销代码的机构向代码管理机构交回代码证书的情况；

(7)经办人：到代码管理机构申请注销的人员；

(8)身份证件号码：经办人的身份证件号码；

(9)联系电话：经办人的手机号码或固定电话号码；

(10)受理人：代码管理机构受理注销登记的人员；

(11)办理日期：代码管理机构办理注销登记的时间；

(12)代码管理机构：受理组织机构代码登记的组织机构。

（五）组织机构代码证的换证

《组织机构代码管理办法》第十七条规定，组织机构应当在组织机构代码证书有效期届满前 30 日内进行换证登记。

代码证书有效期是指申领代码证书时规定的有效期限中的起始日期至截止日期。有效期届满前 30 日内，即从截止日期(含截止日期)开始向前计算 30 日内为换证登记时间。

申办单位办理代码换证，应提交新办时提交的全部材料。

四、不同申办类型应分别提交的材料：

根据申办类型的不同，代码管理机构应当在办理代码登记时收集不同的材料，具体如表 4-1 所示。

表 4-1　不同申办类型应提交的材料

<table>
<tr><th>申办类型</th><th colspan="3">应归档的材料</th></tr>
<tr><td>申请</td><td colspan="3">1. 申领组织机构代码证基本信息登记表；
2. 组织机构的批准成立文件，包括企业法人营业执照或营业执照、事业单位法人登记证书、机关单位的批准设立文件、社会团体法人登记证书及其他机构批准设立或核准登记的文件；
3. 法定代表人(负责人)身份证件及经办人身份证件；
4. 代码申请表校对表(可选项)。
另，分支机构办理组织机构代码申请登记时，还应扫描其隶属机构的组织机构代码证书。外资企业办理组织机构代码申请登记时，还应扫描外商投资企业批准证书</td></tr>
<tr><td rowspan="3">变更</td><td>登记批准机构以外的信息变更</td><td colspan="2">1. 申领组织机构代码证基本信息登记表；
2. 变更后的组织机构批准成立文件，包括企业法人营业执照或营业执照、事业单位法人登记证书、机关单位的批准设立文件、社会团体法人登记证书及其他组织机构批准设立或核准登记的文件；
3. 有关部门核准变更的文件或证明(可选项)；
4. 法定代表人(负责人)身份证件；
5. 经办人身份证件；
6. 代码申请表校对表(可选项)</td></tr>
<tr><td rowspan="2">迁址</td><td>迁出</td><td>1. 迁址证明；
2. 组织机构的批准成立文件，包括企业法人营业执照或营业执照、事业单位法人登记证书、机关单位的批准设立文件、社会团体法人登记证书及其他机构批准设立或核准登记的文件；
3. 经办人身份证件(与前一份档案中的经办人身份证件相同时除外)</td></tr>
<tr><td>迁入</td><td>1. 申领组织机构代码证基本信息登记表；
2. 组织机构的批准成立文件，包括企业法人营业执照或营业执照、事业单位法人登记证书、机关单位的批准设立文件、社会团体法人登记证书及其他组织机构批准设立或核准登记的文件；
3. 法定代表人(负责人)身份证件及经办人身份证件；
4. 迁址证明</td></tr>
<tr><td>年度验证</td><td colspan="3">1. 申领组织机构代码证基本信息登记表或代码申请表校对表；
2. 组织机构的批准成立文件，包括企业法人营业执照或营业执照、事业单位法人登记证书、机关单位的批准设立文件、社会团体法人登记证书及其他组织机构批准设立或核准登记的文件；
3. 法定代表人(负责人)身份证件；
4. 经办人身份证件</td></tr>
</table>

续表

申办类型	应归档的材料
换证	1. 申领组织机构代码证基本信息登记表； 2. 组织机构的批准成立文件，包括企业法人营业执照或营业执照、事业单位法人登记证书、机关单位的批准设立文件、社会团体法人登记证书及其他组织机构批准设立或核准登记的文件； 3. 法定代表人(负责人)身份证件及经办人身份证件； 4. 组织机构代码证书(可选项)； 5. 代码申请表校对表(可选项)
补证	1. 申领组织机构代码证基本信息登记表； 2. 组织机构的批准成立文件，包括企业法人营业执照或营业执照、事业单位法人登记证书、机关单位的批准设立文件、社会团体法人登记证书及其他组织机构批准设立或核准登记的文件(与前一份档案中的组织机构批准成立文件相同时除外)； 3. 法定代表人、负责人身份证件(与前一份档案中的法定代表人、负责人身份证件相同时除外)； 4. 经办人身份证件(与前一份档案中的经办人身份证件相同时除外)； 5. 单位证明； 6. 组织机构代码证书遗失作废公告(因代码证损毁而补领的除外)； 7. 代码申请表校对表(可选项)
注销	1. 组织机构代码注销申报表； 2. 有关部门核准的注销文件或证明； 3. 经办人身份证件(与前一份档案中的经办人身份证件相同或代码管理机构根据与工商等组织机构注册、登记管理部门核对的结果，自行注销组织机构代码的除外)
预赋码	1. 组织机构代码预赋码通知单； 2. 对外贸易经济部门的核准登记文件； 3. 工商行政管理部门相关核准文件(可选项)； 4. 经办人身份证件

第二节　组织机构赋码颁证的质量控制

一、登记表审核要求(表 4-2)

表 4-2　登记表审核要求

序号	指标名称	人工审核	计算机审核
	组织机构代码	是否有数字、字母外的其他字符	不能为空
1	机构是否涉密	1. 是否漏填 2. 是否盖章	不能为空
2	申办类型代码	是否漏填	不能为空

续表

序号	指标名称	人工审核	计算机审核
3	组织机构名称	1. 是否漏填 2. 是否详细填写 3. 有无错别字 4. 是否与公章一致	1. 不能为空 2. 须为有效名称 3. 不能含有半角状态的单引号、双引号、逗号等
4	法定代表人(负责人)	1. 是否漏填 2. 有无错别字	1. 不能为空 2. 不能含有半角状态的单引号、双引号、逗号等
5	法定代表人身份证明及号码	1. 是否漏填 2. 有无错别字	1. 不能为空 2. 不能含有半角状态的单引号、双引号、逗号等
6	经营(业务)范围或工作职能	是否漏填	不能为空
7	成立日期(有效期)	1. 成立年份是否填满 4 位 2. 成立月份是否满 2 位	须为有效时间
8	职工人数	是否漏填	不能为空
9	注册(开办)资金	是否漏填	不能为空(机关除外)
10	货币种类	是否漏填	不能为空(机关除外)
11	企业登记注册类型	是否漏填	1. 企业不能为空 2. 取值不能出界 3. 与行业类别相对应
12	主管部门	1. 是否漏填 2. 是否规范	1. 不能为空，企业无主管的可不填 2. 必须按主管部门的规范名称填写(中央和省级党政机关规范名称附后)
13	机构注册地址	1. 是否漏填 2. 是否详细填写 3. 有无错别字 4. 邮政编码是否与单位详细地址相对应 5. 行政区划代码是否与行政区划代码目录一致 6. 是否与单位详细地址相对应 7. 是否与邮政编码目录一致	1. 不能为空 2. 须为有效地址 3. 取值不能出界 4. 须为有效代码

续表

序号	指标名称	人工审核	计算机审核
14	经营(办公)地址	1. 是否漏填 2. 是否详细填写 3. 有无错别字 4. 邮政编码是否与单位详细地址相对应 5. 行政区划代码是否与行政区划代码目录一致 6. 是否与单位详细地址相对应 7. 是否与邮政编码目录一致	1. 不能为空 2. 须为有效地址 3. 取值不能出界 4. 须为有效代码
15	通讯号码	1. 电话号码、传真是否漏填 2. 电话号码、传真是否准确 3. 有电子信箱或网址的单位是否漏填 4. 电子信箱或网址填写是否规范	1. 电话号码(不包含分机号)长度不能少于5位 2. 电话号码、传真不能含有0～9之外的字符
16	登记注册(批准)机关	1. 是否漏填 2. 有无错别字	1. 批准机关不能为空 2. 取值不能出界 3. 与行业类别相对应
17	登记批准文号或注册号	1. 填写是否规范 2. 有无错别字	1. 工商登记注册号，内资企业是否满13位，外资企业是否满13或14位 2. 事业单位登记注册号是否满12位
18	填表人	是否漏填	不能为空
19	填表人身份证明及号码	是否漏填	不能为空
20	机构类型与代码	是否漏填	不能为空
21	国民经济行业代码	1. 是否漏填 2. 是否与单位的主要业务活动一致 3. 是否与行业分类代码目录一致	1. 不能为空 2. 取值不能出界
22	代码证有效期	是否漏填	不能为空

二、对组织机构代码办证场所的要求

(一) 国家、省级代码办证大厅

1. 办证窗口及工作人员的设置

(1)受理窗口：应负责接待申办单位，审核申办材料，发放登记表，解答相关问题，指导填写登记表。

(2)发证窗口：指导申办单位核对所填登记表，凭领证凭证及缴费发票颁发代码证及IC卡。

(3)收费窗口：由财务人员依据国家发改委、财政部文件，收取相关费用。

2. 代码办证大厅应明示的与办证有关的材料

(1)办证业务流程(申办、受理、发证)，各类组织机构申办代码证应提交的材料。

(2)国家发改委、财政部关于组织机构代码证办证的收费文件。

(3)《申办组织机构代码证基本信息登记表》样表及填表说明。

(4)办证工作人员照片、姓名、职责。

3. 统一着装

(1)有条件的省市可以着质监系统的统一制服，没有的应着统一的工作装。

(2)统一佩带标明姓名、职务、编号的胸卡。

(二) 地、市、县、区级代码办证大厅

应参照国家、省级代码办证大厅的设置要求，适当简化，区、县级办证窗口应最少配备两名工作人员，具体规定由各省组织机构代码管理机构统一制定，报全国组织机构代码管理中心备案。

国家将逐步对全国组织机构代码颁证机构进行规范化管理。对组织机构代码颁证人员进行统一培训，考核合格的颁发统一上岗证，建立全国代码颁证工作人员业务档案，无上岗证的，将不能从事代码颁证工作。

附：

中央和省级党政机关规范名称

一

中国共产党中央委员会
中国共产党北京市委员会
中国共产党天津市委员会
中国共产党河北省委员会
中国共产党山西省委员会
中国共产党内蒙古自治区委员会
中国共产党辽宁省委员会
中国共产党沈阳市委员会
中国共产党大连市委员会
中国共产党吉林省委员会
中国共产党长春市委员会
中国共产党黑龙江省委员会
中国共产党哈尔滨市委员会
中国共产党上海市委员会
中国共产党江苏省委员会
中国共产党南京市委员会
中国共产党浙江省委员会
中国共产党宁波市委员会
中国共产党安徽省委员会
中国共产党福建省委员会
中国共产党厦门市委员会
中国共产党江西省委员会
中国共产党山东省委员会
中国共产党青岛市委员会
中国共产党河南省委员会
中国共产党湖北省委员会

中国共产党武汉市委员会
中国共产党湖南省委员会
中国共产党广东省委员会
中国共产党广州市委员会
中国共产党深圳市委员会
中国共产党广西壮族自治区委员会
中国共产党海南省委员会
中国共产党四川省委员会
中国共产党成都市委员会
中国共产党重庆市委员会
中国共产党贵州省委员会
中国共产党云南省委员会
中国共产党西藏自治区委员会
中国共产党陕西省委员会
中国共产党西安市委员会
中国共产党甘肃省委员会
中国共产党青海省委员会
中国共产党宁夏回族自治区委员会
中国共产党新疆维吾尔自治区委员会
中国共产党杭州市委员会
中国共产党济南市委员会

二

全国人民代表大会
北京市人民代表大会
天津市人民代表大会
河北省人民代表大会
山西省人民代表大会
内蒙古自治区人民代表大会
辽宁省人民代表大会
沈阳市人民代表大会
大连市人民代表大会
吉林省人民代表大会
长春市人民代表大会
黑龙江省人民代表大会
哈尔滨市人民代表大会
上海市人民代表大会
江苏省人民代表大会
南京市人民代表大会
浙江省人民代表大会
宁波市人民代表大会
安徽省人民代表大会
福建省人民代表大会
厦门市人民代表大会
江西省人民代表大会
山东省人民代表大会
青岛市人民代表大会
河南省人民代表大会
湖北省人民代表大会
武汉市人民代表大会
湖南省人民代表大会
广东省人民代表大会
广州市人民代表大会
深圳市人民代表大会
广西壮族自治区人民代表大会
海南省人民代表大会
四川省人民代表大会
成都市人民代表大会
重庆市人民代表大会
贵州省人民代表大会
云南省人民代表大会
西藏自治区人民代表大会
陕西省人民代表大会
西安市人民代表大会
甘肃省人民代表大会
青海省人民代表大会
宁夏回族自治区人民代表大会
新疆维吾尔自治区人民代表大会
杭州市人民代表大会
济南市人民代表大会

三

全国人民代表大会常务委员会
北京市人民代表大会常务委员会
天津市人民代表大会常务委员会
河北省人民代表大会常务委员会
山西省人民代表大会常务委员会
内蒙古自治区人民代表大会常务委员会
辽宁省人民代表大会常务委员会
沈阳市人民代表大会常务委员会
大连市人民代表大会常务委员会
吉林省人民代表大会常务委员会
长春市人民代表大会常务委员会
黑龙江省人民代表大会常务委员会
哈尔滨市人民代表大会常务委员会
上海市人民代表大会常务委员会
江苏省人民代表大会常务委员会
南京市人民代表大会常务委员会
浙江省人民代表大会常务委员会
宁波市人民代表大会常务委员会
安徽省人民代表大会常务委员会
福建省人民代表大会常务委员会
厦门市人民代表大会常务委员会
江西省人民代表大会常务委员会
山东省人民代表大会常务委员会
青岛市人民代表大会常务委员会
河南省人民代表大会常务委员会
湖北省人民代表大会常务委员会
武汉市人民代表大会常务委员会
湖南省人民代表大会常务委员会
广东省人民代表大会常务委员会
广州市人民代表大会常务委员会
深圳市人民代表大会常务委员会
广西壮族自治区人民代表大会常务委员会
海南省人民代表大会常务委员会
四川省人民代表大会常务委员会
成都市人民代表大会常务委员会
重庆市人民代表大会常务委员会
贵州省人民代表大会常务委员会
云南省人民代表大会常务委员会
西藏自治区人民代表大会常务委员会
陕西省人民代表大会常务委员会
西安市人民代表大会常务委员会
甘肃省人民代表大会常务委员会
青海省人民代表大会常务委员会
宁夏回族自治区人民代表大会常务委员会
新疆维吾尔自治区人民代表大会常务委员会
杭州市人民代表大会常务委员会
济南市人民代表大会常务委员会

四

国务院
北京市人民政府
天津市人民政府
河北省人民政府
山西省人民政府
内蒙古自治区人民政府
辽宁省人民政府
沈阳市人民政府
大连市人民政府
吉林省人民政府
长春市人民政府
黑龙江省人民政府

哈尔滨市人民政府
上海市人民政府
江苏省人民政府
南京市人民政府
浙江省人民政府
宁波市人民政府
安徽省人民政府
福建省人民政府
厦门市人民政府
江西省人民政府
山东省人民政府
青岛市人民政府
河南省人民政府
湖北省人民政府
武汉市人民政府
湖南省人民政府
广东省人民政府
广州市人民政府
深圳市人民政府
广西壮族自治区人民政府
海南省人民政府
四川省人民政府
成都市人民政府
重庆市人民政府
贵州省人民政府
云南省人民政府
西藏自治区人民政府
陕西省人民政府
西安市人民政府
甘肃省人民政府
青海省人民政府
宁夏回族自治区人民政府
新疆维吾尔自治区人民政府
杭州市人民政府
济南市人民政府

五

中华人民共和国中央军事委员会

第三篇

组织机构赋码颁证的内部管理

第五章
组织机构赋码颁证的管理流程

第一节 码段管理

组织机构代码管理机构关于赋码颁证的内部管理业务，主要包括代码区段的申请与使用、代码证内芯封皮的申请与发放、纸质档案和电子档案的管理等方面。同时，全国组织机构代码管理中心通过每年的《代码工作目标管理责任书》来指导赋码颁证的主要业务工作。这些内部管理业务对保障全国代码系统赋码颁证工作的顺利进行具有至关重要的作用。

《组织机构代码管理办法》第十三条规定，组织机构代码的编码和码段管理，应当严格执行全国组织机构代码编制规则等国家标准和全国代码中心统一确定的码段管理规则。

一、码段的定义

(1)码段是一组连续代码的闭区间。经省级代码管理机构(以下简称省级中心)申请，全国组织机构代码管理中心(以下简称国家代码中心)予其划拨一个码段，每个码段一般包含5000个连续代码。

(2)码段是国家代码中心向省级中心分配代码的一种特有的形式，省级中心向地(市)级或县(区)级代码管理机构分配代码，不得采用码段的形式。

(3)国家代码中心划拨码段，根据省级代码管理机构的申请顺序发放，与申请机构的地域没有任何关联。

(4)当前，实际工作中的码段分为组织机构码段与个体码段两大类。组织机构码段赋予企业、机关、事业单位、社会团体及其他依法成立的组织机构，个体码段只能赋予个体工商户，二者不能混用。

二、码段的申请条件

(1)只有省级中心才能向国家代码中心申请码段，其他代码管理机构无权申请。

(2)只有在上一次申请码段的代码使用量超过4000，且电子档案的上报量超过4000后，省级中心才能申请新的码段。如有特殊情况，需上报国家代码中心并经批准后申请。

(3)组织机构码段与个体码段使用量如果都超过4000，可分别同时向国家中心申请。

三、码段的申请程序

(1)省级中心申请码段之前，需填写码段申请单，经单位负责人签字后，加盖单位公章。

(2)省级中心将填好的《追加编码区段申请单》(表 5-1)通过传真发送至国家代码中心。

表 5-1　追加编码区段申请单

<table>
<tr><td>申请单位</td><td></td></tr>
<tr><td>申请代码数量</td><td></td></tr>
<tr><td>上次编码区段申请时间
所划区段
所赋出数量</td><td>年　月　日
自 □□□□□□□□
至 □□□□□□□□
数量：</td></tr>
<tr><td colspan="2">填报人签字：
院长(所长)签字：
(单位公章)
年　月　日</td></tr>
<tr><td>代码中心信息管理部
核查(上报数据)</td><td>上报上次追加码段内数据达到____%
签字：
年　月　日</td></tr>
<tr><td>代码中心事业管理部
核查(上报电子档案)</td><td>上报上次追加码段内电子档案达到____%
签字：
年　月　日</td></tr>
</table>

四、码段的审核发放程序

(1)国家代码中心收到省级中心《追加编码区段申请单》的传真后，查验该省级中心的数据上报量和电子档案上报量，确认两者是否都已超过4000。

(2)如果数据上报量和电子档案上报量二者有一项未超过4000，或二者均未超过4000，则要求该省级中心再次上报数据，直到二者均超过4000为止。

(3)如果数据上报量和电子档案上报量均已超过4000，国家代码中心向省级中心划拨一个数量为5000的码段，打印《追加编码区段通知书》(表5-2)，并由码段管理人员确认签字。

(4)码段划拨完毕，由审核人在《追加编码区段通知书》上签字，并加盖“全国组织机构代码管理中心”印章。

(5)码段管理人员通过传真将《追加编码区段通知书》发送给省级中心，省级中心收到传真后，方可使用新码段。

(6)国家代码中心将《追加编码区段通知书》原件邮寄给申请码段的省级中心。

表5-2　追加编码区段通知书

赋码单位：
追加数量：
起始码段：
终止码段：
附言：
制表人： 审核人： 签发人： 总第　号　　　　年　月　日

五、码段回执

省级中心接收到《追加编码区段通知书》传真后，应填写《码段接收回执通知单》(表5-3)，并由单位负责人签字，加盖本单位公章后，将回执传真到国家代码中心。

表 5-3　码段接收回执通知单

申请单位	
申请代码数量	
此次所接收到国家、中心编码区段	年　月　日 □□□□□□□□ 至 □□□□□□□□ 数量：
室主任签字	
主管所长签字	(单位公章) 年　月　日
备注	

第二节　代码证管理

一、代码证的名称和构成

《组织机构代码管理办法》第十四条规定，组织机构代码证书由国家质检总局统一确定式样、内容，由全国代码中心统一制作和管理。

鉴于代码证书的发放涉及国内各个依法成立的组织机构，为确保代码证书的严肃性和统一性，代码证书由全国代码中心统一代码证书的制作和管理。

代码证的全称为“中华人民共和国组织机构代码证”，简称“代码证”，它由封皮和内芯构成。内芯又分为正本和副本。

二、内芯的规格和防伪

(1) 组织机构代码证内芯长 250mm，宽 181mm。

(2) 代码证的防伪技术如表 5-4 和图 5-1 所示。

表 5-4　2005 年版《中华人民共和国组织机构代码证》防伪技术说明

表面特征	证书主色调为蓝色；以线划花边与浮雕底纹为背景；证书分为左右两部分，左侧上方印有“中华人民共和国组织机构代码证”，以下依次为“代码”、“机构名称”、“机构类型”、“地址”、“有效期”、“颁发单位”及“登记号”；右侧上方为“说明”及说明文字，中下方为“中华人民共和国国家质量监督检验检疫总局签章”，同时加盖“中华人民共和国国家质量监督检验检疫总局”印章；下方为年检记录；再下方为版号和流水号
证书防伪特征	1. 专用水印安全线防伪纸：证书采用专用水印安全线纸，透光后，纸张中可见“DMZ”水印文字，并且在证书中纵向穿过一条安全线，安全线上有“DMZ”字样
	2. 红色荧光防伪油墨：“中华人民共和国国家质量监督检验检疫总局”印章使用的是防伪油墨，在紫外光下有红色荧光反应
	3. 专用线划底纹及花边：专色单线划花边以及“DMZ”浮雕底纹，花边中有“DMZ”字样
	4. 专用防涂改底纹：在年检记录书写处为防涂改底纹，被破坏后很难复原
	5. 微缩暗记：在证书右下角，设计有以“组织机构代码”汉语拼音字头字母“ZZJG-DM”的微缩暗记，该暗记具有较强的防复制、防复印功能
	6. 在证书的左侧加印特种无色荧光绿防伪油墨字母“DMZ”，在短波紫外线照射下可显荧光色
	7. 证书编号采用渗透油墨防伪技术，印迹正面为黑色，印迹背面可见红色，该项防伪技术目前仅在发票等产品上有使用
	8. 其他防伪技术

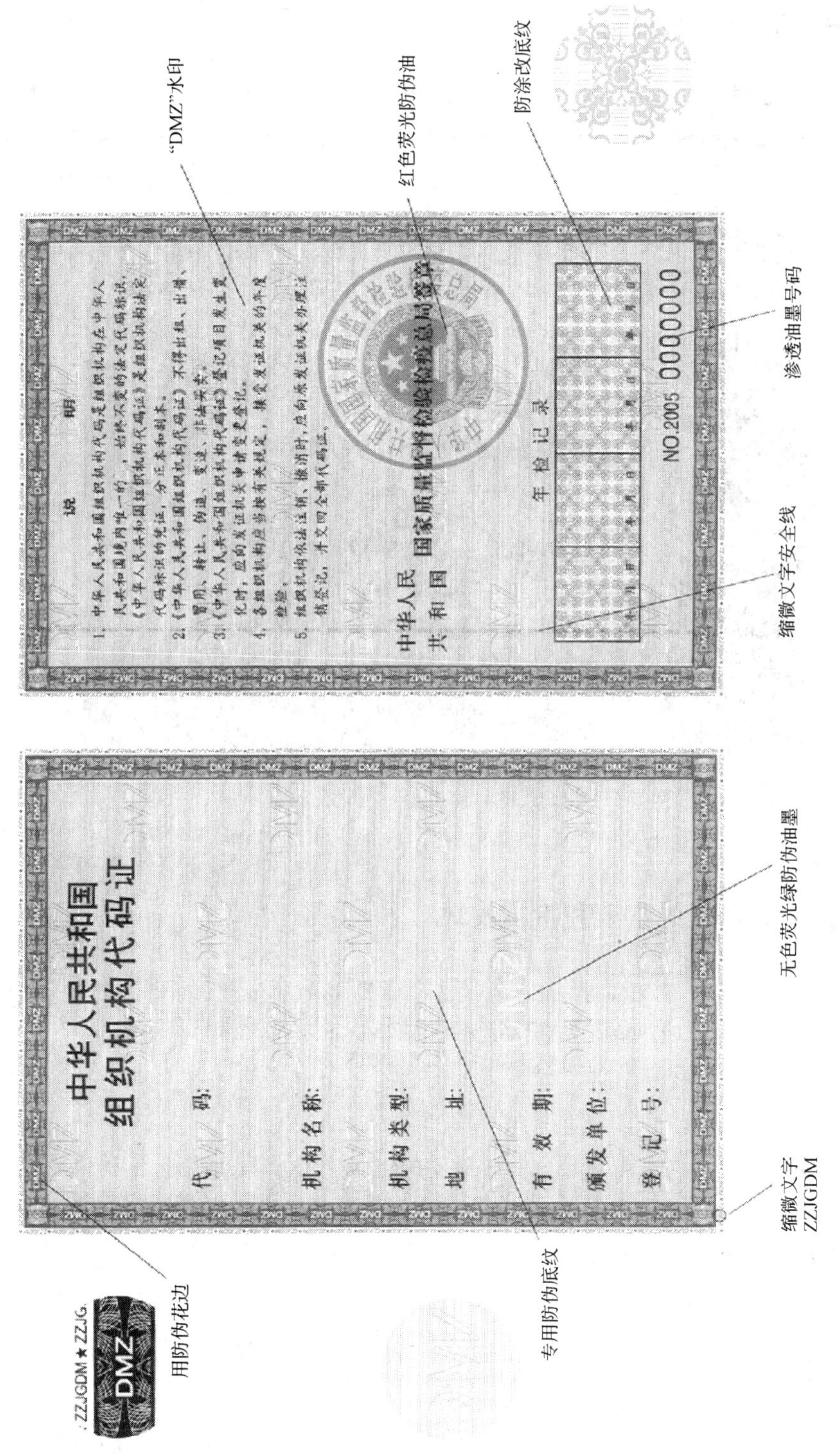

图5 -12005年版《中华人民共和国组织机构代码证》防伪技术说明

三、代码证封皮的规格

代码证书封皮长 265mm，宽 189mm。封皮表面为深蓝色，上方印有烫金中华人民共和国国徽图案，下方印有烫金“中华人民共和国组织机构代码证”字体(见图 5-2)。

图 5-2　中华人民共和国组织机构代码证封皮

四、内芯和封皮的申请和审核发放

1. 申请条件

只有省级中心才能向国家中心申请内芯和封皮，申请数量根据实际需要，由省级中心自行决定。

2. 申请程序

(1) 省级中心填写内芯申请单，申请封皮的省级中心填写封皮申请单(见表 5-5)，注明申请数量，并加盖公章。

(2) 省级中心将证书总款项汇到国家中心帐户(代码证内芯每套 30 元，每套包含正本、副本各一份。)

(3) 省级中心将汇款凭证和内芯申请单、封皮申请单一起传真给国家代码中心。

3. 内芯封皮的审核发放

国家代码中心收到汇款凭证和内芯申请单、封皮申请单传真，并经财务处证实证书款项已到帐后，立即给省分中心邮寄代码证书。

表 5-5　配备代码证申请单

配备代码证申请单

全国组织机构代码管理中心：

根据我地区颁发代码证书实际情况，现急需下列代码证：

证书种类	申请数量(册)
组织机构代码证(正本)	
组织机构代码证(副本)	
封皮	

上述代码证书款　　　万元(正本____元/册，副本____元/册)已于____年____月____日汇往全国组织机构代码管理中心(开户银行××××××××××　帐户：××××××××，开户行邮编××××××)

请按规定于收到汇款后十日内将上述代码证书发往(到货地址)

____________________(车站)____________________

(收货人或单位)________________________

年　　月　　日

法人代表签字：　　　　　　　　　　(单位签章)

(下栏由全国组织机构代码管理中心财务负责人填写)

上述代码证书款____万元，已于____年____月____日收到，请办理手续

财务负责人签字：________　　　　　　年　　月　　日

备注栏：

五、代码证的收费

根据《国家发展和改革委、财政部关于调整组织机构代码证书收费标准及有关问题的通知》(发改价格[2003]82 号)、《财政部关于组织机构代码证书收费实行中央与省级分成的通知》(财综[2003]66 号)和其他相关代码工作制度的规定，组织机构代码证书的收费工作应遵循以下几点：

(1)各级组织机构代码管理机构的代码证书收费，包括证书工本费、技术服务费和 IC 卡工本费。

①证书工本费，按现行收费标准执行，即正本每份 10 元、副本每份 8 元。

②调整技术服务费标准，由每家 35 元调整为每家 90 元。

③统一 IC 卡工本费标准，收费标准为每卡 40 元。

④发放组织机构代码证书副本和组织机构代码 IC 卡，应本着自愿原则，不得强行

发放、强制收费。

(2)取消以上规定之外的收费项目，包括取消部分省收取的入网费、年度信息服务费、数字技术应用服务费、信息网络技术服务费和变更手续费等代码证书方面的收费，其他类似的收费项目也一并取消。

(3)各级组织机构代码管理机构应严格按国家发展和改革委、财政部规定的收费项目、收费标准、收费范围执行，按照财政部的规定使用票据并自觉接受价格主管部门和财政部门的监督检查。

(4)组织机构代码证书收费实行中央和省级分成。全国组织机构代码管理中心收取的组织机构代码证书收费，包括证书工本费和技术服务费，作为中央财政预算收入，全额上缴中央国库。

(5)省级及省级以下各级组织机构代码管理机构收取的组织机构代码证书收费，包括证书工本费和技术服务费，实行中央与省级分成。其中：30 元作为中央财政预算收入，上缴中央国库；78 元作为省、自治区、直辖市、计划单列市及副省级城市财政预算收入，上缴省、自治区、直辖市、计划单列市及副省级城市国库。

(6)省级及省级以下各级组织机构代码管理机构收取的 IC 卡工本费(按照发改价格[2003]82 号文件的规定，收费标准为每卡 40 元)，作为省、自治区、直辖市、计划单列市及副省级城市财政预算收入，全额上缴省、自治区、直辖市、计划单列市及副省级城市国库。

第三节　目标管理责任书

一、制度简介

为了全面完成组织机构代码工作每个年度的工作任务，推动组织机构代码事业的发展，全国组织机构代码管理中心与各省级中心实行目标管理责任制。在每年的组织机构代码工作会议上，国家代码中心负责人与省级中心负责人签署《代码工作目标管理责任书》。责任书的内容涉及对代码的赋码颁证、数据质量、推广应用、电子档案、业务培训、科研管理、质量管理体系、宣传工作、CA 工作等多方面工作的要求，并制定了详细的考核标准。国家代码中心对每年度成绩突出的省市予以表彰。

各省级中心必须依据《代码工作目标管理责任书》的考核内容完成年度工作任务，《代码工作目标管理责任书》的考核内容分为“基本要求”、“加分内容”和“扣分内容”，其中，只有达到“基本要求”的规定标准，才能作为评奖的候选单位参与评分。

每年年初，国家代码中心本着实事求是的原则，对上一年各省级中心列入《代码工作目标管理责任书》的各项工作进行考核。根据《代码工作目标管理责任书》的要求，对各省级中心的各项工作进行评定，并按分数排列，评选出一、二、三等奖若干名。在全国代码工作会议上进行表彰，并给予一定的物质奖励。

二、2010 年目标管理责任书中涉及赋码颁证的内容

为了全面完成 2010 年组织机构代码工作任务，推动组织机构代码事业的发展，全

国组织机构代码管理中心与各省市代码管理机构签署了《代码工作目标管理责任书》。在“加分内容”一项，涉及组织机构代码赋码颁证工作的内容占了36分(参见表5-6)。由此可见，组织机构赋码颁证工作对于整个组织机构代码管理系统是十分重要的。

表5-6　《目标管理责任书》中涉及赋码颁证的内容与分值

内　　容	分　值
保证电子档案上报效率和上报比率。代码颁证业务发生后5日内上报电子档案数据，并积极配合国家代码中心开展的电子档案相关配套工作。新办代码的档案上报率、有效期内代码的当年上报率均保持较高水平	18分
保证电子档案上报质量。经国家代码中心审核确定为不合格的电子档案数据，各省市须在国家中心发布不合格电子档案反馈表之后的2日内处理为合格档案，并重新上报。全年上报电子档案数据合格率保持较高水平	9分
积极参与国家代码中心组织的业务培训，并开展地方培训工作	9分

第六章
组织机构代码档案管理

第一节　代码档案管理概述

一、组织机构代码档案的范围

组织机构代码档案，是指在申领、变更、年检、注销代码证书工作中，直接形成的有保存价值的各种文字、图表、声像等不同形式的历史记录。包括各种证明文件和表格的原件、复印件等纸质档案，以及以电子存储介质为载体的数字档案。

二、纸质档案的管理

（一）纸质档案的采集范围

依据单位申办类型的不同，代码管理机构应当采集不同的纸质档案进行规定归档，具体见表6-1。

表6-1　组织机构代码纸质档案的采集范围

申办类型	应归档的材料	
申请	1. 申领组织机构代码证基本信息登记表； 2. 组织机构的批准成立文件，包括企业法人营业执照或营业执照、事业单位法人登记证书、机关单位的批准设立文件、社会团体法人登记证书及其他机构批准设立或核准登记的文件； 3. 法定代表人(负责人)身份证件及经办人身份证件； 4. 代码申请表校对表(可选项)。 另，分支机构办理组织机构代码申请登记时，还应扫描其隶属机构的组织机构代码证书。外资企业办理组织机构代码申请登记时，还应扫描外商投资企业批准证书	
变更	登记批准机构以外的信息变更	1. 申领组织机构代码证基本信息登记表 2. 变更后的组织机构批准成立文件，包括企业法人营业执照或营业执照、事业单位法人登记证书、机关单位的批准设立文件、社会团体法人登记证书及其他组织机构批准设立或核准登记的文件； 3. 有关部门核准变更的文件或证明(可选项)； 4. 法定代表人(负责人)身份证件； 5. 经办人身份证件； 6. 代码申请表校对表(可选项)

续表

申办类型			应归档的材料
变更	迁址	迁出	1. 迁址证明； 2. 组织机构的批准成立文件，包括企业法人营业执照或营业执照、事业单位法人登记证书、机关单位的批准设立文件、社会团体法人登记证书及其他机构批准设立或核准登记的文件； 3. 经办人身份证件(与前一份档案中的经办人身份证件相同时除外)
		迁入	1. 申领组织机构代码证基本信息登记表； 2. 组织机构的批准成立文件，包括企业法人营业执照或营业执照、事业单位法人登记证书、机关单位的批准设立文件、社会团体法人登记证书及其他组织机构批准设立或核准登记的文件； 3. 法定代表人(负责人)身份证件及经办人身份证件； 4. 迁址证明
年度验证			1. 申领组织机构代码证基本信息登记表或代码申请表校对表； 2. 组织机构的批准成立文件，包括企业法人营业执照或营业执照、事业单位法人登记证书、机关单位的批准设立文件、社会团体法人登记证书及其他组织机构批准设立或核准登记的文件； 3. 法定代表人(负责人)身份证件； 4. 经办人身份证件
换证			1. 申领组织机构代码证基本信息登记表； 2. 组织机构的批准成立文件，包括企业法人营业执照或营业执照、事业单位法人登记证书、机关单位的批准设立文件、社会团体法人登记证书及其他组织机构批准设立或核准登记的文件； 3. 法定代表人(负责人)身份证件及经办人身份证件； 4. 组织机构代码证书(可选项)； 5. 代码申请表校对表(可选项)
补证			1. 申领组织机构代码证基本信息登记表； 2. 组织机构的批准成立文件，包括企业法人营业执照或营业执照、事业单位法人登记证书、机关单位的批准设立文件、社会团体法人登记证书及其他组织机构批准设立或核准登记的文件(与前一份档案中的组织机构批准成立文件相同时除外)； 3. 法定代表人、负责人身份证件(与前一份档案中的法定代表人、负责人身份证件相同时除外)； 4. 经办人身份证件(与前一份档案中的经办人身份证件相同时除外)； 5. 单位证明； 6. 组织机构代码证书遗失作废公告(因代码证损毁而补领的除外)； 7. 代码申请表校对表(可选项)
注销			1. 组织机构代码注销申报表； 2. 有关部门核准的注销文件或证明； 3. 经办人身份证件(与前一份档案中的经办人身份证件相同或代码管理机构根据与工商等组织机构注册、登记管理部门核对的结果，自行注销组织机构代码的除外)

续表

申办类型	应归档的材料
预赋码	1. 组织机构代码预赋码通知单； 2. 对外贸易经济部门的核准登记文件； 3. 工商行政管理部门相关核准文件(可选项)； 4. 经办人身份证件

(二) 纸质档案的审核

代码机构在办理代码登记业务时，要对申办单位提交的纸质材料进行审查，有下列情况的，应予退回并令其重新提交合格的材料：

(1)批准成立文件、身份证件等不符合代码登记制度要求的；

(2)代码申领表、年检表填写存在明显错误，必录项填写不完整，或字迹过于潦草，无法辨认的；

(3)提交的材料不完整的；

(4)提交材料的图像、文字不清晰，无法辨认具体信息内容的。

(三) 纸质档案的归档和存放

(1)代码管理机构应对收集上来的代码纸质材料自业务完成之日起 5 个工作日内进行归档。

(2)代码管理机构应为代码纸质档案提供专用的、符合档案保管要求的场所，并由专人负责保管，确保纸质档案不遗失、不损坏。

(3)纸质档案的保存要求排列整齐有序，方便查询。

(四) 纸质档案的分类管理和长期保存

(1)代码管理机构应对有效档案、废置档案、涉密档案实行分类保管，尤其对涉密档案提供更为安全的保管条件，制定更为严格的管理和调取措施，确保涉密档案的安全性。

(2)各级代码管理机构的纸质档案必须长期保存，未经国家代码中心同意，一律不得销毁。

第二节　代码数字档案

一、组织机构代码数字档案工作开展的背景和过程概述

(一)数字档案工作背景

组织机构代码颁证工作始于 1993 年。截止 2003 年，全国各级代码管理机构在赋码颁证工作中产生了大量的纸质档案。这些纸质档案在管理中出现了很多问题，如接待查询工作繁重且效率低下，档案容易损坏，档案信息资源无法充分利用及共享，占用大量空间，不利于保管等等。这些都已成为组织机构代码系统亟需解决的问题。

随着计算机、打印机、扫描仪在全国代码系统的不断普及，各级代码管理机构基本具备了实施数字档案工作的硬件条件。代码工作起步以来一直在全国采用了计算机化管理，多年来培养了大批的专业技术人员，他们不仅懂管理，而且精通计算机软硬件技术，这就为数字档案工作的开展提供了成熟的物质条件。

新世纪之初，国务院信息化领导小组提出了在我国建立社会诚信体系的战略决策，为代码数字档案系统建设提供了历史的机遇。社会诚信体系不仅需要建立每个法人单位的基本信息和诚信记录数据库，而且还要能够对这些信息进行动态记录和历史追溯，并保证这些信息的真实可靠性。将单位的纸质档案进行信息化处理，记录我国法人单位从始至终的发展历史，恰恰能满足诚信体系对单位信息真实性和追溯性的需求。

与纸质档案相比，数字档案在以下几个方面具有明显的优势：

(1)数字档案的存储介质是磁盘和光盘，占用的空间比较小，不需要专门的保存场所，而且保存条件(温度、湿度等)不象纸质档案那样严格。

(2)数字档案使用计算机和其他 IT 设备操作，信息质量比较高，查询和输出方便快捷，能够大大提高代码系统的工作效率。

(3)数字档案能够加强对资料的保护，不会像纸质档案那样出现在查询和使用过程中损坏资料的情况。

(4)数字档案能够通过网络，实现各级代码管理机构之间的资源共享，信息传递及保密性能比较好。

(5)数字档案实现了下级代码机构对上级代码机构的档案工作上报功能，更有利于规范代码档案工作，也便于上级管理机构对下级管理机构进行监督检查。

(6)数字档案能够与组织机构代码数据库和组织机构基本信息检索系统进行一体化连接，有效提高查询与检索的效率，较之纸质档案能够更方便的为社会提供信息服务。

(二)数字档案的工作历程

从 2003 年开始，全国代码系统开始了数字档案系统的建设工作。2003 年主要进行了系统规划和论证工作。2004 年，国家代码中心主要对先行开展了数字档案工作的个别省代码机构以及其他行业进行了细致的调研和考察，着手开展了数字档案系统的研发工作。为做好前期准备工作，国家代码中心对全国各级代码机构的设备使用情况进行了调研，重点更换了全国基层代码机构过于陈旧的计算机设备，为数字档案工作的开展奠定了物质基础。

2005 年，代码数字档案系统研发完成，国家代码中心召开了全国各省市代码机构的培训班，将系统软件发放到了各级代码机构，标志着数字档案系统正式启动。各级代码机构开始将数字档案图像采集作为一项日常工作，上报汇总到国家代码中心。

2006 年，全国代码系统重点将十几年来形成的纸质档案全部进行了电子化处理，共扫描档案一亿多张。同时，代码中心还在全国范围内召开了“数字档案工作设备培训会议”，将更加先进的数字档案工作设备发放到了全国各地。

2007 年，数字档案工作已经取得了初步的成果，包含 2000 万条机构信息的数字档案中央数据库基本建成，各省市的数字档案数据库也初步形成。但是，2007 年之前，从地县到省再到中央，数字档案数据汇总基本以光盘、硬盘的形式邮寄上报，上报效率不能满足社会诚信体系对信息及时性的要求。

2007年初，随着网络技术的进一步发展和代码系统实力的增强，代码中心开展了“数字档案二期”工程建设，完成了“代码数字档案管理系统网络版”的开发工作，实现了数字档案网上实时传输，将上报周期从过去的半年一次提高到每日动态汇总，真正实现了从地域分散到业务集中的管理模式。这项工作不但开拓了档案管理的新模式，在国内也属于一种创新型的管理方式。

2008年和2009年，代码中心重点完成了数字档案二期的配套工作，进一步规划了科学的数据上报和审核流程，推广了新版扫描和上报软件，配备了更先进的工作设备，制定了全国统一的新版数字档案技术规范，重新培训了全国各地的代码工作人员，并对非网络版的一千三百多万条数字档案数据进行了重新标引入库，以方便查询和对外信息服务。至此，全国代码数字档案管理系统正式建设完成并投入运营。

二、数字档案的工作内容

（一）数字档案相关术语

1. 组织机构代码数字档案

是指将赋码工作中直接形成的应当归档并具有保存价值的文字、图表等历史记录，存放在电子介质上的记录。各级代码管理机构应对以下纸质档案进行扫描，汇总形成一份完整的数字档案：

(1)组织机构批准成立证件的复印件，包括企业的营业执照、事业单位的事业单位法人登记证书、机关单位的批准成立文件、社会团体的社会团体法人登记证书、民办非企业的单位登记证书以及其他组织机构成立的合法证明的复印件；

(2)组织机构的法人代表(负责人)身份证复印件和经办人身份证复印件；

(3)代码证申请表；

(4)其他需要归档的纸质资料。

2. 文档序列号

文档序列号是指由网卡上的标识数字(每个网卡都有唯一的标识号)以及CPU时钟的唯一数字生成的一个16字节的二进制值。它根据全局唯一标识符GUID(Global unique identifier)生成，格式为“××××××××－××××－××××－××××－××××××××××××”，其中每个×是0～9或a～f范围内的一个十六进制的数字。例如：6F9619FF－8B86－D011－B42D－00C04FC964FF即为有效的GUIP值。

3. 转储

转储是指把数字档案从一存储介质转移到另一存储介质上。

4. 档案建档日期

档案建档日期即组织机构代码申领日期。

5. 档案录档日期

档案录档日期即扫描录入档案时的日期。

（二）数字档案的工作流程和工作任务(图 6-1)

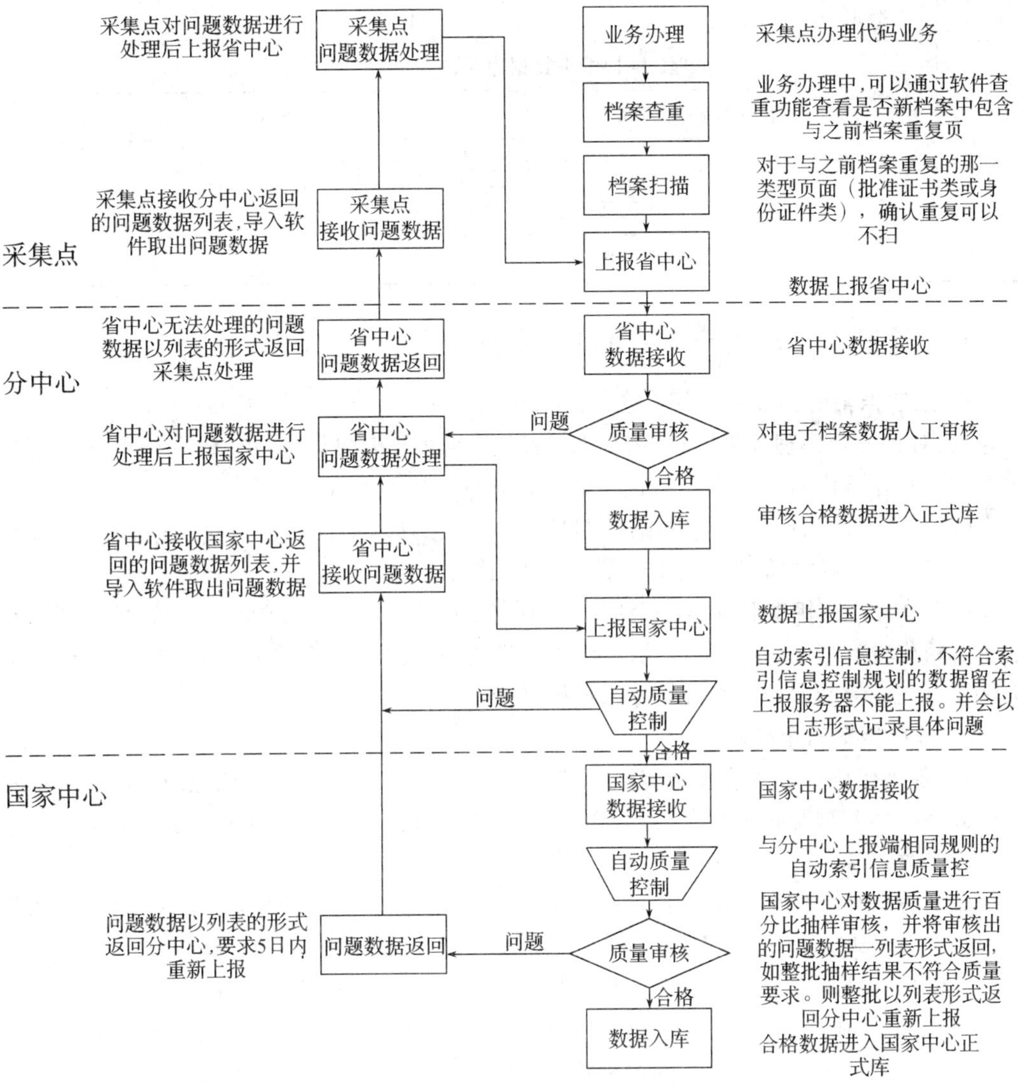

图 6-1　数字档案的工作流程和工作任务

在上述工作流程中，中央、省、地、县等不同级别的代码机构承担着不同的工作任务，如表 6-2 所示。

表 6-2　不同级别代码机构的工作任务

序号	级别	工作内容
1	地县级	采集数字档案图像数据，上传到省级代码机构
		修改省级代码机构返回的问题数据
2	省级	在采集本级数字档案图像数据
		维护省级信息系统
		修改国家返回的问题数据，必要时返回地县
		将本省范围内的全部数据及时上报至国家

续表

序号	级别	工作内容
3	国家级	建立、管理、维护中央数据库系统
		系统对外信息服务
		接受并审核全国上报的档案数据，返回问题数据
		对全国各级代码数字档案系统进行规划和指导
		其他数字档案工作

三、数字档案各个工作环节的具体要求

1. 数字档案的扫描和上报

(1)对于符合办理条件的申办机构，各级代码管理机构均应在代码登记业务办理完毕的3个工作日内对其申办材料进行数字化处理，并上报数字档案。

(2)对于不同的申办类型的纸质材料，其数字化处理的范围也不同，具体应参照《组织机构代码数字档案管理与技术规范》(附后)执行。

应当注意，在年度验证这一个申办类型中，如果法定代表人(负责人)的身份证件与上一年相比没有变化，可以不扫描。机构类型为机关法人或机关非法人的，其机构批准文件如与上一年相比没有变化，可以不扫描。

2. 数字档案的审核

(1)各级代码颁证机构在上报数字档案之前，均应对数字档案的质量依照《组织机构代码数字档案管理与技术规范》规定的质量标准进行查验，如有质量问题，应在上报之前进行修改。

在实际审核工作中，较多出现的问题主要是“图像不清”、“批准文件不合格”、“图像标识错误”、“缺少相关页面”等，对于这些问题，各级代码机构应按照《组织机构代码数字档案管理与技术规范》的要求和国家代码中心提供的解决方法，着力予以解决。

(2)省级代码机构每日汇总省内各颁证窗口上报的数字档案，并安排专人对数字档案质量进行全面审核。审核后的合格数据上报至国家代码中心，不合格数据返回各颁证窗口修改后重新上报。

(3)国家代码中心每日对省级代码机构上报的数据进行审核，并将审核不合格的数据返回省级代码机构。省级代码机构应在收到不合格数据的5日内改正并重新上报。

3. 数字档案的入库和管理

(1)国家和省级代码机构应根据数字档案数据的涉密情况(是否涉密)、质量情况(是否为问题数据)、单位信息状态(是否被注销)等不同的情况进行分类入库，分级管理。

(2)国家和省级代码管理机构均应建立代码数字档案系统的备份机制。

(3)国家和省级代码机构应不断完善技术手段和管理制度，做好数字档案系统的安全建设，确保数字档案信息的安全和不被泄漏。

4. 数字档案的查询和应用

(1)代码数字档案信息应在确保信息安全的前提下，积极为代码系统内部的共享平

台等其他系统提供支持，并逐步依法向政府各部门和社会进行开放。

(2)各地政府部门需要查询数字档案数据库，或需要基于数字档案数据库建设相关信息系统的，应该上报国家代码中心批准，并由省级代码机构负责具体查询和建设工作。

(3)国家行政机关、司法机关在从事执法、司法活动中需要查询代码数字档案的，各级代码管理机构应予配合，并提供便捷服务。

(4)代码数字档案的查询和信息开放必须遵守国家相关法律法规，不得损害国家安全和利益，不得侵犯他人的合法权益。

第三节　代码数字档案工作的常见问题及解决办法

1. 营业执照原件就不是很清晰，扫描过后又有色差就更不清晰了，怎么办

建议采用彩色扫描色彩模式扫描营业执照原件，或调整对比度和明亮度。

2. 注销组织机构代码时是否需要扫描法定代表人或负责人身份证件

不需要。但需要扫描经办人身份证件，如果经办人就是原法定代表人或负责人，则还是标引为经办人身份证件。

3. 批准文件与身份证上姓名不同的问题

在审核数字档案过程中，发现少量档案批准证书上的姓名与身份证上姓名不同的现象。经了解证实，这两个名字其实指的是同一个人，只是由于翻译问题或其他情况导致的不同，如宗教活动场所登记证上的法人姓名为其住持的法号。为保证信息的准确和清晰，代码工作人员在指导经办人填写申请表时，应要求其将两个姓名都予以注明。

4. 何种数据无法被国家中心导入合格数据库

(1)由于字段错误没有被接收到国家中心的数据。

(2)由于字段错误，被导入程序自动过滤掉的数据。

(3)在人工图像审核过程中，有严重图像质量问题的数据。

(4)在人工数据信息审核过程中，有数据库字段信息与图像上信息不符的错误。

(5)在数据传输过程中，由于某些原因造成文件损坏的数据。

5. 在办理迁出时，营业执照上的机构名称发生变化，在扫描时是否应该录入新的机构名称

是否录入新机构名称取决于代码管理机构在迁出时是否受理变更登记，如果迁出时又办理变更登记，应当录入新名称，如果只办理迁出，变更与迁入到新迁入的代码管理机构办理，则不需要录入新名称。

6. 迁址证明的标识

迁出业务形成的数字档案中，“迁址证明”应标引为“申领表”，顺序相应排为第一，如档案中有“申领组织机构代码证基本信息登记表”，则“迁址证明”标引为其他文件。迁入业务形成的数字档案中，“迁址证明”应标引为其他文件。

7. 工会法人资格证书应如何标引

工会法人资格证书应标引为“社会团体法人登记证”。

8. 个人独资企业营业执照应如何标引

个人独资企业营业执照应标引为企业营业执照。

9．法定代表人身份证件与经办人身份证件能否扫描在同一张图像中

虽然都是身份证件，但为方便对外利用时的提取，法定代表人身份证件与经办人身份证件不能扫描在同一图像中，但同一张身份证件的正反面应扫描在同一图像中。

10．第二代身份证背面是否需要扫描

由于二代身份证的背面也有相关信息，原则上要求尽量扫描。国家中心已经配发了具有双面扫描功能的扫描仪的代码机构，要求必须扫描。部分尚未配发双面扫描功能扫描仪的省市，暂不进行统一要求，但若已扫描，须将其正面与背面放于同一图像中。

11．如何填写索引信息中的建档日期

建档日期指的是组织机构代码登记发生的日期，一般为办证人员录入组织机构代码登记信息的日期。具体填写时，参照申领表上的录入日期(如没有录入日期，就参照审核日期或填表日期等)。鉴于有些地方办理代码登记时，工作人员向办证系统录入信息的滞后性，允许建档日期与申领表上的日期有5天以内的差距。赋值规则："YYYY－MM－DD"，例：2006－01－06。

12．如果采集系统配置正确，但仍然无法提取数据，可能是什么原因

有可能是以下原因：

(1)NDS服务没有启动；

(2)端口没有开放；

(3)下发的参数不正确；

(4)代码数据库没有连接成功；

(5)代码业务数据库表和字段名称设置不正确。

13．年检材料是否需要扫描

年检材料是需要扫描。不过，法定代表人、经办人如果和前一次办理业务的时候相同，那么可以不扫描法人、经办人的身份证件。机关单位的批准文件如果和前一次业务提交的相同，则可以不扫描此机关的批准文件。

14．预赋码时，商务局出示的文件有错误，又重新出具了一份新文件，这种情况如何处理数字档案

如果原数字档案已经上报，则把正确的扫描完再上报一次，同时告知国家中心相关人员上一份错误档案的信息，以便我们进行删除等处理操作。

15．登录采集系统时提示"数据库连接失败"，应该如何处理

应当按照如下步骤操作：

第一步：检查数据库运行状态，如果没有启动，则启动数据库服务。

第二步：如果数据库服务运行正常，在安装目录里面找到文件NAMS.UDL，双击弹出界面，在"在服务器上选择数据库"中选择NAMSSCAN；点击确定退出。

第三步：如果找不到数据库"NAMSSCAN"，则是因为安装数据库后，没有重启电脑，直接安装了采集系统，卸载采集系统，重启计算机，在安装采集系统。

16．批准证书封面是否需要扫描

一般情况下，批准证书封面无须扫描，但如果仅凭批准证书的内容无法判断单位的机构类型，而封面上有相关信息，或封面上有代码登记中需要的信息，如年检标识，就应该扫描。

17. 多种登记发生时，是否只需扫描其中一种登记提交的材料

答：不是，多种登记发生时，需要扫描各种登记形成的材料，如补证与换证登记同时发生，即要扫描换证提交的材料，如申领组织机构代码证基本信息登记表、组织机构的批准成立文件、法定代表人、负责人身份证件及经办人身份证件；组织机构代码证书（可选项）；代码申请表校对表（可选项）。还要扫描补证需提交的材料，如组织机构代码证书遗失作废公告、单位证明。

18. 是否扫描申请表背面的"新办须知"、"填表说明"的问题

答：申请表背面的"新办须知"、"填表说明"等完全指导办证单位的信息无需扫描。

19. 年检业务中的单位批准文件是否需要扫描

年检业务中，只有机关批准文件在与上一次业务发生重复时可以不扫描，其他类型机构的批准文件，一般每年都需要到有关核准部门接受年检，这样的话，即使批准文件的信息没有发生变化，但也多了一个有关核准部门的年检标识，因此都是需要扫描的。

这同时也要求，代码管理机构的年度验证工作必须在机构批准部门年检之后进行。

20. 预赋码登记中，外经贸部门核准企业成立的文件（见图 6-1）**应如何标识**

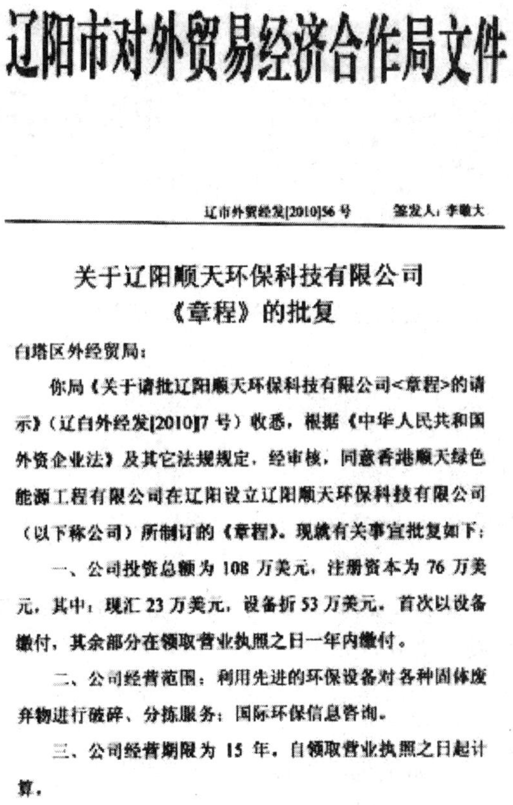

辽阳市对外贸易经济合作局文件

辽市外贸经发[2010]56 号　　签发人：李敏大

关于辽阳顺天环保科技有限公司
《章程》的批复

白塔区外经贸局：

你局《关于请批辽阳顺天环保科技有限公司<章程>的请示》（辽白外经发[2010]7 号）收悉，根据《中华人民共和国外资企业法》及其它法规规定，经审核，同意香港顺天绿色能源工程有限公司在辽阳设立辽阳顺天环保科技有限公司（以下称公司）所制订的《章程》。现就有关事宜批复如下：

一、公司投资总额为 108 万美元，注册资本为 76 万美元，其中：现汇 23 万美元，设备折 53 万美元，首次以设备缴付，其余部分在领取营业执照之日一年内缴付。

二、公司经营范围：利用先进的环保设备对各种固体废弃物进行破碎、分拣服务；国际环保信息咨询。

三、公司经营期限为 15 年，自领取营业执照之日起计算。

图 6-1

机构批准成立文件的标识是与机构类型一一对应的，外资企业的机构类型是企业。而在预赋码登记中，外经贸部门核准外资企业成立的批复文件是机构当时依法成立的证明。因此，应标引为“企业批准成立文件”。

21. 农民专业合作社法人营业执照如何标识

农民专业合作社的机构类型是其他机构，因此《农民专业合作社法人营业执照》(见图 6-2)应标识为其他机构批准文件。

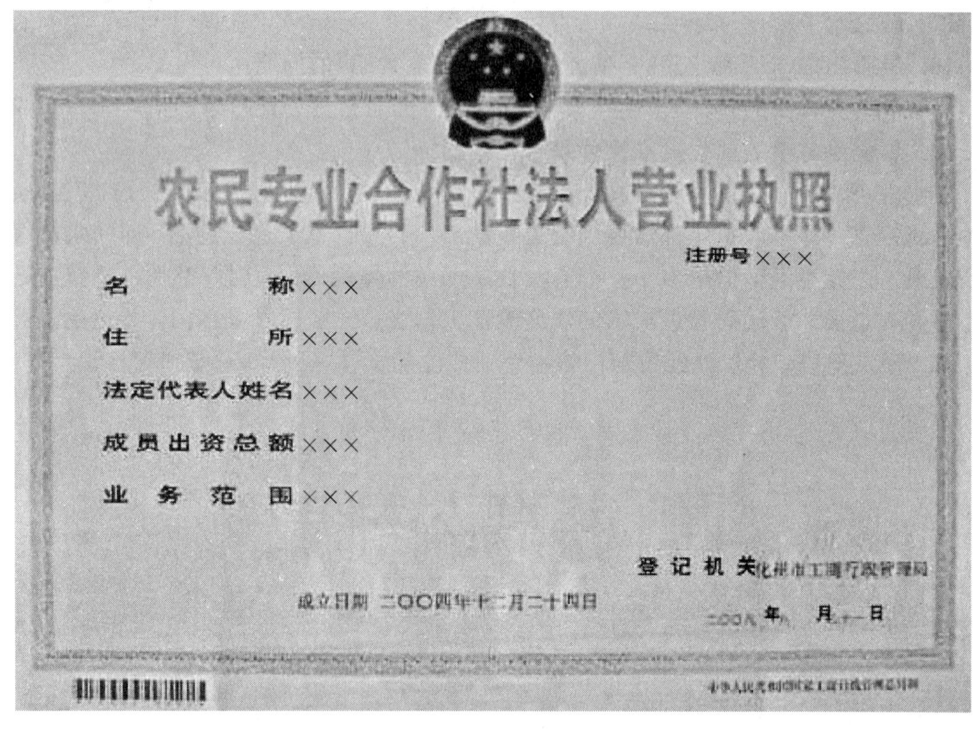

农民专业合作社法人营业执照

注册号×××

名　　　称×××

住　　　所×××

法定代表人姓名×××

成员出资总额×××

业　务　范　围×××

登记机关

成立日期　二〇〇四年十二月二十四日

年　月　日

图 6-2

22. 二代新身份证 正反面扫描后是两幅图，是否需要页面合并，如何进行页面合并

第一，需要页面合并。点击“已分档”按钮，按住 SHIFT 键，选中需要合并的页面，再点击“图像”下拉菜单里的“页面合并”。

第二，以后扫描身份证时，选择“双面扫描”即可。扫描后，身份证正反面就在一张图像上。

23. 两个经办人共同来办理代码证，填写申报表签的两个人的名字该如何收取和扫描

全部收取并扫描，都标引为经办人身份证件。

24. 电子档案扫描对身份证的清晰度有没有明确的标准要求，身份证上的姓名、性别、住址等字样是否也要求必须清楚

是的，身份证件上的所有信息(文字和照片)都必须清楚。

25. 是否需要扫描批准文件背面

一般情况下无须扫描。如果批准文件背面有相关信息，如年检标识，则必须扫描。

26. 两个以上合伙人身份证明文件，只扫一个还是全部都扫

全部扫描。

附件 1 《组织机构代码数字档案管理系统》扫描软件使用说明

《代码数字档案管理系统》是由国家代码中心自行开发、拥有自主版权的一套软件管理系统，任何组织和个人未经许可与授权，不得擅自复制、更改该软件及相关内容，不得用于互联网系统上，不得对该系统进行逆向工程、反汇编或解体拆卸。

全国组织机构代码管理中心数字档案采集系统分为：采集端（采集系统）和处理端（处理系统）两大部份。

1　采集系统

1.1　采集系统的安装

先安 MSDE 装数据库，然后重启计算机运行 setup. exe 安装采集软件。

1.2　采集系统主要功能介绍

1.2.1　系统设置

- 用户管理：对操作员用户的增删改查，系统内置一个 Admin 管理员用户，用户的密码是 master，系统内置用户不能删除、修改，只能更改密码。
- 扫描设置：设置扫描仪运行的参数，包括选择扫描仪、设置扫描模式和图像保存路径。
- 初始参数设置：设置系统运行参数，包括办证机构代码、数据上传信息和业务系统的链接方式。
- 传输参数设置：设置数据上报方式。
- 问题列表导入：导入分中心返回的问题数据列表，系统会自动查找问题裂变对应的数据，并将其修改为编辑状态，用户可以进入“历史模式”对问题进行修改上传。

1.2.2　数据采集

- 扫描：从扫描仪中获得一幅图片，追加到最后。
- 插入获取图像：从扫描仪中获得一幅图片，插入到当前页之前。
- 替换扫描：从扫描仪中获得一幅图片，替换当前页。
- 增加现有图像：把已经存在的电子图像导入到系统。

1.2.3　图像处理

- 自动纠偏：系统自动侦测图片的偏转角度并把图片调正显示。
- 自动去黑边：系统自动侦测图片的黑边，并把黑边裁去。
- 手动纠偏：按照用户指定的角度进行偏转图片，用户可以指定的角度范围为 −180度至 180 度。
- 图像裁剪：按照用户在图片中选中的区域，删除选中区域以外的部分。
- 图像旋转：对用户选中的图像进行顺时针或者逆时针旋转 90°的旋转。
- 图像删除：支持对图像单页或者批量的删除。

- 调整明亮度：支持对图像明亮度和对比度的调整。
- 页面合并：支持将两幅图像合并为一页图像。
- 区域居中：按照用户在图片中选中的区域，将该区域放置至图像的中间部位。

1.2.4　档案页标识

一份数字档案包含多页档案图像，一页档案图像就是一个档案页。档案页标识功能就是将每个档案页进行标注，为查询方便、快速定位到档案的每一页建立索引。

本系统提供三种标识方法：模板标识、鼠标双击标识、快捷键标识。

- 模板标识：根据预先设置的模板，对档案页进行批量标识。
- 鼠标双击标识：打开标识列表，选择标识项双击页面完成标识。
- 快捷键标识：选择页面，点击相应的快捷键完成标识。

1.2.5　档案索引

档案索引是指为档案添加索引信息管理。档案索引信息包括：机构代码、机构名称、档案号、档案类型、建档日期、录档日期、是否公开。

在建立索引时，用户输入机构代码，点击“获取数据”按钮获取数据，手工选择档案类型完成档案索引。

1.2.6　档案分档

档案分档是指把系统中未分档的图片文件与档案的索引相关联的一个过程。系统提供两种分档模式：自动分档和手动分档。

- 自动分档：根据设置自动分档参数进行分档。
- 手工分档：双击一份档案的最后一页时，系统自动创建新档案索引并把所有文件档案归入该索引。

1.2.7　档案上报

市县级组织机构代码管理部门采集到的机构数字档案需要上报到分中心。系统提供了两种上报方式：网络上报和手工上报。

- 网络上报：通过网络将数据上报至分中心。
- 手工上报：将档案文件导出，利用光盘等存储介质通过离线的方式将档案上报。

1.3　常见问题及解决方法

1.3.1　采集端数据不能上传的解决步骤

第一步：检查本机的网络情况，确认本机已经连接到 Internet 网络。

第二步：检查本地的网络设置，设置本地的杀毒软件、防火墙保证采集系统的网络连接(可暂停保护检查能否够上传，如果可以，说明是本地的杀毒软件或防火墙阻止了采集系统的网络连接，请到杀毒软件、防火墙相应模块设置，然后重新开启保护)；

第三步：检查本地“省级接收服务器”设置是否正确；

第四步：联系省中心，确保省中心的接收服务器运行正常。

1.3.2　采集端编辑已经完成数据的步骤

第一步：操作员的身份登录系统；

第二步：在菜单“传输”中点击“上报查询”，在弹出的界面中输入查询条件，找到需要修改的数据；

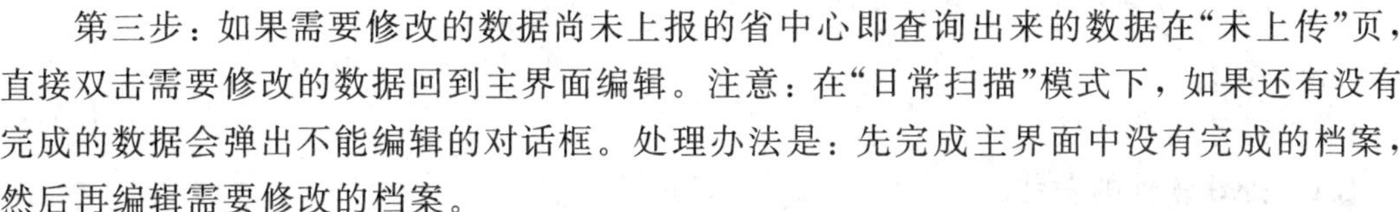

第三步：如果需要修改的数据尚未上报的省中心即查询出来的数据在“未上传”页，直接双击需要修改的数据回到主界面编辑。注意：在“日常扫描”模式下，如果还有没有完成的数据会弹出不能编辑的对话框。处理办法是：先完成主界面中没有完成的档案，然后再编辑需要修改的档案。

第四步：对于已经上报到省中心和正在上报中的数据是不能直接修改的。

1.3.3　重新安装采集系统应该注意的问题

重新安装采集系统（重新安装操作系统后也必须重新安装采集系统）前，请注意备份数据，步骤如下：

第一步：双击状态栏下面的 SQL 服务器图标；

第二步：在弹出的界面上点击“停止”按钮，停止运行数据库服务器。

第三步：在采集系统安装目录里面（默认目录为：C:\Program Files\THAMS\NAMS\SCAN\）找到“Data”文件夹，复制粘贴出来即可。

第四步：将“档案保存路径”所指向的目录保存出来，同时记下该保存路径（注意保存所有曾经使用过的保存路径所指向的文件夹）。

第五步：至此备份数据完成，可以重现安装采集系统。

第六步：停止运行数据库服务器，将备份出来的“Data”文件夹拷贝到安装目录覆盖现有的“Data”文件夹。

第七步：将备份出来的图片拷贝回原来的路径。

1.3.4　登录采集系统时提示“数据库连接失败”的解决步骤

第一步：检查数据库运行状态，如果数据库服务器为“停止”状态，则启动数据库服务。

第二步：如果数据库服务运行正常，在安装目录里面找到文件 NAMS.udl 文件，双击该文件，在弹出界面上找到“在服务器上选择数据库(D)”，选择 NAMSSCAN；点击确定退出。

第三步：如果找不到数据库“NAMSSCAN”，则是因为安装数据库后，没有重启电脑，直接安装了采集系统，卸载采集系统，重启计算机，在安装采集系统。

1.3.5　采集系统中的操作员和管理员的区别

这两种用户的权限不同，操作员主要是进行日常扫描操作及数据上传；管理员主要进行系统初始参数设置以及一些日常管理工作，比如：取消上传中的数据、重新上传已上传的数据和删除已上传的数据等。

1.3.6　采集端不能提取数据解决方法

第一步：检查机构代码输入是否正确，如果系统提示“代码库不存在此代码的信息，请手工录入！”则说明，输入的代码代码库种不存在（可能是代码输入有误或者是废置数据）。

第二步：检查本机的网络情况，确认本机已经连接到 Internet 网络；

第三步：检查本地的网络设置，设置本地的杀毒软件、防火墙保证采集系统的网络连接（可暂停保护检查能否够上传，如果可以，说明是本地的杀毒软件或防火墙阻止了采集系统的网络连接，请到杀毒软件、防火墙相应模块设置，然后重新开启保护）；

第四步：联系省中心，确保省中心服务器运行正常。

2　处理系统

2.1　处理系统的安装

2.1.1　处理软件的安装

运行处理软件的安装程序，完成处理软件的安装。安装完成以后进入程序的安装目录设置本地数据库连接和业务数据连接。

2.1.2　文件接收服务器的安装

用户双击安装目录下 setup. exe 运行文件服务器的安装程序，完成文件接收服务器的安装。安装完成以后进入程序的安装目录设置本地数据库连接和业务数据连接。

2.1.3　NDS 服务器的安装

用户分别双击安装目录下 NDS. MSI 和 Setup. exe 进行 NDS 服务器的安装。安装完成以后设置业务数据库的连接。

2.1.4　查询系统的安装

查询系统的安装分为三个步骤：

第一步：安装 JDK。打开 JDK 文件夹，鼠标双击 jdk-6. 0. 12-windows-i586-p. exe 文件，安装 JDK。

第二步：安装 Tocmat。鼠标双击 apache-tomcat-6. 0. 18. exe 文件，运行 Tomcat 的安装程序。

第三步：部署查询系统。将安装文件下的所以文件夹覆盖到 Tomcat 的安装路径下，打开文件 context. xml 设置数据库连接。

2.1.5　更新服务器的安装

将需要更新的文件拷贝至 IIS 服务的根目录下，打开文件 update. inf 设置更新服务参数。

2.2　处理系统的主要功能介绍

2.2.1　系统设置

- 文件存储设置：系统管理员设定保存档案扫描文件（TIF 图像文件）的 FTP 服务器连接参数信息。
- 特定码设置：设置系统使用的特定码。
- 修改密码：修改登录用户密码。
- 回收站管理：系统将删除的数据保存在回收站中，在回收站管理中可以对这些数据进行清空和还原。

2.2.2　用户管理

- 中心系统用户：对操作员用户的增删改查，系统内置一个 ROOT 管理员用户，用户的密码是 root，系统内置用户不能删除、修改，只能更改密码。
- 数据上传用户：对市县办证机构远程传输数据的访问用户的管理。

2.2.3　日志管理

- 数据接收日志：查看文件服务器接收数据的情况。
- 错误档案日志：查看操作员在处理临时档案时，标识为错误档案的情况。

- 数据上报日志：查看上报国家中心的数据情况。

2.2.4　档案管理

- 临时数据整理：接收的临时档案进行整理、修改、转入正式档案库。
- 正式库管理：对正式库的档案进行档案查询、上报和档案导入的功能。

2.2.5　问题库管理

• 问题库管理：题库管理是对有问题的数据的管理，问题数据来源有三种途径：国家中心返回、人工审核和系统自动转入。

• 问题临时库管理：返还给各个采集点的数据，经采集点的修改处理上报后，会进入问题临时库，经分中心审核通过后可以进入问题正式库。问题临时库和临时库实际上是一个库，问题临时库是临时库的一部分，所以临时库中也可以看到问题临时库的数据。

• 问题正式库管理：经修改处理、审核通过的数据会进入问题证书库，可以单独对问题正式库的数据导出上报。问题正式库和正式库实际上是一个库，问题正式库是正式库的一部分，所以正式库中也可以看到问题正式库的数据。

• 问题数据统计：统计问题数据的相关情况，辅助分中心管理人员管理处理问题数据。

2.3　常见问题及解决方法

2.3.1　无法安装 NDS 服务的解决方法

开始一运行的对话框中 输入“msdtc －resetlog”点击确定，然后重新安装，如果仍然无法安装则将 NDS. DLL 拷贝到 C:\WINDOWS\system32\，注册 NDS. DLL(在开始”→“运行”中输入“regsvr32 C:\WINDOWS\system32\NDS. DLL”)。

2.3.2　文件接收服务器无法启动的原因有哪些

- 本地数据库连接不正确。
- 代码数据连接不正确。
- 处理软件中的文件存储设置不正确。

2.3.3　设置提取废置数据的方法

第一步：将代码库和废置库连接(UNION)创建视图；

第二步：根据实际情况修改 NDS 的配置文件中的机构代码表名和相应字段(默认配置文件路径为 C:\WINDOWS\system32\NDS. ini)；

第三步：根据实际情况修改处理软件的配置文件中的机构代码表名和相应字段。

附件 2　组织机构代码电子档案工作常用扫描仪使用说明

目前全国组织机构代码电子档案工作普遍采用的扫描仪的型号是：富士通 fi5220C、fi5530C、fi6130 和柯达 i160 扫描仪，下面对这三款扫描仪的使用情况进行简单说明。

富士通 fi5220C 和 fi5530C 扫描仪使用说明

一、两款扫描仪的技术参数

1. 富士通 fi-5220C

序号	技术参数名称	内　容
1	高速自动走纸器	100 页
2	光学分辨率	600 dpi
3	扫描速度	单面：25PPM(200dpi，A4)
		双面：50IPM(200dpi，A4)
4	最大幅面	A4(2970mm×2100mm) 可扫描长达 889mm（黑白模式）的加长纸
5	接口	SCSI－2
6	其他	智能超声波双页检测

2. 富士通 fi-5530C

序号	技术参数名称	内　容
1	高速自动走纸器	100 页
2	光学分辨率	600 dpi
3	扫描速度	单面：45PPM(150dpi，A4)
		双面：90IPM(150dpi，A4)
4	最大幅面	A3（2970mm×4200mm) 可扫描长达 889mm（黑白模式）的加长纸
5	接口	SCSI-2
6	其他	智能超声波双页检测

二、两款扫描仪的外观和接口各部件名称

（一）fi-5220C 和 fi-5530C 扫描仪正视图及说明(1)

fi－5220c

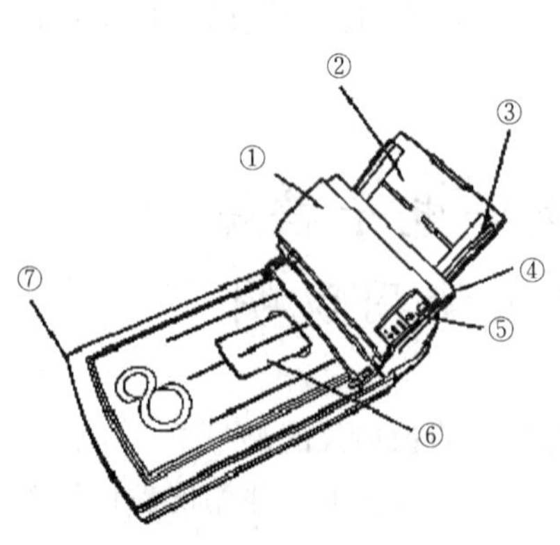

fi－5530c

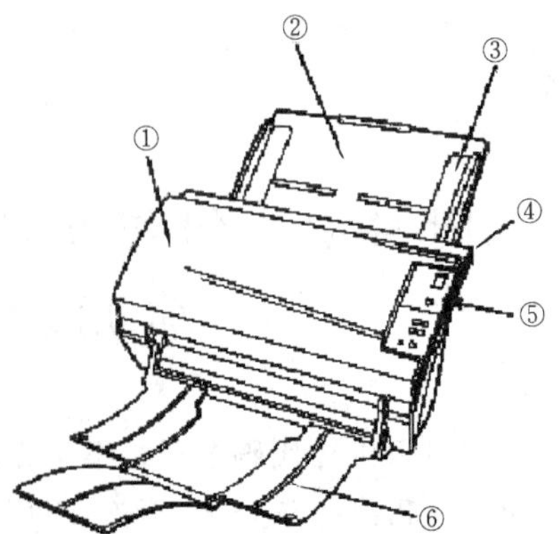

序号	名 称	功 能
1	ADF(自动进纸器)	可把一张待扫描的文档自动传输到读取位置
2	ADF 送纸斜槽	当使用 ADF 扫描文档时，把待扫描的文档放置在这里
3	侧导板	根据纸张的宽度进行调整，防止扫描后的图像偏斜
4	ADF 按钮	按下此按钮启动 ADF
5	操作面板	该面包括功能编号显示屏、四个操作按钮和一个 LED
6	叠纸器	扫描后的文档从 ADF 弹出后叠放于此
7	平板	扫描文档尺寸不标准的纸张(fi-5530c 没有此项)

(二) fi-5220C 和 fi-5530C 扫描仪正视图及说明(2)

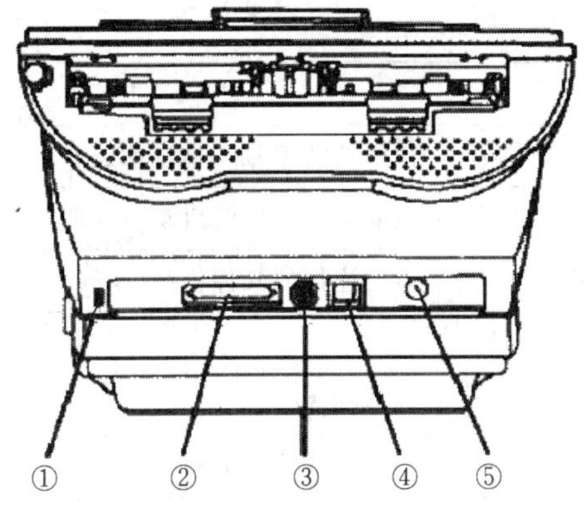

序号	名 称
1	防盗锁插槽
2	SCSI 接口连接器
3	SCSI ID 开关
4	USB 接口连接器
5	交流电适配器接口

(三) 两款扫描仪可拆开零件图及说明

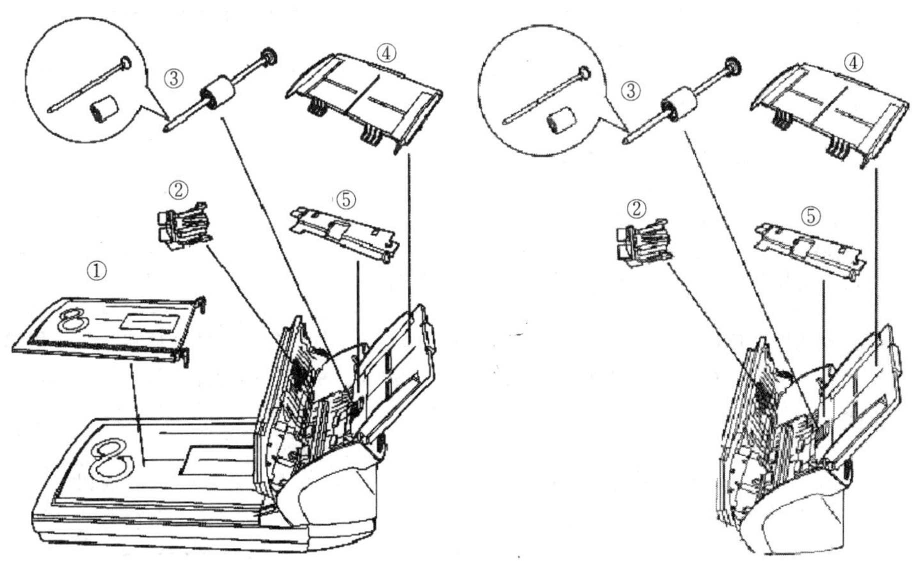

fi—5520c

fi—5530c

序号	名　　称
1	文档盖板(fi-5530c 没有此项)
2	搓纸皮垫
3	抓纸辊(可被移除)
4	ADF 送纸斜槽
5	导板

(四)富士通 fi-5220C 和 fi-5530C 扫描仪操作面板的布置

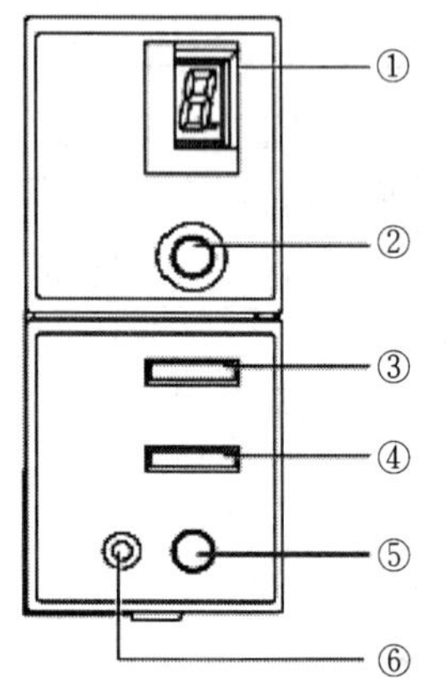

序号	名　　称	功　　能
1	功能编号显示屏	表示功能编号和出错状态
2	功能按钮	改变被发送按钮启动的功能(＊)
3	Send to 按钮	启动连接的软件程序(＊)
4	Scan 按钮	
5	电源按钮	开关扫描仪
6	LED	当扫描仪接通电源时点亮

显示	功　　能
8	启动扫描仪时只闪现一次
P	表示扫描仪电源已经被打开并且正在初始化
0	表示初始化即将完成
1	表示初始化已经成功完成。扫描仪呈现“准备就绪”状态
U	表示文件被扫描时发生了临时错误。“U”之后交替出现的数字(例如“1”和“2”)是指错误的种类。为了让扫描仪回到就绪状态(“1”),请按扫描“Scan”或者发送“Send to”按钮
E	表示文件被扫描时发生了设备(硬件)警报。“E”和错误数字(0 至 9，A，C，d 和 F)将交替显示。为了让扫描仪回到就绪状态(“1”),请按“Scan”或者发送“Send to”按钮。当这个警报持续出现时，请联系技术人员

(五) 富士通 fi-5220C 和 fi-5530C 扫描仪侧断面的主要部件图

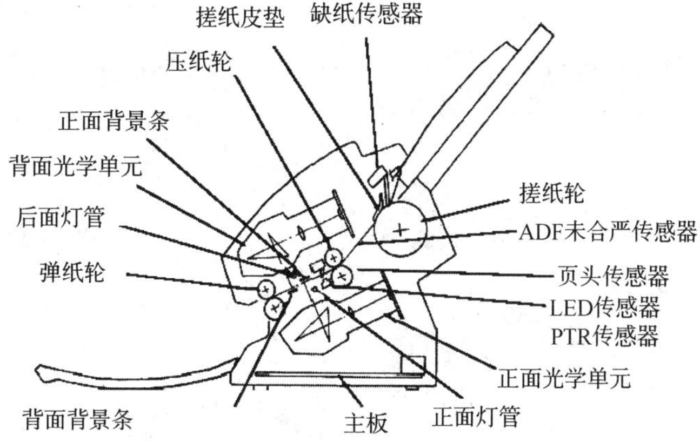

(六) 富士通 fi-5220C 和 fi-5530 扫描仪的进纸方式

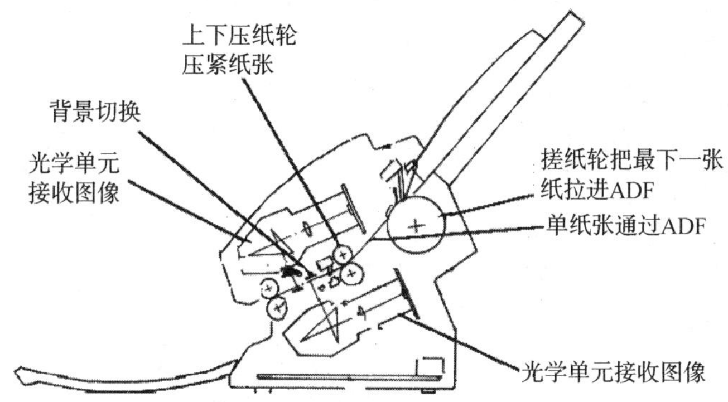

三、两款扫描仪的安装方法

(一) 安装自动走纸器进纸槽

将进纸槽的导纸板一面向上。

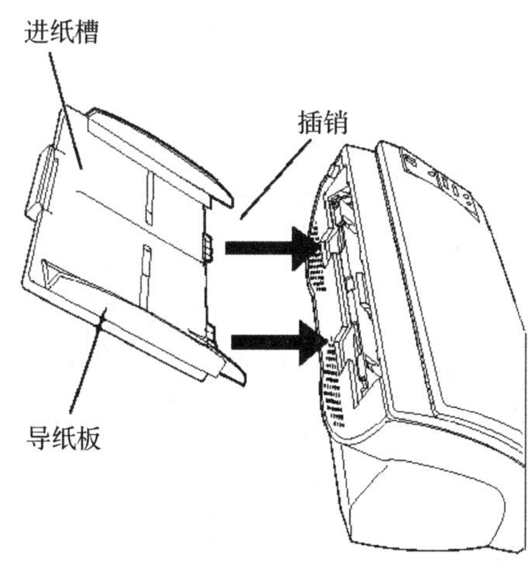

应当注意，当扫描一叠纸质较薄的文档(厚度小于规定的 52g/m^2)时，将会发生卡

纸(多页进纸)和漏抓纸等错误。如果必须要扫描此类文档，请将控制杆拉向“Thin”一侧，如下图：

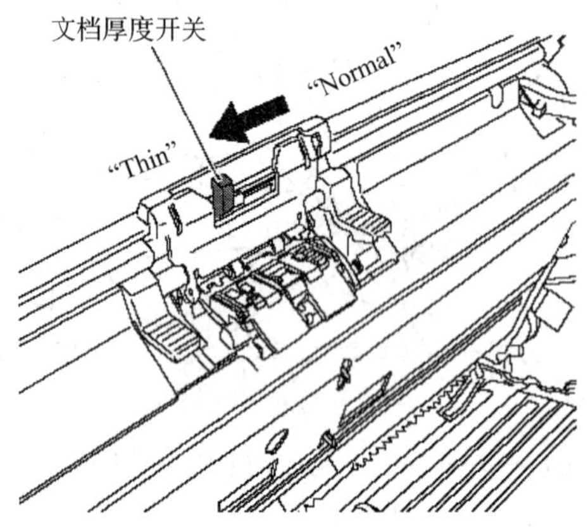

(二) 连接交流电源

(1)将交流电源电缆接入到适配器；

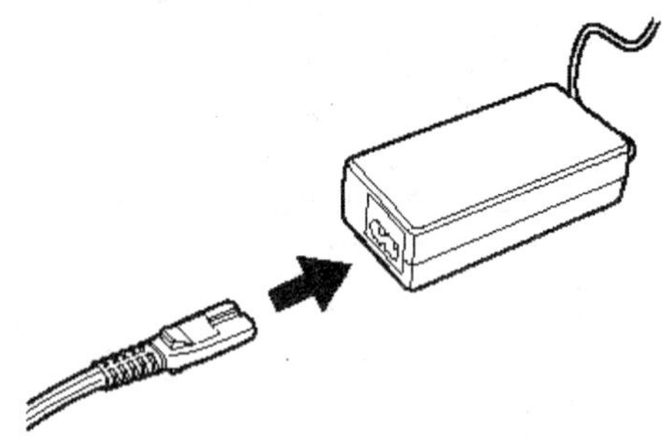

(2)将交流电源适配器与扫描仪的直流电源接口插孔连好；

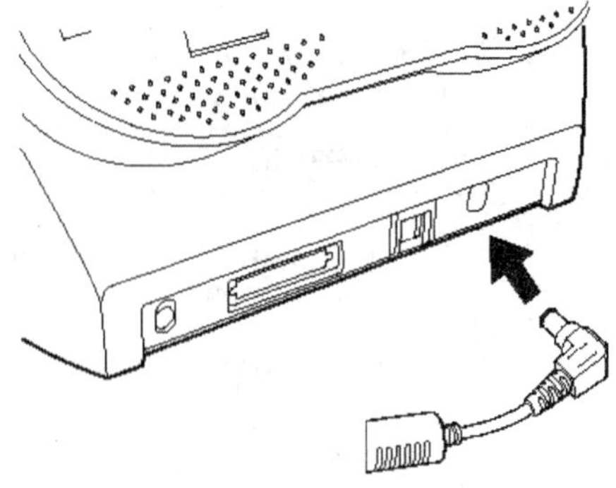

(3)将交流电缆插入电源插座。

(三) 扫描仪与 PC 机连接

(1)将 USB 接口电缆插入 USB 接口插座；

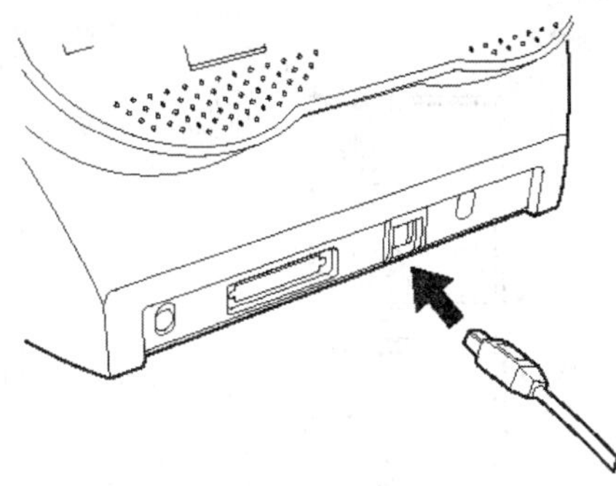

(2)将 USB 接口电缆的另一端连到 PC 机上；

(3)按下扫描仪电源按钮，功能编号显示接通扫描仪的电源。

(四) SCSI 接口电缆的连接

(1)将 SCSI 接口电缆插入 USB 接口插座直至两边卡紧；

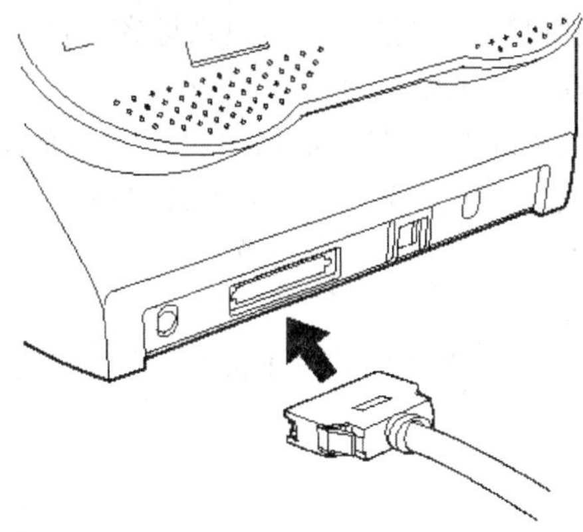

(2)将 SCSI 接口电缆的另一端连到 PC 机上。

(五) 安装扫描仪应用程序

(1)把带“SETUP”标识光盘放进光驱自动运行；

(2)执行“TWAIN32”程序安装，按照提示信息，所有参数均不改，都点“确定”或者“下一步”直到显示“完成”；

(3)执行“scandall21”程序安装，按照提示信息，所有参数均不改，都点“确定”或者“下一步”直到显示“完成”。

(4)接通扫描仪电源，重新启动电脑。

四、两款扫描仪的基本操作

(一) 按下操作面板的电源开关

此时刻设备已经接通电源，且操作面板上的绿色电源指示灯将亮起来。此外，扫描仪将开始初始化，功能编号的指示灯将显示如下变化：

“8”→“P”→“0”→“1”

状态“1”将显示在操作面板半晌，表示为就绪状态。

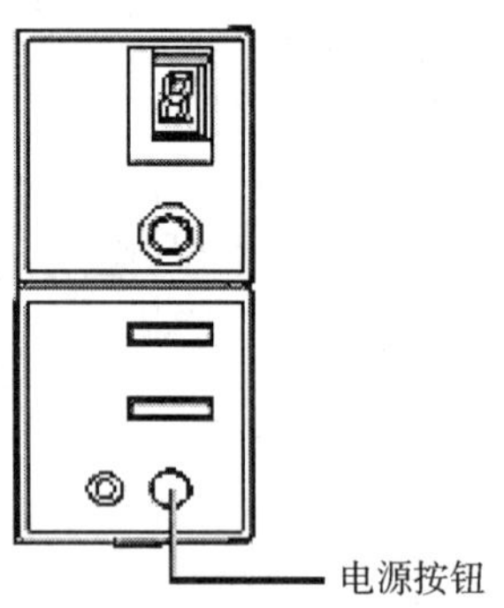

（二）在自动送纸器上加载文件

(1)对齐文件纸页的边缘，执行下列步骤：

① 要扫描的文件页排列起来，按照正面的边缘排齐，准备加载。如果两面所有的边缘都能排齐，那么扫描时就能够更加准确。

②检查要扫描的一批文件页数。在扫描仪上可以加载的文件标准数目按照如下的规则：对于A4幅面的纸页其厚度应该使堆架上纸页的厚度不大于5mm，对于A4幅面的纸页50张的最大质量为20磅或80克/平方米。

(2)按照下图，整理文件：

用手握紧，使纸张弯曲，如下图所示。用手握紧纸张的两边，使其弯曲，再使其伸直。

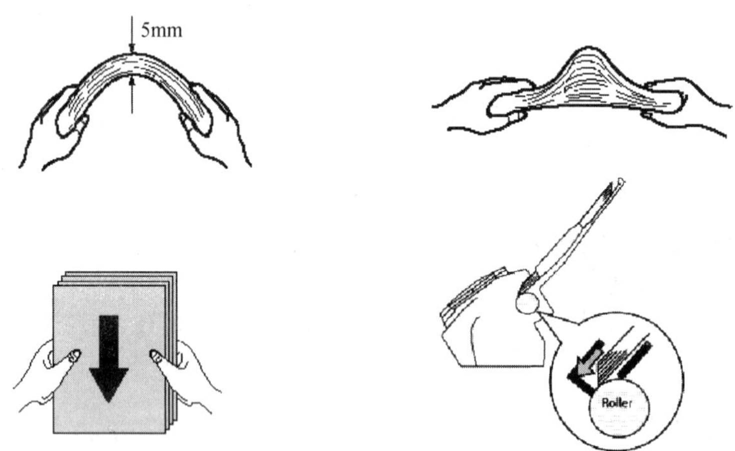

(3)将文件正面向下放在自动送纸器的进纸槽上(被扫描的第一页作为正面)，在加载文件之前，先将进纸槽的延展部分拉出来(如图)，移开导纸板(也叫侧导板)，减少文件纸页与边缘导引器之间的距离，如果它们之间有距离，有时扫描会发生文件扭斜。

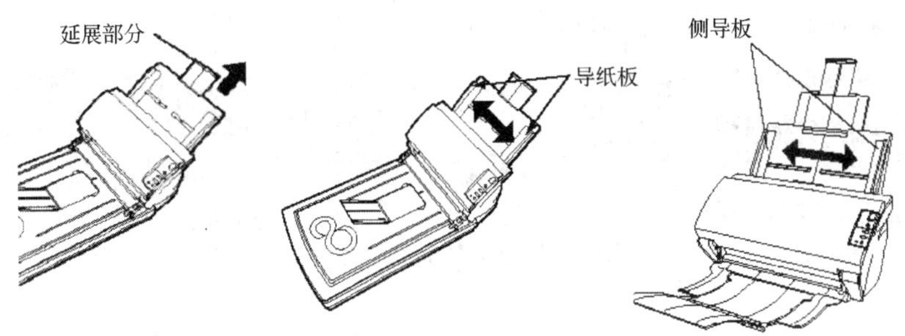

(4)在 fi-5220 扫描仪的平台上加载文件时，将文件需要扫描的一面朝下放在文件平台上。文件的左上角与平台的基准点对齐。

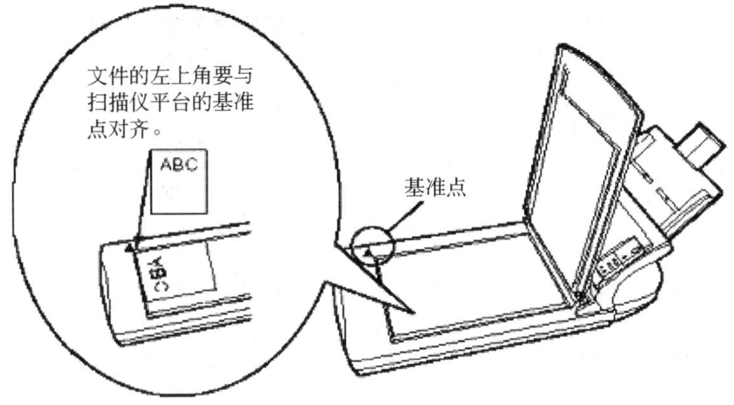

(三) 扫描文件

(1)在自动进纸器(ADF)文件滑槽或文件平台上加载文件；

(2)启动 ScanALL21，在 Scan 菜单中选择 Select Source 对话框；

(3)Select Source 对话框出现，选择要使用的扫描仪；

(4)在工具条上点击[扫描预示框内显示]；

(5)设置分辨率，纸页大小和其他扫描条件，然后点击[扫描](SCAN)按钮。

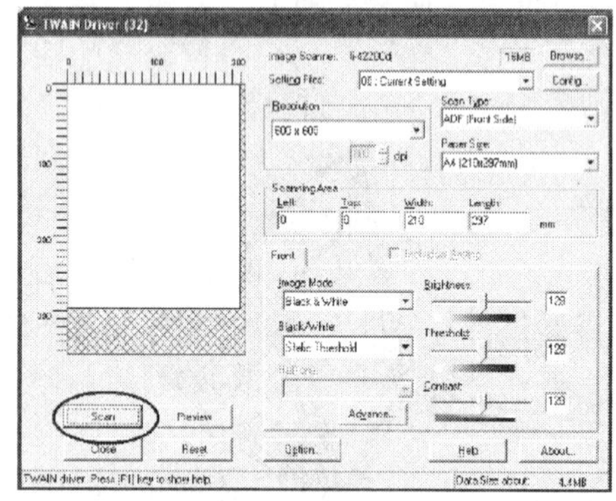

五、两款扫描仪的清洁与保养

(一) 两款扫描仪需要清洁的部位及清洁(更换)周期

1. 富士通 fi-5220c

清洁的部位	标准清洁(更换)周期
搓纸皮垫	每扫描 1 000 张纸清洁一次。其中，搓纸皮垫的标准更换周期为扫描 50 000 页或一年；抓纸辊的标准更换周期为扫描 100 000 页或一年
抓纸辊	
送纸辊	
塑料辊	
玻璃	
文档固定垫板	
文档托板	

2. 富士通 fi-5530c

清洁的部位	标准清洁(更换)周期
搓纸皮垫	每扫描 1 000 张纸清洁一次。其中，搓纸皮垫的标准更换周期为扫描 100 000 页或一年；抓纸辊的标准更换周期为扫描 200 000 页或一年
抓纸辊	
送纸辊	
塑料辊	
玻璃	
文档固定垫板	
文档托板	

（二）两款扫描仪不建议使用的纸张类型

(1)带有回形针或订书钉的纸张；

(2)带有湿墨水的纸张；

(3)厚度不均匀的纸张(例如信封)；

(4)带有较大褶皱或卷曲的纸张；

(5)折叠或撕破的纸张；

(6)描图纸；

(7)涂布纸；

(8)碳复写纸；

(9)无碳复写纸；

(10)尺寸小于 A7 或大于 A3 的纸张；

(11)其他非纸张物品：衣物，金属薄片或 OHP 胶卷；

(12)感光照相纸；

(13)侧边有锯齿的纸张；

(14)非矩形纸张。

（三）扫描仪对进纸平整度的要求

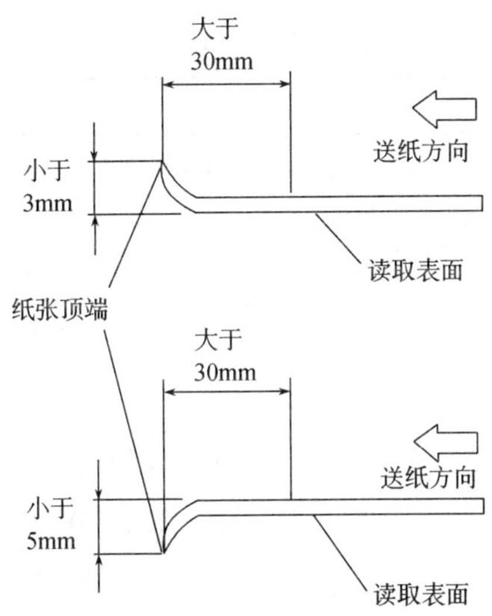

（四）耗材更换周期的指导原则

(1)打开电源时，检查扫描仪与计算机是否相连；

(2)双击计算机控制面板的“打印机及其他硬件”图标；

(3)在[打印机及其他硬件]窗口，双击[扫描仪与照相机]图标；

(4)右键点击“fi-5530Cdj”，从菜单中选择[属性]；

(5)单击“Device Set”标签。

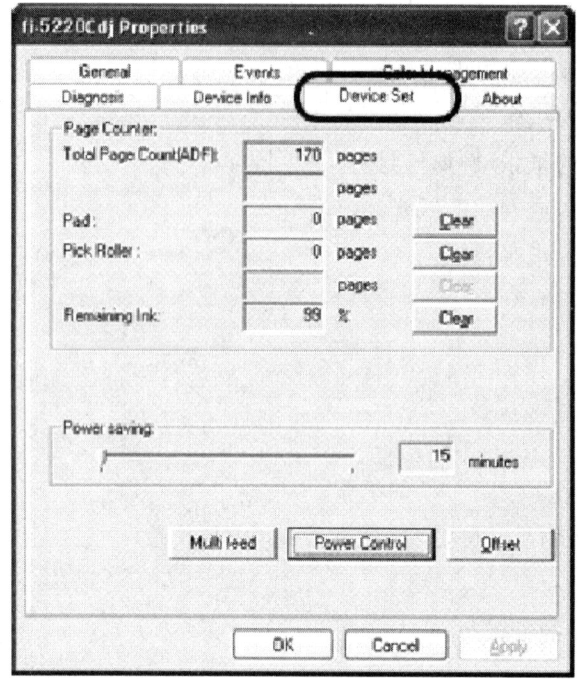

六、常见问题和解决方法

1. 临时错误

提　示	意　义
U0	运输锁故障(仅指 fi-5220C)
U1	单页送纸错误
U4	扫描期间 ADF 被打开

2. 设备警告

提　示	意　义
E0	平板马达故障
E1	光学系统故障(平板)
E2	光学系统故障(ADF 正面)
E3	光学系统故障(ADF 背面)
E4	马达保险丝熔断
E6	操作面板故障
E7	EEPROM 发生故障
E8	SCSI 接口保险丝烧断
E9	图像内存错误

3. 扫描图像中出现垂线

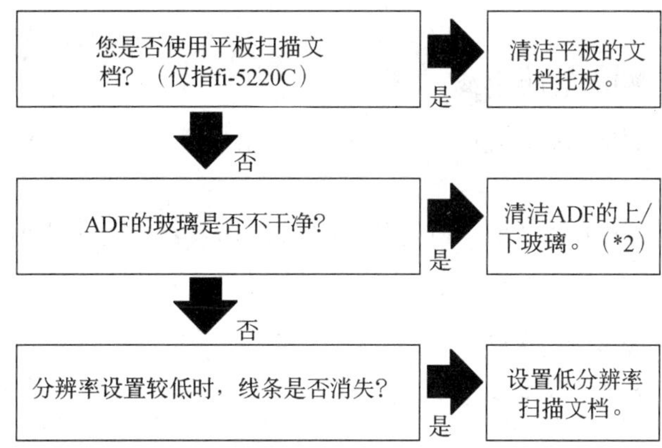

4. 频繁发生卡纸（多页送纸）错误

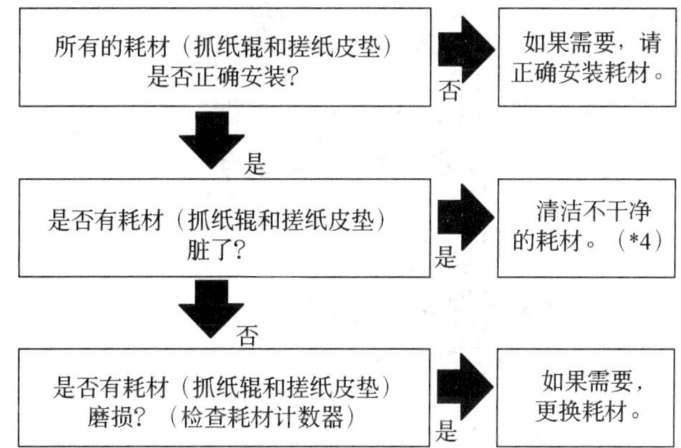

5. 频繁发生卡纸

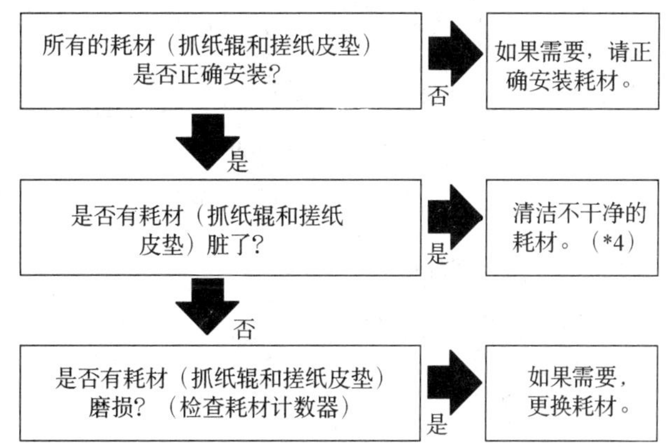

富士通 fi-6130/fi-6230 扫描仪使用说明

1.1　检查包装箱中的内容

您打开本扫描仪的包装后，请按照里面的装箱单一一检点包装盒内的部件是否齐备。

如果任何部件有缺失的情况，请与您的销售代理或富士通维修服务中心联系。请轻拿轻放扫描仪和配件。

1.2　各部件名称及功能

此节描述各部分的名称及功能。

■正面

[fi-6130]

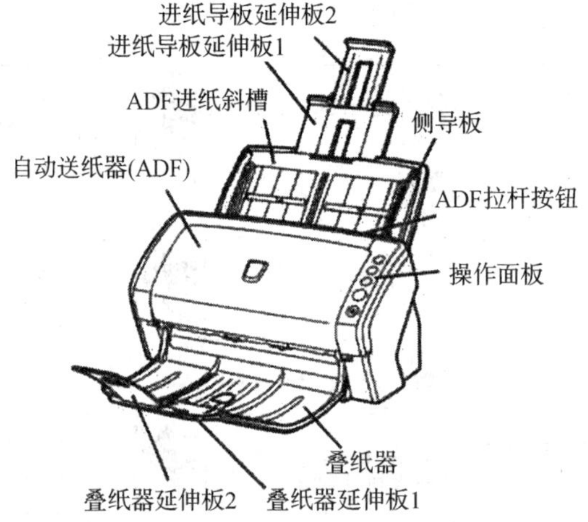

[fi-6230]

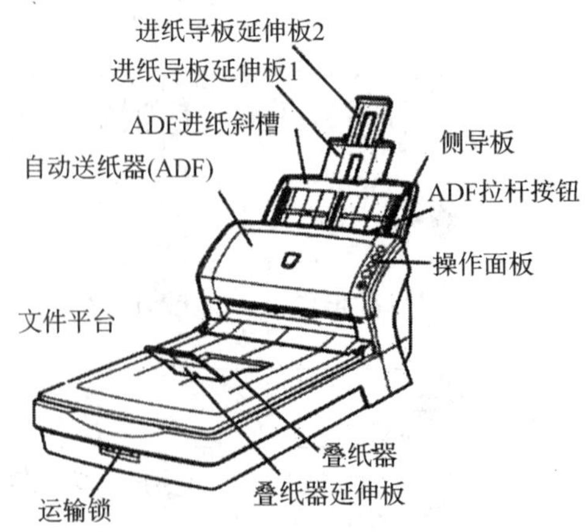

■内部

[fi-6230]

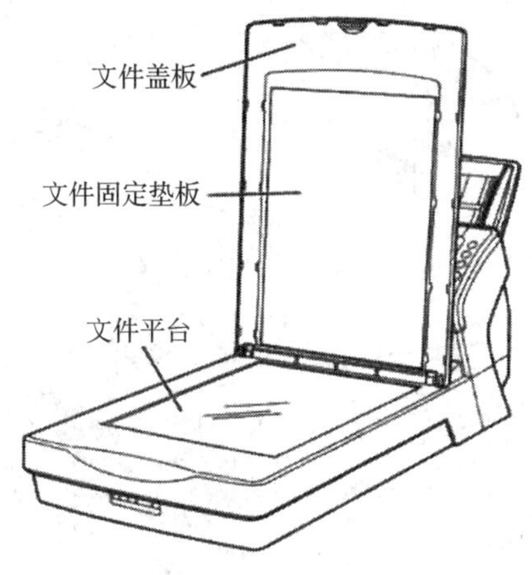

■背面

[fi-6130]

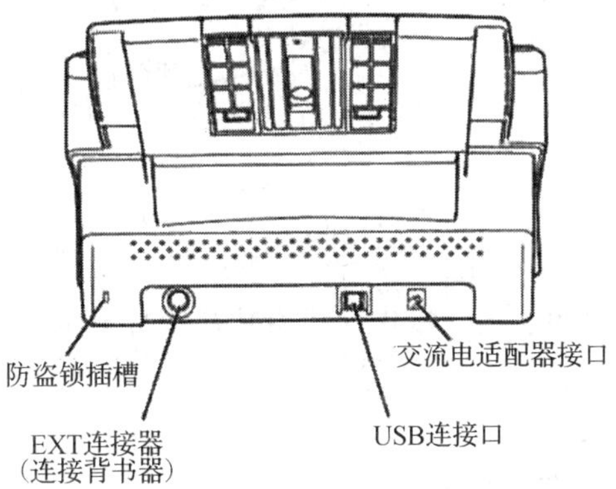

[fi-6230]

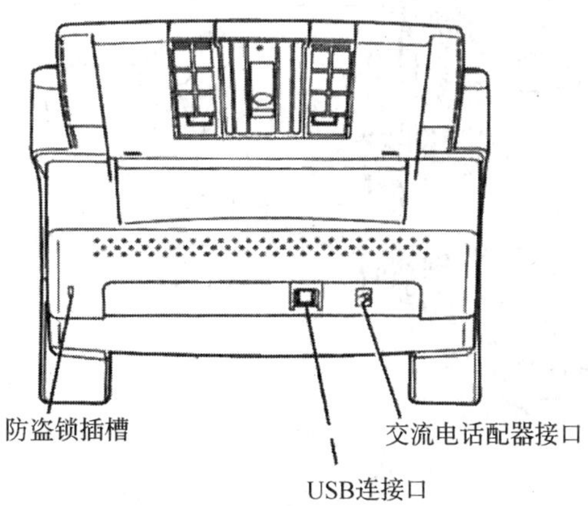

■可取下的部件

以下显示的是可从扫描仪取下的部件。

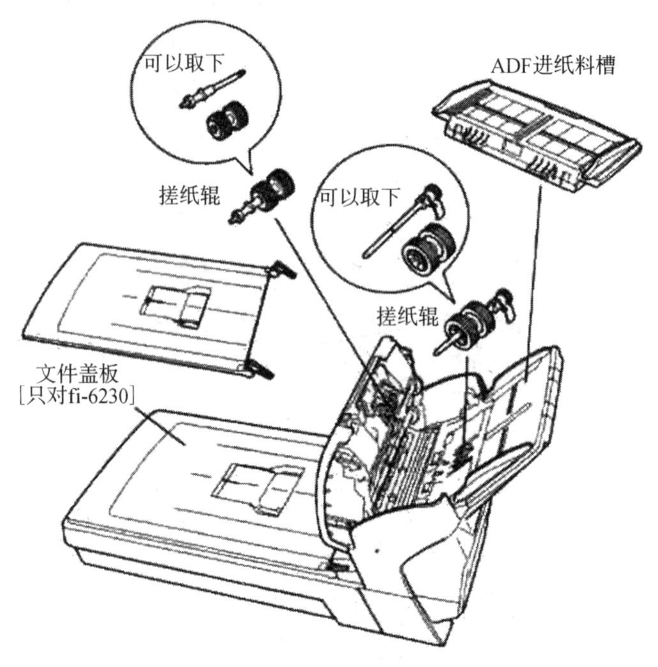

1.3　操作面板

操作面板位于扫描仪的右边。操作面板由功能编号显示、四个按钮和一个液晶指示灯构成。

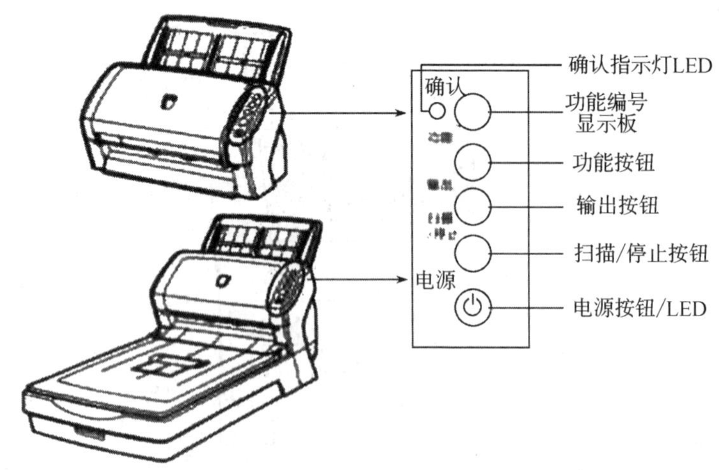

名　称		功　能
功能编号显示板		表示功能编号和出错状态。 详情请参阅下文的“功能键编号的显示”
按钮	功能	改变用输出按钮联动的功能(*)
	输出	·启动连接的应用软件(*)。 ·消除错误。
	扫描/停止	·启动连接的应用软件。 ·消除错误。 ·取消正在进行的扫描。
	电源	开关扫描仪的电源。
LED 指示灯	确认	闪烁时意味着发生了错误。
	电源	当扫描仪接通电源时点亮。

*)有关具体的功能设置，请参考安装光盘内的 FUJITSU TWAIN32 扫描驱动器的帮助以及 fi-6130/fi-6230 的操作指南。

■功能键编号的显示

No.	功　能
8	启动扫描仪时只闪现一次。
P	表示扫描仪电源已经被打开并且正在初始化。
0	表示初始化即将完成。
1	表示初始化已经成功完成。 扫描仪处于“准备就绪”状态。
J U	表示文件在扫描时发生了临时错误。会交替出现“U”或者“J”以及一个错误数字。 如果有这种错误显示，请按[扫描]或者[输出]按钮以将扫描仪返回到“1”的准备就绪状态。
E F C H A L	表示在扫描仪初始化时或者扫描期间发生了异常(警报)。会交替出现字母“E”、“F”、“C”、“H”、“A”或者“L”以及一个警告数字。如果有警告数字显示，为了让扫描仪回到就绪状态，请按[扫描]或者[输出]按钮。 如果发生这种警报，请先关掉扫描仪的电源然后再接通。如果即使再接通电源后，这个警报仍然持续出现，请与技术人员、您购买本扫描仪的商店或者授权服务提供商联系。

2.1　安装扫描仪

(1)将扫描仪放在安装地点。

有关本扫描仪的尺寸和所需的安装空间，请参阅安装光盘内“fi-6130/fi-6230 操作指南”的第 9 章“安装规格”。对 fi-6130、请参阅第 3 步。

(2)解除运输锁。

为防止扫描仪在运输过程中损坏，fi-6230 里面的搬运部件被锁在运输锁里。开锁时，请滑动位于扫描仪前方的运输锁、将其切换到解除。

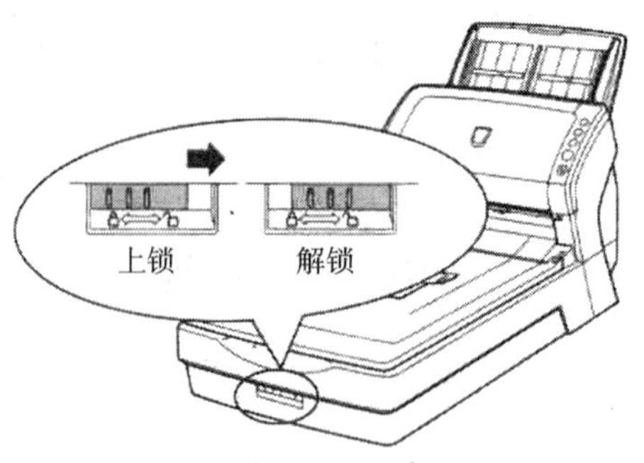

(3)将自动进纸器(ADF)配进纸斜槽。

举起 ADF 进纸斜槽，并将其插销插入扫描仪部分的插孔之中，如下图所示。

ADF 进纸槽的侧导板必须面向上方。

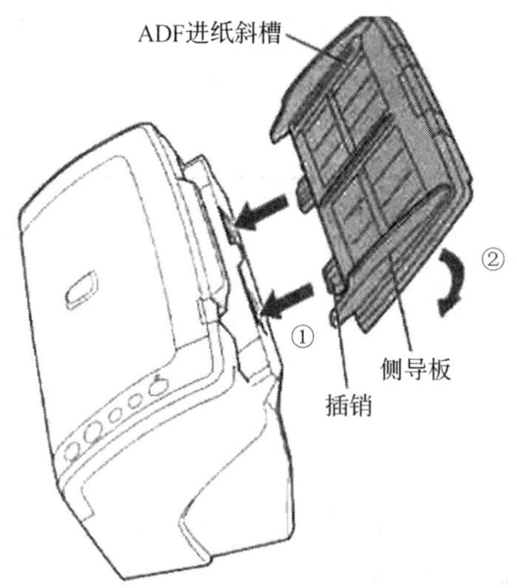

(4)连接 AC 适配器。

> **注意**
>
> 只可使用附属的 AC 适配器。

①把 AC 电源线连接到 AC 适配器。

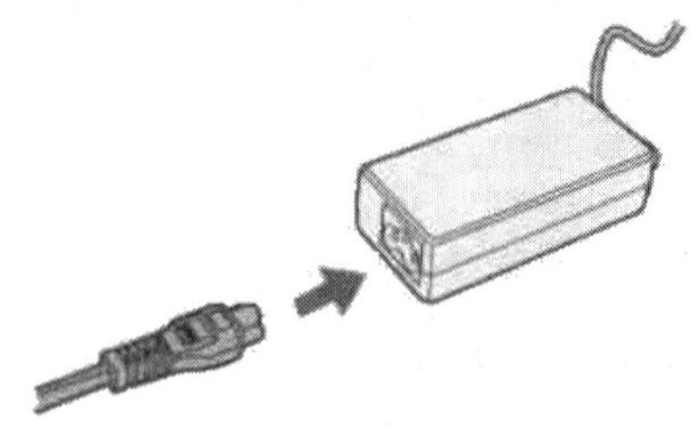

②把 AC 适配器的接头连接到扫描仪交流电适配器接口上。

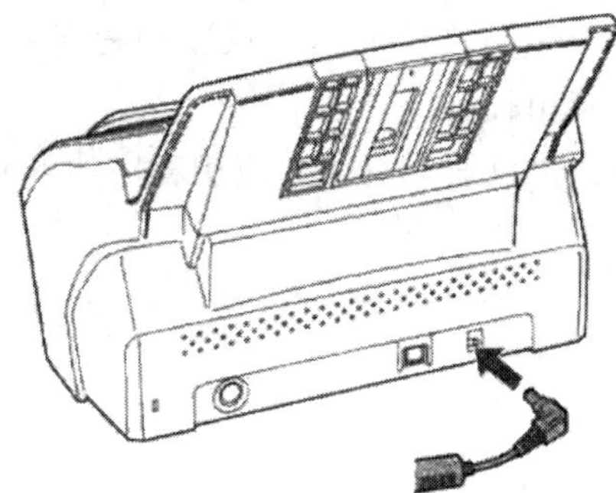

③把 AC 电源线插到电源插座上。如果想把它插到有两个插孔的插座上，请用附属的适配器插头。

> **注意**
>
> 在把适配器的插头插进插座前，请确保连接好地线。

> **提示**
>
> 当把 AC 电源线插到插座上时，扫描仪操作面板上的功能编号显示板和指示灯也许会闪一下。这是初期诊断带来的现象，并不是操作失败。

2.2　将扫描仪连接到电脑上

(1)将 USB 电源线插入 USB 接口。

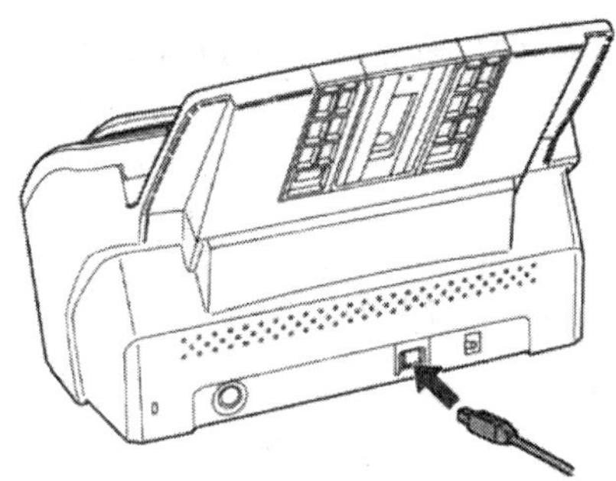

(2)把 USB 电源线的另一端接到电脑上。

> **注意**
>
> - 请使用本扫描仪配备的 USB 电源线。
>   不保证另外购置的 USB 电源线在使用时不会出现问题。
> - 如果使用 USB 集线器时，务必要把扫描仪连接到距离电脑最近的一级 USB 集线器上。如果连接到二级或更远的 USB 集线器上，扫描仪可能无法正常工作。
> - 如果使用 USB 2.0 做连接，请使用与 USB 2.0 兼容的 USB 端口及集线器。若使用 USB 1.1 进行连接，扫描速度可能会下降。

2.3　安装扫描仪软件

扫描文档需要安装用于操作扫描仪的扫描仪驱动程序和用于启动驱动程序并执行扫描的扫描软件(以下称为“应用程序”)。

与本扫描仪同时提供的扫描仪驱动程序和应用程序如下所示：

· 扫描仪驱动程序

FUJITSU TWAIN 32(⇨第 4 页)

FUJITSU ISIS(⇨第 5 页)

· 扫描应用程序

ScandAll PRO(⇨第 6 页)

(同时支持 FUJITSU TWAIN32 和 ISIS)

请安装以上扫描仪驱动程序之一和 ScandAll PRO.

> 注意
>
> 也为了能用 VRS 图像处理选项，请确保安装 FUJITSU TWAIN 32 或者 FUJITSU ISIS 的任一扫描仪。
>
> 安装以上任一扫描仪驱动程序都要安装“软件操作面板”，因为需要用此应用程序来改变扫描仪的设置。

以下的章节描述如何安装各个驱动程序和应用程序。

另外，本扫描仪与以下软件应用程序是配套的，为充分利用本扫描仪，请配套使用。

· 错误恢复向导(⇨第 6 页)

当扫描仪出现错误时，电脑屏幕上会显示扫描仪发生的问题所在以及如何解决问题的相关信息。

· 图像处理软件选项

《试用版》(⇨第 7 页)

为处理二元扫描图像的选用应用程序。

· QuickScan Pro™

《试用版》(⇨第 7 页)

此应用程序是符合 ISIS 规格的应用程序，用于扫描图像。本扫描仪附有此应用程序的试用版。

· Adobe Acrobat(⇨第 7 页)

此应用程序是以 PDF 格式制作、管理和使用数码化文档时的工业标准应用程序。

以下描述的是如何安装各种驱动程序和应用程序。

对于 FUJITSU TWAIN32 扫描仪驱动程序

FUJISTU TWAIN 32 是符合 TWAIN 规格的扫描驱动程序。

如果用 TWAIN 规格的应用程序使用本扫描机，请按以下步骤安装 FUJISTU

TWAIN 32。

■**准备**

在安装应用程序之前，请确认以下的物件。

· 请把安装光盘从包装中取出，但是暂时不要把光盘插入 CD 驱动器。

· 将扫描仪与电脑正确连接。

有关如何连接本扫描仪，请参阅第 3 页“2.2 将扫描仪连接到电脑上”。

· 如果电脑里已经安装有旧版的 FUJITSU TWAIN 32 驱动程序，需要先卸载。

注意

在[控制面板]的[添加或删除程序]中卸载[Scanner Utility for Microsoft Windows]。

■**安装 FUJISTU TWAIN 32 扫描仪驱动程序**

本节使用 Windows XP 屏幕快照为例子。根据您使用的操作系统，显示的窗口和操作方式可能会稍微不同。

(1)按下电源开关启动员扫描仪。

(2)启动电脑并登录 Windows。

注意

请以有“管理员”权限的用户名登录。

(3)当扫描仪被自动检测到时，会出现[找到新硬件向导]或[添加新硬件向导]的对话栏。单击[取消]关闭向导对话栏。

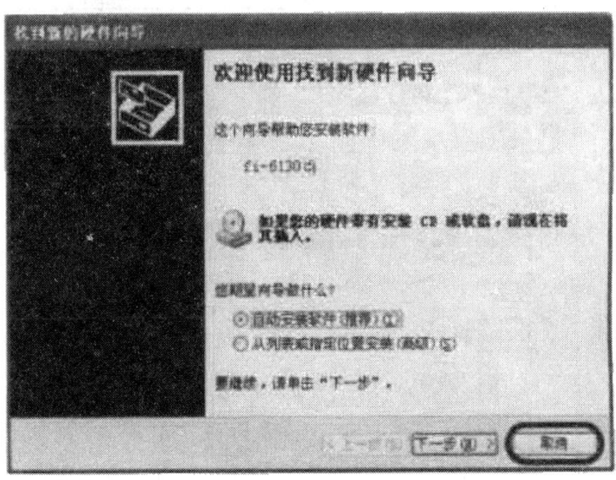

(4)把安装光盘插入 CD 驱动器。

⇨(安装盘启动画面)出现。

> 注意
>
> 如果“自动播放”功能没有被启用时，也许不会显示此画面。在这种情况下，在“资源管理器”或“我的电脑”中直接运行光盘上的“Install. exe”。

(5)单击[产品安装]，然后单击[TWAIN 驱动]。

(6)屏幕显示 Error Recovery Guide 的安装对话栏。Error Recovery Guide(错误恢复向导)是当扫描仪出现问题，在屏幕上显示出错误信息以及修正方法的应用程序。此向导有助于解决问题，所以请选择[是]来安装它。当然也可以选择以后再安装。

> 注意
>
> 当您对安装 Error Recovery Guide 选择[是]时，“选择设置语言”窗口会出现。选择一种语言并按照屏幕显示的指令操作。当安装结束时会自动显示 Error Recovery Guide 的对话栏。请等到 TWAIN 驱动程序安装自动开始为止。

(7)在[选择设置语言]对话栏里选择一种语言然后单击[下一步]。

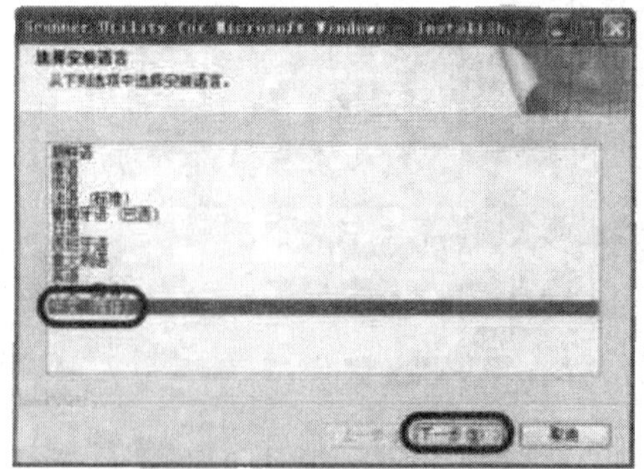

(8)按照屏幕显示的指示继续安装。

(9)当[InstallShield Wizard 完成]对话栏出现时，单击[完成]。

> 注意
>
> · 根据操作系统的不同，电脑有可能先关闭然后再重新启动。这种情况下，电脑会在重新启动后检测到扫描仪。请等到电脑完全重新启动后再将安装光盘从CD驱动器中取出来。
>
> · 根据操作系统的不同，下列操作也许有必要执行：
>
> 对 Windows 2000：
>
> 如果屏幕显示[找不到数字签名]对话栏，单击[是]。
>
> 对 Windows Vista：
>
> 如果显示[找到新硬件]对话栏，请选择[安装驱动软件]，之后如果出现[用户帐户控制]对话栏，则单击[继续]按钮。

FUJITSU TWAIN 32 的安装到此完成。

接下来是 ScandAll PRO 的安装。(⇨第 6 页)

> 注意
>
> 要确认 FUJITSU TWAIN 32 的安装是否成功，请用支持 TWAIN 规格的扫描软件、例如 ScandAll PRO，进行一次扫描。关于如何使用 ScandAll PRO 进行扫描请参照第 8 页“2.4 确认安装。”

对于 FUJITSU ISIS 扫描仪驱动程序

FUJITSU ISIS 是适应 ISIS 规格的扫描驱动程序。如果用 ISIS 规格的应用程序使用本扫描机，请按以下步骤安装 FUJISTU ISIS。

■准备

在安装应用程序之前，请确认以下的项目。

· 请把安装光盘从包装中取出，但是暂时不要把光盘插入 CD 驱动器。

· 将扫描仪与电脑正确连接上。

> 
>
> 有关如何连接本扫描仪，请参阅第 3 页“2.2 将扫描仪连接到电脑上”。

■安装 FUJITSU ISIS 扫描仪驱动程序

> 
>
> 本节使用 Windows XP 屏幕快照为例子，根据您使用的操作系统，显示的窗口和操作方式可能会稍微不同。

(1)按下电源按钮打开扫描仪的电源。

(2)启动计算机并且登录 Windows。

> **注意**
>
> 请以有“管理员”权限的用户名登录。

(3)如果扫描仪被自动检测到，会出现[找到新的硬件向导]或[添加新硬件向导]的对话框。单击[取消]关闭向导窗口。

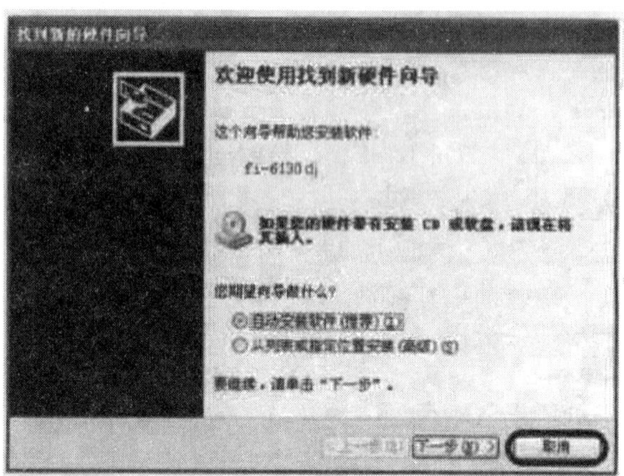

(4)把安装光盘插入 CD 驱动器。

⇨(安装光盘启动画面)出现。

> **注意**
>
> 当您的光驱的“自动播放”功能没有被启用时，这个屏幕也许不会出现。在这种情况下，在“资源管理器”或“我的电脑”中直接运行光盘上的“Install. exe”。

(5)单击[产品安装]，然后单击[ISIS 驱动]。

(6)显示 Error Recovery Guide 安装对话栏。

Error Recovery Guide 是当扫描仪出现错误时，在屏幕上显示故障信息和排除故障信息的一个应用程序。因为它有助于解决问题，所以请选择[是]来安装，当然也可以选择以后再安装。

> 注意
>
> 当您对安装 Error Recovery Guide 选择[是]时，会出现[选择设置语言]对话栏。请选择一种语言并按照屏幕显示的指令操作。安装结束时 Error Recovery Guide 对话栏会自动显示出来。请等到 ISIS 驱动程序安装自动开始为止。

(7)在[选择设置语言]对话栏选择一种语言并单击[下一步]。

(8)按照屏幕显示的指示继续安装。

(9)[InstallShield Wizard 完成]对话栏出现后，单击[完成]。

电脑将会重新启动而扫描仪将会被探测到。请在电脑完全重新启动后再从 CD 驱动器取出安装光盘。

> 注意
>
> 根据您的操作系统，也许有必要执行下列操作。
>
> 对 Windows 2000：
>
> 如果屏幕显示[找不到数字签名]对话栏，单击[是]。
>
> 对 Windows Vista：
>
> 如果显示[找到新的硬件]对话栏，选择[安装驱动软件]，之后如果出现[用户账户控制]对话栏，请单击[继续]。

FUJITSU ISIS 的安装到此完成。

下一步安装 ScandAll PRO。(⇨第 6 页)

> 注意
>
> 要确认 FUJITSU ISIS 的安装是否成功，请用支持 ISIS 规格的扫描软件、例如 ScandAll PRO，进行一次扫描。关于如何使用 ScandAll PRO 进行扫描请参照第 8 页“2.4 确认安装”。

ScandAll PRO

ScandAll PRO 是用于扫描图像的软件，它同时支持 WAIN/ISIS 两种规格。将 ScandAll PRO 和 FUJITSU TWAIN 32 或者 FUJITSU ISIS 连用起来即可创建文档图像。

> 注意
>
> 注意请以有“管理员”权限的用户名登录。

(1)把安装光盘插入 CD 驱动器。

⇨(安装盘启动画面)出现。

(2)单击[产品安装]，然后单击[ScandAll PRO]。

(3)在[选择设置语言]对话栏选择一种语言并单击[确定]。

(4)按照屏幕显示的指示继续安装。

(5)[InstallShield Wizard 完成]对话栏出现后，单击[完成]。

> 提示
>
> 有关 ScandAll PRO 的特点，可以到 ScandAll PRO 的帮助主题中查找。

Error Recovery Guide 错误恢复向导

如果您的电脑已经安装了错误恢复向导，那么当扫描仪出现问题时您只需要按照屏幕显示的指示就能消除故障。如果您没有在安装驱动程序时一起安装错误恢复向导，请按以下步骤进行安装。

(1)把安装光盘插入 CD 驱动器

⇨(安装盘启动画面)出现。

(2)单击[产品安装]，然后再单击[Error Recovery Guide]。

(3)在[选择设置语言]窗口选择一种语言并单击[下一步]。

(4)按照屏幕显法的指示继续安装。

(5)[InstallShield Wizard 完成]对话栏出现后，单击[完成]。

图像处理软件选项(试用版)

关于安装图像处理软件选项(试用版)的详细内容，请参阅“图像处理软件选项用户指南”

QuickScan Pro™(试用版)

“QuickScan Pro™”是符合 ISIS 规格的图像捕捉软件。本软件和 FUJISTU ISIS 配套使用的话，就可用扫描仪扫描文档。请按以下步骤安装本扫描仪附带的 QuickScan Pro™的试用版。

> 注意
>
> 请以有“管理员”权限的用户名登录。

(1)把安装光盘插入 CD 驱动器。

⇒(安装盘启动画面)出现。

(2)单击[产品安装]。然后单击[QuickScan Pro(试用版)]。

(3)[Welcome to the InstallShield Wizard for QuickScan 4.5]对话栏出现后单击[Next]。

(4)[Customer Information]对话栏出现后，输入必要的信息，然后单击[Next]。

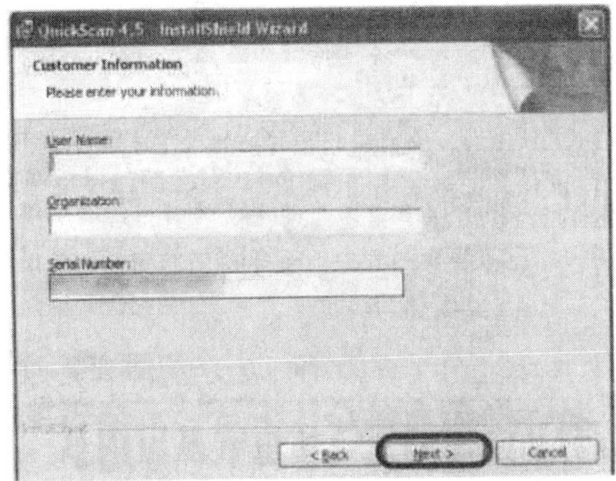

> 注意
>
> 安装光盘内的“QuickScan Pro™”是使用次数有限的试用版，您可以使用 30 次。如果您希望使用本产品，请考虑购买完全版。(当您安装试用版时，请不要更改显示的 Serial Number)

(5)按照屏幕显法的指示继续安装。

> 提示
>
> 关于 QuickScan Pro™ 的特点和操作，请到“QuickScan Overview”或者“QuickScan 帮助”查询。
>
> 从[开始]菜单选择[所有程序]→[EMC Vaptiva]→[QuickScan]，然后选择目标文件。

Adobe Acrobat

请用本扫描仪附带的“Adobe Acrobat CD 盘”安装 Adobe Acrobat。

> 提示
>
> 为显示储存在光盘内的指南，必须要安装 Adobe Acrobat。
>
> • 如果您已经安装了 Adobe Acrobat，就无需再安装 Adobe Acrobat。

(1)将 Adobe Acrobat 光盘插入 CD 驱动器。

⇒屏幕上会出现[Adobe Acrobat]对话栏。

> 注意
>
> 如果“自动播放”的设置处于停止状态，可能就不会出现[Adobe Acrobat]的对话栏，这种情况下，请通过“资源管理器”或“我的电脑”在光盘上直接运行。

(2)以下的对话栏出现时，请单击图标。安装即会开始、出现设置对话栏。

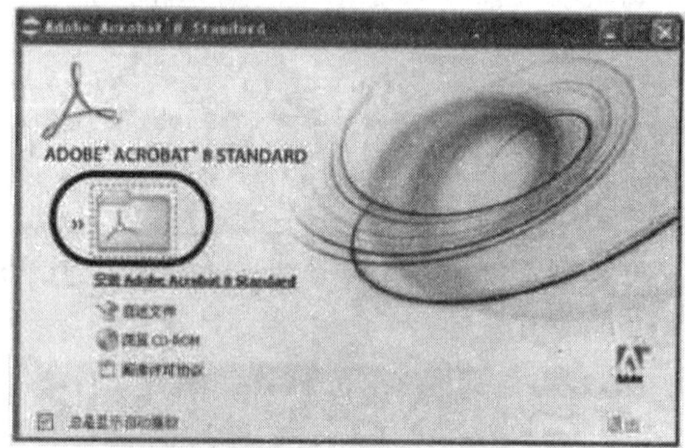

(3)以下的对话栏出现时，请单击[下一步]按钮。

(4)请按照屏幕显示的指示安装应用程序。

> 提示
>
> 有关如何安装 Adobe Acrobat，请参阅第二步屏幕显示的[自述文件]对话栏。
> 关于如何操作 Adobe Acrobat，请参阅 Adobe Acrobat 的帮助主题。

注意

使用 Adobe Acrobat 时的注意事项

使用 Acrobat 将扫描的文档转换成 PDF 文件时，在下列情况下输出的图像可能异常：

(1)Acrobat 设定为“为缘阴影去除”，同时 TWAIN 启动程序设定为“Digital Endorse”或“黑色背景”时，图像中嵌入的字符串或背景部分可能被忽略。

解决方法 1:在 Acrobat 中将“边缘阴影去除”设定为“关闭”，或将“压缩”下“彩色/灰度”和/或“单色”设定为“自适应”以外的选项。([文件]→[创建 PDF]→[从扫描仪→选项])

解决方法 2:调整 TWAIN 驱动程序的扫描浓度。

(2)Acrobat 中“压缩”下“彩色/灰度”和/或“单色”设定的是“自适应”，而且扫描分辨率比 Acrobat 推荐的要低。

解决方法:选用“自适应”以外的压缩选项。

(3)因为 Acrobat 不能扫描比 Double letter(11×17 英寸)或 A3 更大的文件，当 TWAIN 驱动程序设为“预留扫描”时，扫描可能失败。

解决方法:扫描 Double letter(11×17 英寸)或 A3 文件时，请勿设定“预留扫描”。

* 欲了解关于 Acrobat 的详细使用信息，请参见 Acrobat 帮助中的“从扫描的文档创建 PDF”。

Adobe 产品的支持和用户注册

有关详情请参阅 Adobe Acrobat 光盘上的[Customer Support](客户支持)文件夹中的技术支持信息。(注意:本产品为成套产品，不提供直接的客户支持。)

2.4 确认安装

本节说明如何用 ScandAll PRO 确认安装后的扫描仪驱动程序是否正常操作。请按照以下步骤确认扫描仪驱动程序已被正常安装。

(1)把文档放到扫描仪上。

有关置放文档的详情，请参阅安装光盘内 fi-6130/fi-6230 操作指南中的 2.2 章节。

(2)启动 ScandAll PRO。

从[开始]菜单选择[所有程序]→[Fujitsu ScandAll PRO]→[Fujitsu ScandAll PRO]。

⇒ScandAll PRO 启动。

(3)在 ScandAll PRO 的菜单上选择[工具]，然后选择[选项设置]。

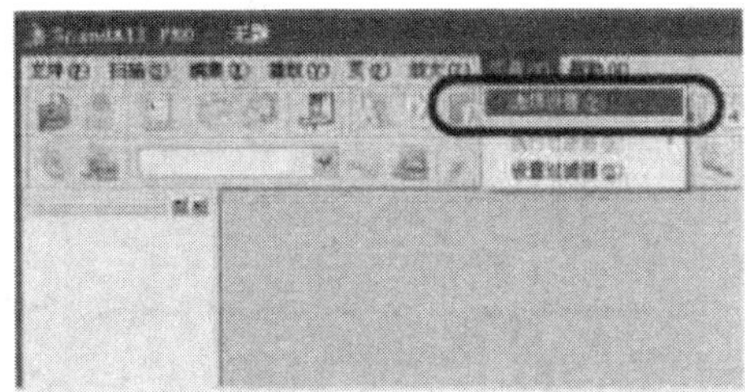

⇒然后会显示[设置]对话栏。

(4)在[扫描]栏里选择驱动程序。

如果要确主 FUJITSU TWAIN32 的安装选择[TWAIN]。

如果要确认 FUJITSU ISIS 的安装则选择[ISIS]。

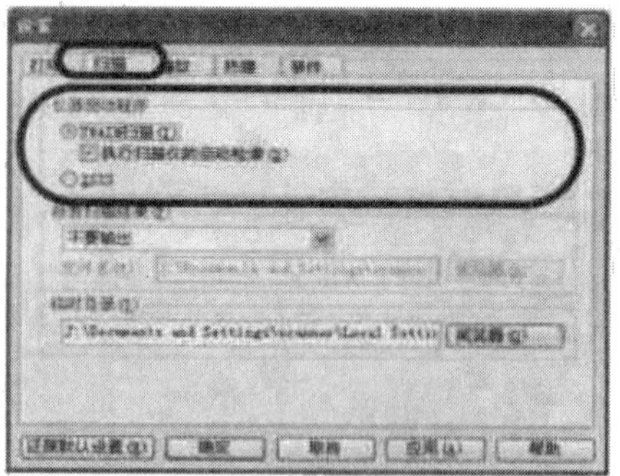

(5)单击[确定]关闭设置对话栏。

(6)从 ScandAll PRO 菜单上选择[扫描]、然后选择[选择扫描仪]。

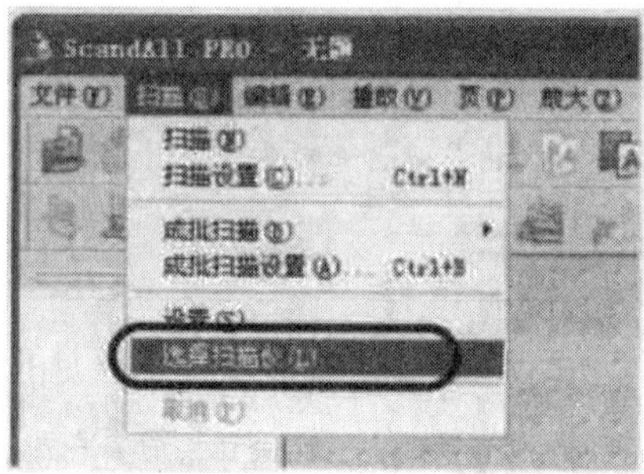

(7)从显示的对话栏中选择扫描仪。

如果使用 FUJITSU TWAIN32；

选择[FUJTSU fi-6130dj]或者[FUJITSU fi-6230dj]、然后单击[选择]。

如果使用 FUJITSU ISIS；

选择[FUJITSU fi-6130]或者[FUJITSU fi-6230]、然后单击[选择]。

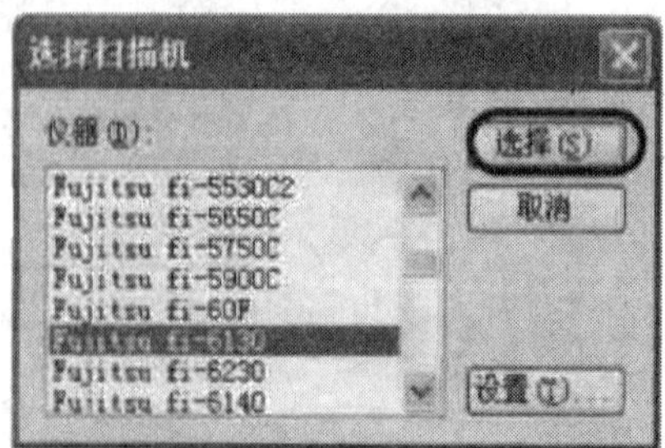

(8)从菜单上选择[扫描]，然后选择[扫描设置]。

(9)在[扫描设置]对话栏，清除[保存到文件上]的选择框的选择。

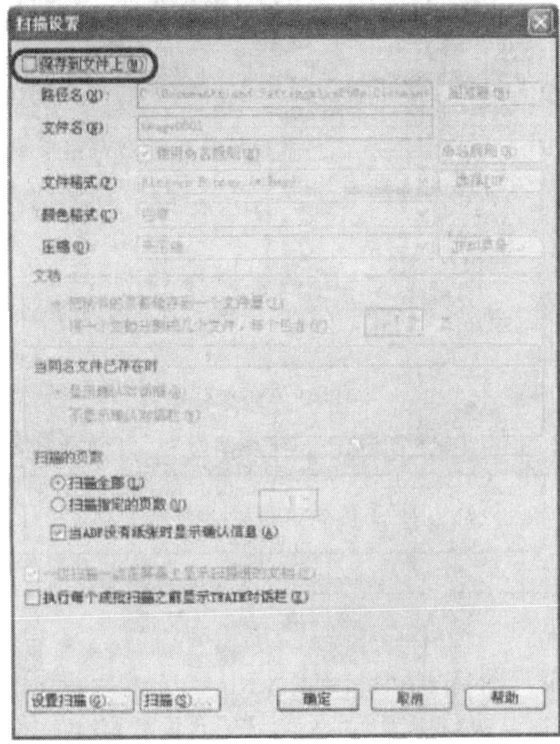

提示

因为您现在只是在检验操作，所以无需保存到文件上。

(10)单击[设置扫描]。

⇒屏幕会显示可以让您设定扫描仪设置的对话栏。

(11)扫描仪设置可以设定诸如分辨率和纸张尺寸。

如果使用 FUJITSU TWAIN32，在下面所示的对话栏里设定扫描设置，然后单击[OK]。

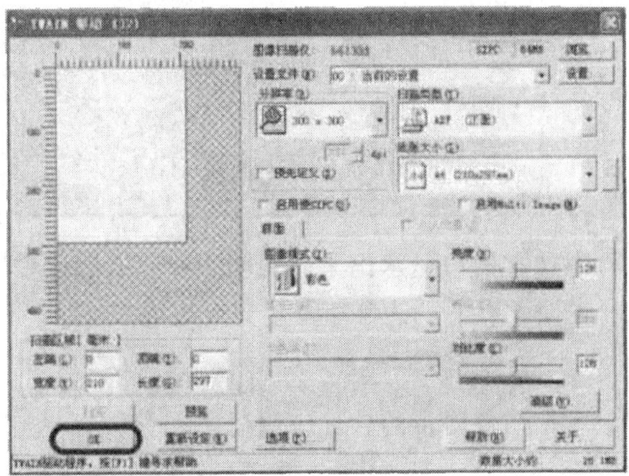

如果使用FUJITSU ISIS，在下面所示的对话栏里设定扫描设置，然后单击[确定]。

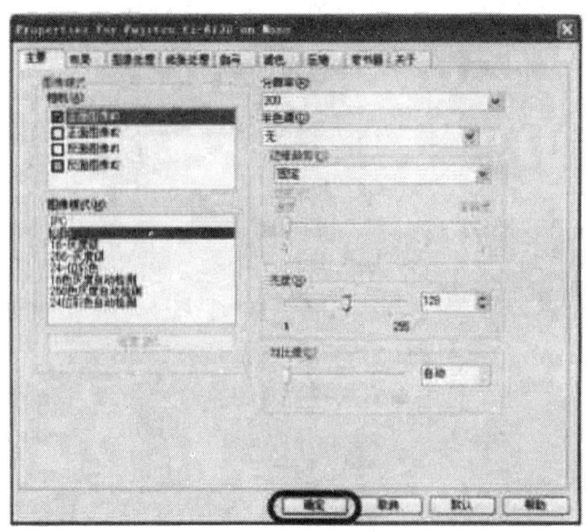

⇒之后转回(扫描设置)对话栏。

(12)单击[扫描]。

> 提示
>
> 如果您使用的是FUJITSU TWAIN32，可能会再次出现TWAIN驱动程序设置的对话栏。那时请单击对话栏的[扫描]键。

⇒文档会被扫描，扫描后的图像会在[ScandAll PRO]的窗口显示。

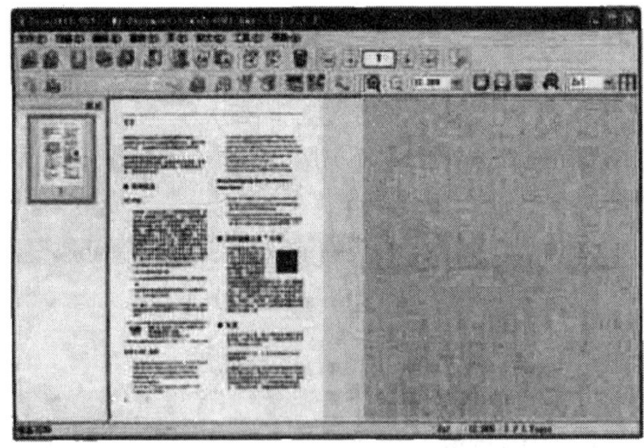

如果扫描后的文档图像在窗口显示出来就说明扫描驱动程序安装成功。

关于如何扫描文档的具体信息，请参照安装光盘里的"fi-6130/fi-6230操作指南"。

2.5　卸载

以下介绍如何卸载本扫描仪附带的软件应用程序。

提示

本节使用 Windows XP 屏幕快照为例子。根据您使用的操作系统，显示的窗口和操作方式可能会稍微不同。

(1)启动电脑。

注意

请以有“管理员”权限的用户名登录。

(2)请关闭所有应用程序。

(3)从[开始]菜单，选择[控制面板]⇨[添加或删除程序]。

⇒在[添加或删除程序]对话栏里可以看到已经安装的程序列表。

(4)选择需要删除的程序。

· 若要删除 FUJITSU TWAIN32，请选“Scanner Utility for Microsoft Windows”。

· 若要删除 ScandAll PRO，请选“Fujitsu ScandAll PRO”。

· 若要删除 FUJITSU ISIS，请选“Fujitsu ISIS Drivers”。

· 若要删除错误恢复向导，请选“Error Recovery Guide”。

· 若要删除软件操作面板，(下载 FUJITSU TWAIN32/ISIS 时软件操作面板也被自动下载)，请选“Software Operation Panel”。

· 若要删除 QuickScan Pro™，请选“QuickSean”。

提示

· 关于如何卸载图像处理软件选项(试用版)，请参阅“图像处理软件选项用户指南”。

· 关于如何卸载 Adobe Acrobat，请参阅 Adobe Acrobat 的“自述文件”。

(5)点击[更改/删除]或[删除]。

(6)若出现删除确认对话栏，请单击[确定]键或[是]键。

⇒点击后即开始删除。

注意

根据使用的操作系统，屏幕显示可能会有所不同，请按照屏幕显示的指令操作。

例如：

如果在 Windows2000，窗口和按钮的名称为如下所示：

· [添加/删除程序]⇨[添加/删除应用程序]

· [更改/删除]按钮⇨[添加/删除]按钮。

如果在 Windows Vista，窗口和按钮的名称为如下所示：

· [更改/删除]⇨[卸载/更改]

■疑难解答自行检查表

出现问题	检查内容	解决办法
扫描仪无法启动	是否按下扫描仪上的电源按钮？	按下扫描仪上的电源按钮。
	AC 电源线和 AC 适配器是否正确连接上扫描仪？	请正确连接交流电源线和交流适配器。
		请拔掉电源线和交流适配器，重新连接。如果这样还不能恢复电源，请与您购买本扫描仪的分销商或者经富士通授权的扫描仪售后服务中心联系。
	Windows 是否正常启动？	在 Windows 完全启动之后再按下电源按钮。
扫描没有进行	文档是否正确地被放置到自动送纸器(ADF)上？	重新排列并把文档重新放置在 ADF 上。
	ADF 被完全盖上了吗？	完全盖上 ADF。
	USB 电源线是否被连接好？	连接电缆。(如果使用的是 USB 集线器，请查看集线器的电源供应。)
	功能编号显示板是否显示警报或错误？	当功能编号显示板显示警报或错误时，请参阅 fi-6130/fi-6230 操作指南中的“第 6 章；疑难解答”以解除警报或错误。
扫描没有进行	重新启动扫描仪后，警报状态依旧存在吗？	关上再打开电源按钮。 如果这样还不能解除警报状态，请与您购买本扫描仪的分销商或者经富士通授权的扫描仪售后服务中心联系。

柯达 i160 扫描仪使用说明

一、扫描仪的外观

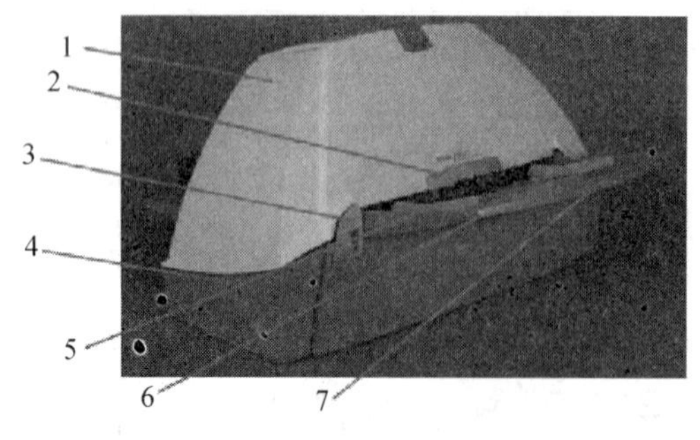

前端

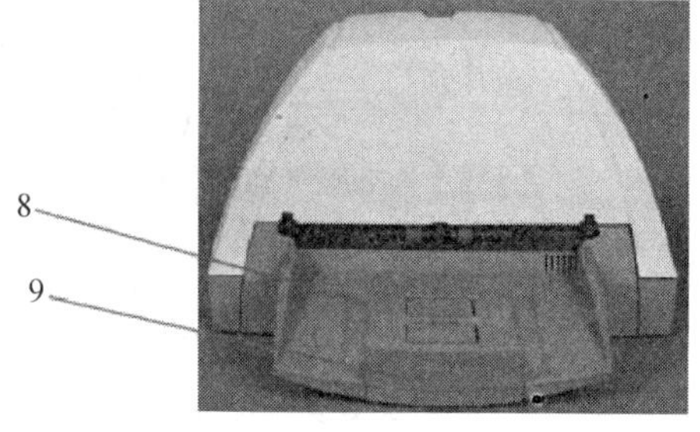

后端

1. 扫描仪盖板　2. 间隙释放杆　3. 扫描仪盖板释放　4. LED　5. 纸张导板
6. 输入托盘　7. 输入托盘扩展器　8. 输出托盘　9. 输出托盘扩展器

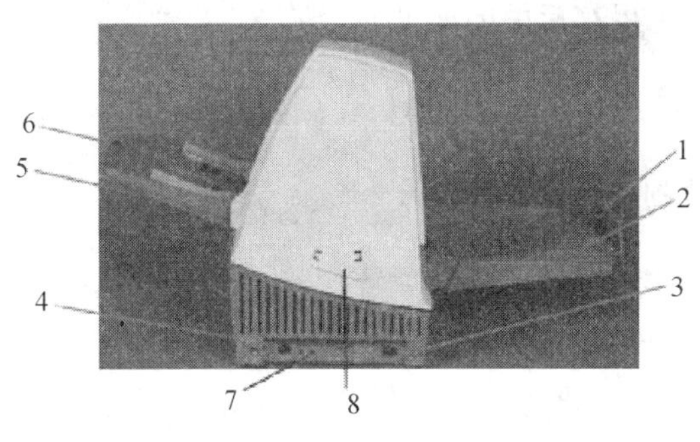

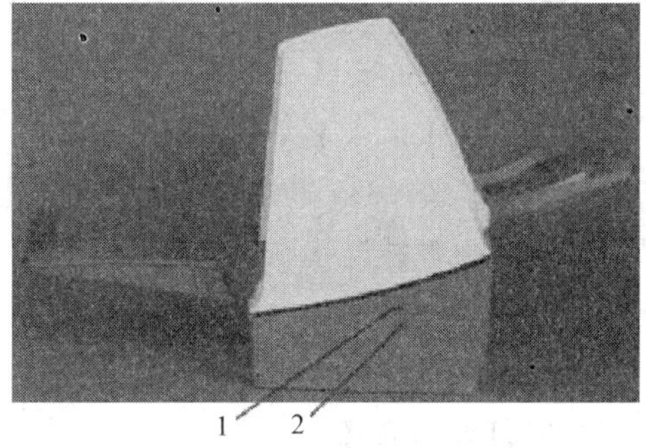

侧面

1. 输出托盘扩展器
2. 输出托盘
3. IEEE－1394(FireWire)端口
4. 电源输入
5. 输入托盘
6. 输入托盘扩展器
7. 服务 LED
8. 上部成像导轨的通道门仅限于 i160 型扫描仪

1. 红色指示灯
2. 绿色指示灯

1. 分纸模块　2. 法向力滚筒　3. 后驱动滚筒盖　4. 前驱动滚筒盖　5. 进纸模块

二、扫描仪的安装

1. 驱动程序的安装

(1)在完成驱动程序安装前，请勿将扫描仪插电或连接至计算机；

(2)插入扫描仪驱动程序光盘，安装程序自动运行后，双击"i100_SVT_5_18.exe"；

(3)选择 U.S. English，点击"ok"；

(4)点击"Next>"、"I Agree >"、"Finish"等默认设置，完成扫描仪驱动程序的安装。

2. CS_Lite_C_69 扫描软件的安装

(1)插入安装光盘，点击"CS_Lite_C_69.exe"开始安装扫描软件；

(2)按照系统默认设置，完成扫描软件的安装；

(3)如软件不能正常启动，找到 c:\windows\mvcs50.ini，双击打开，将"Scanner-

AutoDetect=<0>”中的，或者“1”改成“0”。保存后关闭即可。

3. 扫描仪的安装

(1)安装 kodak 驱动程序软件；

(2)确认有 1394 连接，并使用电缆连接扫描仪和 PC；

(3)将电源线连接到扫描仪；

(4)设置输入和输出托盘；

(5)将扫描仪解锁；

(6)打开扫描仪；

(7)重新启动 PC 以完成 kodak 驱动程序软件安装；

(8)安装供应的其他应用程序(可选)。

4. 安装扫描仪的最佳系统要求

(1)Intel Pentium IV，2.5GHz 处理器；

512MB RAM 用于以 400dpi 扫描长度不超过 35.56 厘米的彩色、灰度或黑白文档；

2GB RAM 用于以 400dpi 扫描长度不超过 86.36 厘米的彩色、灰度或黑白文档；

2GB RAM 用于以 600dpi 扫描长度不超过 35.56 厘米的彩色、灰度或黑白文档；

3GB RAM 用于以 600dpi 扫描长度不超过 86.36 厘米的彩色、灰度或黑白文档。

(2)1394 端口；

(3)Windows 2000 Professional 或 Windows XP Professional；

(4)安装驱动程序所需的 15MB 可用硬盘空间。应用程序和图像存储将需要额外的硬盘空间；

(5)CD－ROM 驱动器。

三、扫描仪的保养与清洁

1. 扫描注意事项

(1)要送入扫描仪的文档批必须妥善整理，对齐所有文档的前缘并置于输入托盘的中央，这可以让进纸器一次将一个文档传入扫描仪；

(2)文档上的贴纸、钉书钉和回形针都可能会损坏扫描仪和文档。扫描之前取下所有贴纸、钉书钉和回形针；

(3)文档必须处于完好状态。

2. 清洁分纸模块：

(1)关闭扫描仪电源；

(2)从进纸器区取出任何文档；

(3)抬起扫描仪盖板的释放装置拉开扫描仪盖板的插拴；

(4)向上拉起以打开扫描仪盖板；

(5)下拉分纸模块并将其卸下以便取出分纸模块；

(6)用手转动分纸模块滚筒并使用滚筒清洁垫擦拭；

(7)检查滚筒，如果分纸滚筒滚轮存在磨损或损坏的迹象请更换滚轮或分纸模块；

(8)插入分纸模块并对准轴端；

(9)按下分纸模块直至卡入到位；

(10)进入下一部分以清洁进纸模块。

3. 清洁进纸模块

(1)将前驱动滚筒盖的左侧卷边推向一端并拉起盖板将其取出；

注意：您可能需要稍稍抬起输入托盘才能取出前滚筒盖

(2)进纸模块推至右边并向上抬起取出进纸模块；

(3)用手转动进纸模块滚筒，并使用滚筒清洁垫擦拭；

(4)检查进纸模块，如果进纸模块滚轮存在磨损或损坏的迹象请更换滚轮或进纸模块；

(5)除进纸模块和前滚筒盖下面托盘区域中的任何灰尘或碎屑；

(6)对准插针将进纸模块推向右边卡入到位以便插入进纸模块；

(7)重新安装前驱动滚筒盖；

(8)进入下一部分以清洁驱动滚筒和传送区。

4. 清洁驱动滚筒和传送区：

(1)用手转动驱动滚筒，并使用滚筒清洁垫擦拭；

(2)清洁驱动滚筒周围插槽中的灰尘或碎屑；

(3)使用滚筒清洁垫上下擦拭传送区；

(4)使用干的防静电抹布擦干传送区；

(5)推压后滚筒盖的左侧卷边拉起盖板将其取出；

(6)清除后驱动滚筒盖下面的任何灰尘或碎屑；

(7)重新安装后驱动滚筒盖；

(8)进入下一部分以清洁成像导轨。清洁成像导轨的外露顶端表面时，您不需要取出成像导轨进行清洁，除非尘埃或灰土存在在成像导轨的底部。使用防静电抹布上下擦拭成像导轨，放下扫描仪盖板并向下按压直至锁定到位，进入下一部分以清洁纸张通道。

5. 清洁纸张通道

(1)取下传送清洁纸的包装材料；

(2)调整纸张进纸器导板使其适合清洁纸；

(3)将清洁纸胶粘端朝上纵向插入扫描仪，直至清除驱动滚筒中所有残余物；

(4)调整进纸器导板至适当位置然后将清洁纸胶粘端朝上横向插入扫描仪，直至清除驱动滚筒中的所有残余物；

(5)使用同一个清洁纸重复步骤 3 和 4 但将清洁纸插入扫描仪时胶粘端朝下，直至清除驱动滚筒中的所有残余物；

注意：当清洁纸变得非常脏时，请换用新的清洁纸。

6. 更换部件

用户可更换的部件(进纸模块分纸模块预分纸垫片滚筒滚轮成像导轨)以及安装声明在下列套件中提供，扫描仪仅能使用这些更换部件：

项　目	产品目录编号
用于 i100 型系列扫描仪的 Kodak 进纸器耗材套件(1 个完整进纸模块、1 个完整分纸模块、2 个预分纸垫片、24 个滚筒滚轮)	1241066
用于 i100 系列扫描仪的 Kodak 超大型进纸器耗材套件(5 个完整进纸模块、5 个完整分纸模块、10 个预分纸垫片、120 个滚筒滚轮)	8215808
Kodak 成像导轨套组(1 个上部导轨、1 个下部导轨)	1200278
校准目标(12 英寸×12 英寸)	1271436
Kodak 白色背景附件	8293599

Kodak i160 扫取软件 XVCS 使用说明

1. 软件程序的打开

点击“开始”——程序——Kodak Capture Software for I series Scanners——Capture Software ，运行软件程序。

2. 软件程序的使用

(1)根据扫描需求，点击“打开”，或者选择合适模板，选择“新建批次”。

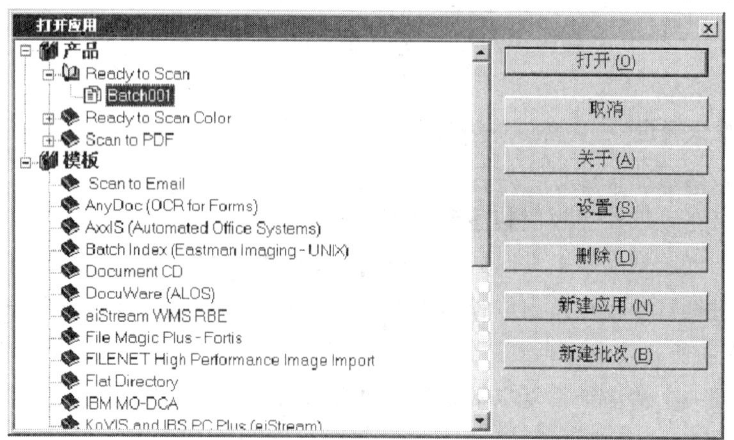

(2)点击“确认”继续，进入 Capture Software 主界面。

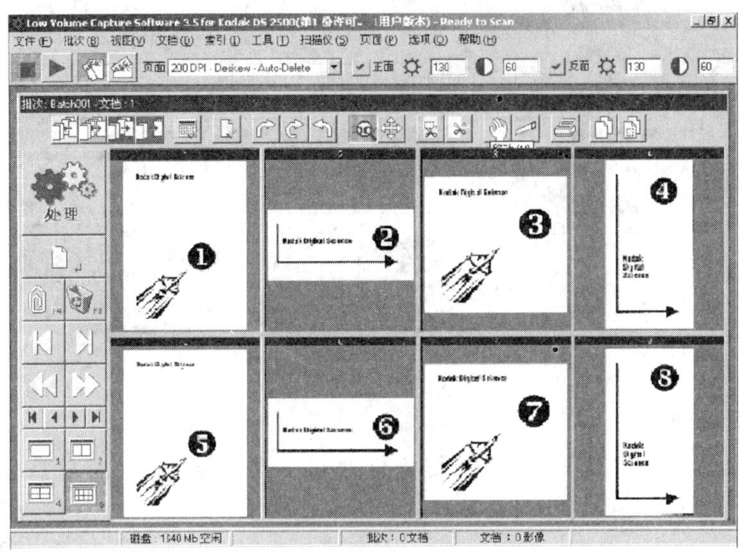

3. 影像页设置

按 F5 键，进入“影像页设置”。选择走纸旋转方向及正、反面扫描设置后，点击“确认”继续。

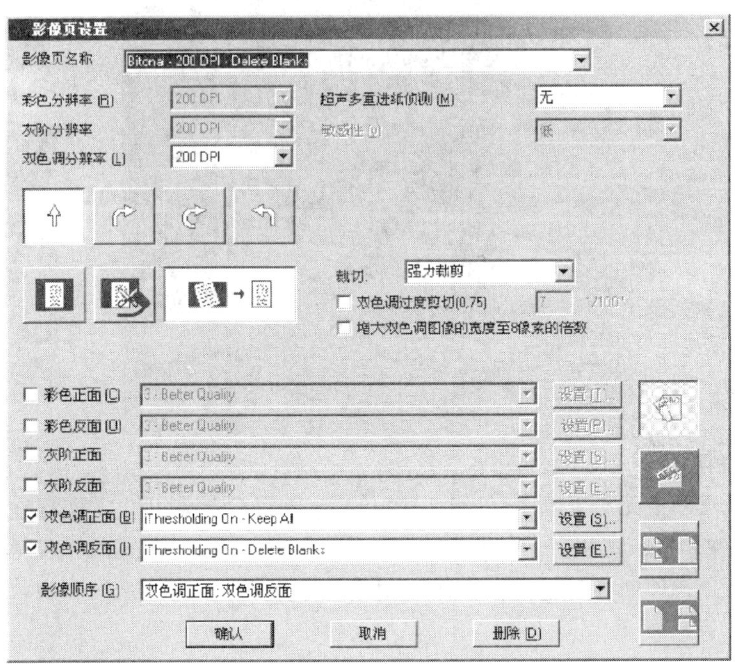

4. 扫描与停止扫描

将需要扫描的原稿放入扫描仪进纸器，点击绿色箭头进行扫描；按下红色停止按键即可停止扫描。

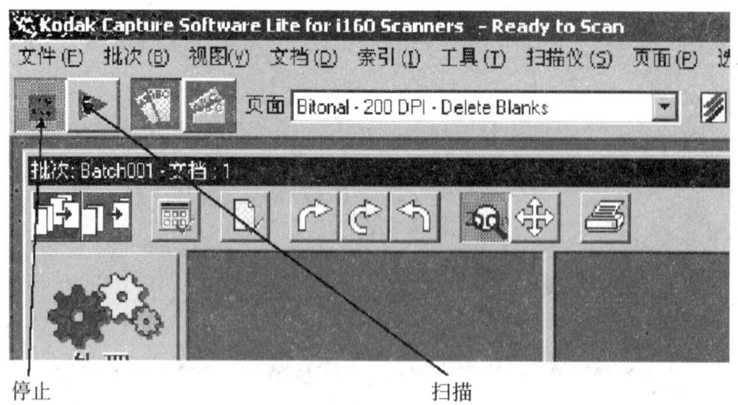

5. 扫描后处理

扫描完成后，点击“处理批次”按键进行处理。处理完成后，会在C:\Batches6C\Batch00 * \00000001相应批次目录中找到扫描后的图像。

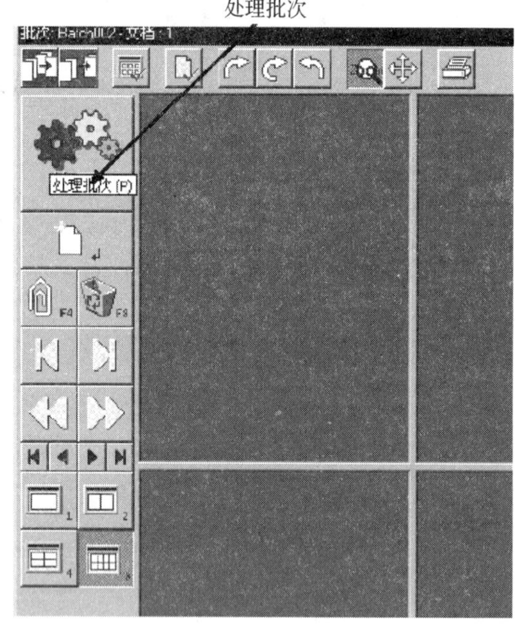

6. 菜单说明

主界面包含以下元素：程序标题栏、菜单栏、扫描仪控制栏、文档标题栏、工具栏、影像显示、按钮栏、状态栏。下面介绍如何通过Capture Software主界面的工具和菜单来访问和使用此软件的各种功能。菜单栏提供以下菜单选项：

(1)文件

可打开关闭或删除一个现有的产品或模板应用，此外也可创建和设置一个新的应用。包括：

① 新建应用：通过创建新应用对话框可根据现有的应用创建一个新的应用。

② 打开应用：可以打开现有的应用。键盘快捷键：F3

③ 关闭应用：关闭当前应用和打开批次。

④ 输入/输出应用定义：可以让您从一个 Capture Software 安装导出（或保存）应用设置，并将此设置导入（或载入）至另一个 Capture Software 安装。目前不支持这些功能。

⑤ 应用设置：存取“应用设置”对话框。

⑥ 输出应用：选定此项将删除当前的应用。包含批次的应用是不能删除的。

⑦ 属性：自动关闭当前应用并进入“Capture Software 程序属性”选项。

⑧ 退出：关闭 Capture Software。键盘快捷键 Alt＋F4。

(2)批次

可打开一个现有的批次或创建一个新批次，以及处理当前批次或所有可用批次。包括：

① 新建：可以创建新的批次。

② 打开：显示所选应用的可执行批次列表。从该列表中打开一个批次会自动关闭当前批次。

③ 设置：可以更改批次的名称。当被选定时，出现批次设置对话框。可以在对话框中输入新的批次名称。输入完毕后，单击确认。

④ 删除空白页：去除扫描所得影像的正面或背面空白部分。

⑤ 处理：根据选定的“批次输出格式”处理当前批次。键盘快捷键：P

⑥ 全部处理：显示当前应用的所有可执行批次；可以从中选定一个或多个无须照看即执行的批次。

⑦ 清除：清除一个批次的所有影像，但批次子目录结构保持不变。

⑧ 删除：删除选定批次的所有影像以及子目录结构。

(3)视图

可显示 1、2、4 或 8 个影像，使影像显示尺寸适应当前窗口尺寸。无论其原始尺寸如何，还可按固定比例放大或缩小影像。包括：

① 1 页：可以在影像显示区内显示一个影像。键盘快捷键：1

② 2 页：可以在影像显示区内显示两个影像。键盘快捷键：2

③ 4 页：可以在影像显示区内显示四个影像。键盘快捷键：4

④ 8 页：可以在影像显示区内显示八个影像。键盘快捷键：8

⑤ 灰阶补偿：可以切换灰度调整模式的开和关。选定灰阶补偿可以增加在底分辨率显示器上显示的黑白影像的质量。此选项对影像文件没有影响。

⑥ 全页显示：使每个影像的尺寸适应影像显示窗口的尺寸而不考虑其原始尺寸。键盘快捷键 F。

⑦ 放大：根据缩放比例设置按固定比例放大影像。键盘快捷键：＋

⑧ 缩小：根据缩放比例设置按固定比例缩小影像。键盘快捷键：－

⑨ 缩放比例：进入缩放比例对话框，通过此对话框可以选定一个缩放百分比。选择范围为 15％至 40％，递增值为 5％。

(4)文档

提供多种选项以浏览文档中显示的影像和批次中的文档，也可创建和删除文档，或在已有文档中附加新的影像。包括：

① 新建：打开一个新建文档。该文档的编号等于上一文档的编号+1。键盘快捷键Enter。

② 附加：添加下一扫描页到当前文档。键盘快捷键 F4。

③ 删除：删除当前文档。键盘快捷键 F8。

④ 批量删除：进入删除文档对话框，通过该对话框您可以只删除批次中的指定范围的文档。

⑤ CDVue：此选项只在使用"IBS/Document CD Native Scan"结构时可用。当此选项可用时，您可以在当前批次中通过"CDVue"应用查找和浏览文档。这对于检验对该批次生成的文档索引数据十分有用，键盘快捷键 V。

⑥ 第一份：选定此选项将转到该批次的第一个文档。键盘快捷键 Ctrl+Home。

⑦ 最后一份：选定此选项将转到该批次的最后一个文档。键盘快捷键 Ctrl+End。

⑧ 上一份：转到上一个包含影像的文档编号。键盘快捷键 Ctrl + Page Up。

⑨ 下一份：转到下一个包含影像的文档编号。键盘快捷键 Ctrl + Page Down。

(5)索引

可编辑批次文档和页的索引字段，包括：

① 编辑批次字段：当选定此项时出现批次索引字段对话框。

② 编辑文档字段：当选定此项时出现文档索引字段对话框。

③ 编辑影像页字段：当选定此项时出现页面索引字段对话框。当页面级别索引字段不存在时，此功能不可用。

(6)工具

提供多种方法处理显示的影像，包括：

① 添加影像页：仅当使用插入影像工具时，此选项才可用。可以在插入完成后，用此选项将插入的影像重新添加至文档的最后。

② 插入影像页：可用来在已扫描的文档中插入额外的页面。键盘快捷键：Insert。

③ 重扫：可以重新扫描一个选定的影像。键盘快捷键：R。

④ 删除影像页：可以在一个文档中删除一个或多个选定的影像。例如：可以从一个双面文档中删除空白影像。当选定影像删除后，Capture Software 将对剩余的影像重新编号。键盘快捷键 Delete。

⑤ 删除影像页至文档末：可以删除选定的影像，或文档中所有接续其后的所有影像。影像将从硬盘中删除，除此项功能不可取消操作。

⑥ 选择影像页：可以确认不可更改的操作(不可取消操作)。键盘快捷键：Space。

⑦ 旋转 90°：可以将影像向右旋转 90 度。键盘快捷键：Shift+Right Arrow。

⑧ 旋转 180°：可以将影像旋转 180 度键盘。快捷键 Shift +Up 或 Down +Arrow

⑨ 旋转 270°：可以将影像向右旋转 270 度或向左旋转 90 度。键盘快捷键：Shift + Left Arrow。

⑩ 缩放：可用来放大影像的一部分。选择缩放时会出现一个放大镜，可以将放大镜放置的任何部分放大，也可以在影像上单击右键并在快捷菜单中选定放大比率来选择其他放大比率(100 150 200 或 250%)。放大工具不可在影像间滑动。键盘快捷键：Z。

⑪ 滚动：运用滚动选项，可以在部分隐藏的影像以任何方向滚动。键盘快捷键：S。

⑫ 清空：可以选定影像上任意一个您想删除的区域。键盘快捷键：Ctrl＋X。

⑬ 裁取：可以用拖动一个长方形选定影像中任何一个您想保留的部分。

⑭ 移动：可以在文档中将一个页面包括正面和背面影像从一个位置移动到另一个位置。要移动一个影像，在影像上单击右键，并在快捷菜单中选定移动影像来改变移动工具的设置。键盘快捷键：M。

⑮ 划分：可用来将一个文档分开成两个文档。

⑯ 打印：可以打印文档或文档中指定的影像。此时仅有黑白影像可以打印出来。键盘快捷键：Ctrl＋P。

⑰ 复制：可以将一个影像以最高分辨率复制到 Windows 剪贴板上。键盘快捷键：Ctrl＋C。

⑱ 复制区域：可以将影像的特定区域复制到 Windows 剪贴板上。

(7)扫描仪

可设置扫描仪和启动、停止、校准扫描仪，包括：

① Setup(设置)：进入选择的扫描仪所选定的"Setup"(设置)对话框，从对话框中可以设置 SCSI 参数和其他选定扫描仪的特定参数。

② Stop(停止)：清空和停止传送器并禁用扫描仪。键盘快捷键：F6。

③ Start(启动)：启用扫描仪并启动传送器。键盘快捷键：F7。

(8)页面

可设置特定页面的属性双面扫描模式典型模式或日历模式和影像设置选项。包括：

① 设置列表：打开所有已定义页面设置名称的下拉列表。可用来选择用于应用的页面设置。一旦从设置列表中被选定，Capture Software 将自动下载页面属性并启动扫描仪。键盘快捷键：F2。

② 设置：显示页面设置对话框，使您可设置将要扫描的页面的属性。键盘快捷键：F5。

③ 正面：选择该选项启用/禁用单面、正面扫描。键盘快捷键：F9。

④ 反面：选择该选项启用/禁用单面、背面扫描。键盘快捷键：F10。

⑤ 双面：选择这个选项以用双面扫描仪进行双面扫描。键盘快捷键：F11。

⑥ 典型：通常与多页文档如报表、明信片、论文等相关联的双面模式。键盘快捷键：F12。

⑦ 日历式：通常与诸如展示印刷品、统计和财务报表、项目计划报表等文档相关联的双面模式。键盘快捷键：F12。

(9)选项

可实现隐藏或显示工具栏状态栏按钮栏和扫描仪控制栏。

① 扩展的扫描仪工具条：默认的扫描仪控制栏之外，扩展扫描仪控制栏显示对比设

置。键盘快捷键：Ctrl ＋ E。

② 缺省的扫描仪工具条：默认的扫描仪控制栏显示开始和停止按钮、双面按钮、页面名称信息和正面、背面扫描选项。键盘快捷键：Ctrl＋D。

③ 工具条：工具栏提供 Capture Software 中常用影像操作命令的快捷方式。单击其中一个按钮相当于从菜单栏中选择相应的命令。键盘快捷键：Ctrl ＋ T。

④ 按钮条：按钮栏提供 Capture Software 中常用的影像显示和导航命令的快捷方式。单击其中一个按钮相当于从菜单栏中选择相应的命令。键盘快捷键：Ctrl ＋B。

⑤ 状态条：状态栏指示最近扫描的影像或您最近点击的影像的大小。键盘快捷键：Ctrl ＋ S。

(10)帮助：提供当前安装的 Capture Software 的版本号信息

第四篇

组织机构代码相关术语和国家标准简介

第七章
组织机构代码术语

为了便于开展日常工作和相互沟通，提高组织机构代码工作的效率，代码管理部门创造了大量的专业习惯用语，即组织机构代码管理术语。这些术语是代码工作者在多年实践的基础上、经过反复加工之后形成的，大多术语也能够在国家相关法律法规和国家标准中找到相关依据。因此，代码管理术语具有较强的规范性，如下：

1. 组织机构代码

组织机构代码，是由国家授权的权威管理机构对我国境内依法注册、依法登记的企业、事业单位、机关、社会团体及其他组织，颁发的一个在全国范围内唯一的、始终不变的代码标识。

2. 组织机构代码标识制度

组织机构代码标识制度，是依据国务院国发[1989] 75 号文件及其他重大决策建立的一项社会管理制度，由以下几个方面组成：

(1)信息采集制度。根据 GB 11714《全国组织机构代码编制规则》，由国家质检部门对我国境内依法注册、依法登记的企业、事业单位、机关、社会团体及其他组织，颁发一个在全国范围内唯一的、始终不变的代码标识。在赋予代码的同时，采集该单位的名称、地址、法人代表、经济行业等相关信息。

(2)信息处理制度。将各类单位的相关信息输入计算机，以组织机构代码为主索引，建立起中央、省(自治区、直辖市)、地(市)、县(区)四级数据库，实行全国联网。同时，对采集上来的组织机构相关信息按照有利于查询应用的原则进行其他一系列的汇总处理。

(3)信息应用制度。将组织机构代码信息管理系统的信息提供给政府监管部门，为实现高效的社会管理服务。同时，在法律允许的范围内，利用代码信息向社会提供广泛的信息查询服务，支持社会各行业的信息系统建设。

(4)信息反馈制度。已经申领组织机构代码的单位，如果登记信息项目发生变化，应及时到代码管理部门办理变更手续，相关代码信息管理系统中的信息也进行相应变更。政府监管部门在应用组织机构代码过程中，如发现与代码数据库信息不一致的情况，也应及时与代码管理部门进行数据信息的核对。

3. 组织机构代码证

组织机构代码证，是组织机构代码管理部门颁发给每个机关、企业、事业单位和社会团体及其他组织机构的、证明该组织机构具有组织机构代码的凭证。除了证明作用，代码证书还是传递代码信息的载体，代码证上包含单位的“组织机构代码”、“机构名称”、“机构类型”、“地址”、“有效期”、“颁发单位”、“登记号”等 7 项信息。

组织机构代码证的有效期，按照机构注册登记部门确定的该注册单位的有效期确定，但最长为4年。如果该组织机构在从办理、变更或补领的日期起，存续时间不足4年，有效期要从该组织机构办理证书日期起，到该组织机构注销的日期为止。

组织机构代码证包括正本和副本，广义上的代码证还包括电子证书，即组织机构代码IC卡。

4. 码段

码段，即一组连续代码的闭区间。在实际工作中，一般以5000个连续代码为一个码段，例如79350000～79354999就是一个码段。

5. 赋码

赋码，即把每一个组织机构代码分配给相应的组织机构的过程。

6. 颁证

颁证，即组织机构代码管理部门按照相关法律和工作制度的规定，向申领组织机构代码的单位颁发组织机构代码证。

7. 组织机构

组织机构，是指企业、事业单位、机关、社会团体及其他依法成立的单位的通称。

8. 法人

法人，是具有民事权利能力和民事行为能力，依法独立享有民事权利和承担民事义务的组织。

9. 法定代表人

法定代表人，是指依照法律或者法人组织章程规定，代表法人行使职权的负责人。

10. 企业

企业，是指在工商行政管理机关登记注册的营利性经济组织。

11. 企业法人

全民所有制企业、集体所有制企业有符合国家规定的资金数额，有组织章程、组织机构和场所，能够独立承担民事责任，经主管机关核准登记，取得法人资格。在中华人民共和国领域内设立的中外合资经营企业、中外合作经营企业和外资企业，具备法人条件的，依法经工商行政管理机关核准登记，取得中国法人资格。

12. 事业单位

事业单位，是指经机构编制部门批准成立和登记或备案，领取《事业单位法人证书》，并取得法人资格的单位，或者是上述法人单位的分支机构或派出机构。

13. 事业法人

具备法人条件的事业单位，依法不需要办理法人登记的，从成立之日起，具有法人资格；依法需要办理法人登记的，经核准登记，取得法人资格。

14. 机关

机关，是指国家权力机关、国家行政机关、国家司法机关、政党机关、人民解放军、武警部队、政协组织等。

15. 机关法人

有独立经费的机关从成立之日起，具有法人资格。

16. 社会团体

社会团体，是指公民自愿组成，为实现会员共同意愿，按照其章程开展活动的非营利性社会组织。

17. 社会团体法人

具备法人条件的社会团体，依法不需要办理法人登记的，从成立之日起，具有法人资格；依法需要办理法人登记的，经核准登记，取得法人资格。

18. 政协组织

政协组织，是指中国人民政治协商会议全国委员会和地方各级委员会及其办事机构。

19. 民办非企业单位

民办非企业单位，是指企业事业单位、社会团体和其他社会力量以及公民个人利用非国有资产举办的，从事非营利性社会服务活动的社会组织。

20. 基金会

基金会，是指利用自然人、法人或者其他组织捐赠的财产，以从事公益事业为目的，按照《基金会管理条例》的规定成立的非营利性法人。

21. 重码

重码，即两个或两个以上的组织机构被赋予同一组织机构代码。

22. 错码

错码，即一个组织机构被赋予两个或两个以上的不同的组织机构代码。

23. 组织机构代码档案

组织机构代码档案，是指在申领、变更、年检、注销代码证工作中直接形成的有保存价值的各种文字、图表、声像等不同形式的历史记录。

24. 纸质档案

纸质档案，是指以纸质形式表现出来的各种代码档案。具体包括：

a)组织机构批准成立证件的复印件，包括企业的营业执照、事业单位的事业单位法人登记证书、机关单位的批准成立文件、社会团体的社会团体法人登记证书、民办非企业的单位登记证书以及其他组织机构成立的合法证明的复印件；

b)组织机构的法定代表人(负责人)身份证复印件和经办人身份证复印件；

c)代码证申请表；

d)其他需要归档的纸质资料。

25. 电子档案

电子档案，是指将赋码工作中直接形成的应当归档并具有保存价值的文字、图表等历史记录，存放在电子介质上的记录。

26. 文档序列号

文档序列号，是指由网卡上的标识数字(每个网卡都有唯一的标识号)以及 CPU 时钟的唯一数字生成的一个 16 字节的二进制值。

27. 转储

转储，是指把电子档案从一存储介质转移到另一存储介质上。

第八章
组织机构代码相关国家标准简介

第一节　GB 11714—1997《全国组织机构代码编制规则》简介

GB 11714—1997《全国组织机构代码编制规则》是一项强制性国家标准，该国家标准于1989年由国家技术监督局中国标准化与信息分类编码研究所、国家信息中心综合部、国家统计局制度方法司、国家工商行政管理局企业登记司、人事部中央机构编制司、民政部社团管理司和国家科委综合计划司共同起草，标准名称为《全国企业事业单位和社会团体代码编制规则》，当时的标准代号为GB 11714—1989。

该标准的制定借鉴了国际标准ISO 6523《数据交换——机构标识法的结构》，标准规定了全国企业、事业单位和社会团体代码的赋码范围、编码方法和管理办法。使全国各企业、事业单位和社会团体均可以获得一个唯一的、始终不变的法定代码，以适应政府部门的统一管理和业务单位实现计算机自动化管理的需要。主要内容包括：

(1) 组织机构代码的赋码范围，具有法人资格的企业、事业单位和社会团体。

(2) 组织机构代码的主体结构，由八位数字顺序本体码和一位数字(字符)校验码组成。在标准附录中规定了组织机构代码的管理机关、编码区段分配、代码的赋予与校验码数值的计算方法。

1995年国家技术监督局对GB 11714国家标准进行了修订，将组织机构代码主体结构中的本体码的类型作了调整，在八位本体码内增加了拉丁字母码的组合。使标准的编码容量由原来的1亿扩展到780多亿，在组织机构代码赋码范围中增加了国家机关这一机构类型；通过字母的数值化转换，延续了原有的校验码计算公式；其标准名称改为《全国组织机构代码编制规则》；标准代号为：GB/T 11714—1995，为推荐性标准。

1997年根据国务院的要求对GB/T 11714—1995进行了修订，为加大标准的推进力度，将原推荐性标准改为强制性国家标准。标准代号为GB 11714—1997。

《全国组织机构代码编制规则》是建立全国组织机构统一代码标识制度的主要技术标准。统一代码标识制度是由国家标准化行政主管部门给每个机关、企事业单位和社会团体颁发一个在全国范围内唯一的、始终不变的法定代码标识，并通过各部门在有关业务工作中的强制应用，为机关、企业、事业单位和社会团体等建立社会经济活动的档案，以实现管理的社会化和现代化。

第二节　GB/T 20091—2006《组织机构类型》简介

我国改革开放20多年以来，社会经济结构发生了很大变化，新的所有制形式和组织机构类型不断涌现。为此，全国组织机构代码管理中心会同中央机构编制委员会办公室综合司、国家统计局设计与管理司、国家工商行政管理总局企业注册局、民政部民间组织管理局组成标准起草工作组，经过认真研究，反复修改，完成了《组织机构类型》国家标准，标准代号为GB/T 20091—2006。

《组织机构类型》国家标准是组织机构分类的标准，适用于国家各部门、各系统划分组织机构类型使用。其分类的依据是我国当前的各项法律法规和其他国家标准，包括：

(1)中华人民共和国宪法；

(2)中华人民共和国民法通则；

(3)中华人民共和国企业法人登记管理条例；

(4)中华人民共和国公司登记管理条例；

(5)事业单位登记管理暂行条例；

(6)社会团体登记管理条例；

(7)民办非企业单位登记管理暂行条例；

(8)基金会管理条例；

(9)GB/T 4754—2002国民经济行业分类。

该国家标准规定了组织机构分类原则和划分组织机构类型的编码方法及代码，主要按照组织机构的功能和性质，依据国家现行法律法规，将组织机构类型的大类确定为企业、机关、事业单位、社会团体，上述四类不能包括的组织机构暂时归入其他组织机构。根据这五类组织机构的性质再划分具体类型。对组织机构类型的划分采用线分类法，将组织机构划分为大类和小类。编码采用层次编码方法，大类、小类各用1位数字表示，9表示其他，为收容类。

组织机构类型划分标准如下：

1. 企业

公司

非公司制企业法人

企业分支机构

个人独资企业、合伙企业

其他企业

2. 机关

中国共产党

国家权力机关法人

国家行政机关法人

国家司法机关法人
政协组织
民主党派
人民解放军、武警部队
其他机关

3. 事业单位

事业单位法人
事业单位分支、派出机构
其他事业单位

4. 社会团体

社会团体法人
社会团体分支、代表机构
其他社会团体

5. 其他组织机构

民办非企业单位
基金会
宗教活动场所
农村村民委员会
城市居民委员会
自定义区
其他未列明的组织机构

第三节 GB/T 4754—2002《国民经济行业分类》简介

一、GB/T 4754—1994《国民经济行业分类与代码》主要内容

GB/T 4754《国民经济行业分类与代码》国家标准于1984年首次发布，1994版为第一次修订的版本。目前，全国组织机构代码系统仍旧采用1994版的这一国家标准，今后将逐步向2002版过渡。

GB/T 4754—1994《国民经济行业分类与代码》代替了GB 4754—1984，它等效采用《国际标准产业分类》(ISIC)1988年第三次修订版。该国家标准规定了国民经济行业分类的原则和划分行业的基本单位、编码方法及代码，适用于企业、事业单位、国家机关、社会团体划分行业。在计划、统计、财务会计、税收、工商行政管理和国家宏观管理、部门管理等工作中，按照本标准的规定，处理行业分类资料，进行有关的分析研究工作。

该项国家标准以新国民经济核算体系中关于统计单位划分的原则作为划分行业的基本原则，并在分类中注意区分第一、二、三次产业。

该国家标准依据按经济活动性质的同一性进行分类的原则，即主要按企业、事业单位、机关团体和个体从业人员所从事的产生经营活动或其他社会经济活动性质进行行业分类，而不按其所属行业管理系统分类。某一行业就其实质来说是指从事一种或主要从事一种活动的所有单位的聚合体。

该国家标准积极吸取世界各国行业分类标准的经验，在具体分类中尽可能向联合国的国际标准产业分类(ISIC)靠拢，以便于进行国际资料对比。

该国家标准以产业活动单位作为划分国民经济行业的基本单位。产业活动单位是指在一个场所从事一种或基本上从事一种经济活动的单位。对于大多数企业、行政事业单位来说，因为它们从事的经济活动比较单一，因而它们就是产业活动单位。但对于大型联合企业、集团公司或从事两种及两种以上重要经济活动的单位，则需要进一步按经济活动划分产业活动单位。

该国家标准的编码方法采用了线分类法，将经济活动划分为门类、大类、种类和小类四级。与此相对应，本体系编码主要采用层次编码法，门类在体系中与大类的联系并不紧密，它的编码与大、中、小类的编码方法独立。具体的说，门类采用了字母顺序编码法，即用 ABC…顺次表示门类；大、中、小类依据等级制和完全十进制，形成三层四位数字码的产业类别标识系统。但大类在参与层次编码的同时，有采用了数字顺序编码法，即代码前两位表示大类，从 01 开始依据分类体系的排列次序按升序给大类赋码；代码的前三位和前四位分别表示中类和小类，每层代码从 1 开始编，按升序排列，最多编到 9。如 82 表示大类“信息、咨询服务业”，833 表示中类“咨询服务业”，8223 表示小类“会计、审计、统计咨询服务业”。

由于在分类的每一层设立了带有“其他”字样的收容类，为了能够标识这些类别，每层都用特殊的数字表示。即大类代码为“99”时，表示大类的收容类；中类和小类的代码末位数字为“9”时，非别表示中类和小类的收容类。如果大类或中类不再细分，则它们后面的代码补“0”直到第四位。各层尽可能留有空码，以适应今后增加或调整类目需要。

二、GB/T 4754—2002《国民经济行业分类》与 1994 版相比的主要变化

GB/T 4754—2002《国民经济行业分类》是当前的最新版。该标准代替了 GB/T 4754—1994《国民经济行业分类与代码》，并保留了 GB/T 4754—1994 的主要内容。该标准与 GB/T 4754—1994 的主要变化如下：

(1)标准的名称改变，由《国民经济行业分类与代码》改为《国民经济行业分类》；

(2)标准增加了前言、术语、定义、原则和规定；

(3)标准框架结构的变化：

——增加的门类

信息传输、计算机服务和软件业

租赁和商务服务业

住宿和餐饮业

水利、环境和公共设施管理业

教育

国际组织

——名称或范围进行调整的门类

农、林、牧、渔业

采矿业

制造业

交通运输、仓储和邮政业

批发和零售业

金融业

教育研究、技术服务和地质勘察业

居民服务和其他服务业

卫生、社会保障和社会福利业

文化、体育和娱乐业

公共管理和社会组织

——取消的门类(有关内容调整到相关的门类中)

地质勘察业、水利管理业

其他行业

(4)该标准对 GB/T 4754—1994 部分大类、中类、小类的条目、名称和范围做了调整。

第四节　GB/T 2260—2007《中华人民共和国行政区划代码》简介

GB/T 2260—2007《中华人民共和国行政区划代码》代替 GB/T 2260—2002 版本，规定了我国县及县以上行政区划代码，适用于对行政区划的标识、信息处理和交换。

该国家标准引用 GB/T 15514—1998《中华人民共和国口岸及有关地点代码》、GB/T 7407—1997《中国及世界主要海运贸易港口代码》、GB/T 3304—1991《中国各民族名称的罗马字母拼写法和代码》，并严格遵从 GB/T 1.1—2000《标准化工作导则　第1部分：标准的结构和编写规则》的要求制定。

1. 行政区划代码的编制原则和结构

该国家标准是用六位数字代码按层次分别表示我国各省、市(地区、自治州、盟)、县(自治县、市、市辖区、旗、自治旗)的名称。行政区划代码从左至右的含义是：

(1)第一、二位表示省(自治区、直辖市、特别行政区)。

(2)第三、四位表示市(地区、自治州、盟及国家直辖市所属市辖区和县的汇总码)。

01—20，51—70 表示省直辖市；

21—50 表示地区(自治州、盟)。

(3)第五、六位表示县(县级市、市辖区、旗)。

01—08 表示市辖区或地区(自治州、盟)辖县级市；

21—80 表示县(旗)；

81—99 表示省直辖县级市。

为了保证行政区划代码的唯一性，以利于计算机较长时间的储存数据，行政区划若有变更，原行政区划代码废止。

2. 行政区划名称的字母缩写代码的编制原则和结构

行政区划名称的字母缩写代码遵循科学性、统一性、实用性的编码原则，参照县及县以上行政区划地名的汉语拼音，用三位字母缩写表示。省、直辖市、自治区、特别行政区一级的行政区划用两位字母表示。其中采用《中华人民共和国口岸及有关地点代码》或《中国及世界主要海运贸易港口代码》国家标准的字母码用 * 标出。少数民族地名取其民族拼音的缩写表示，并在代码表中用 * * 号标出。

该国家标准自制定以来，已广泛应用于我国计划、统计、人口普查、工业普查、社会保障、信息化、教育、人事管理、组织机构管理等诸多领域，是我国现代化管理中一项重要的基础标准。

附 录

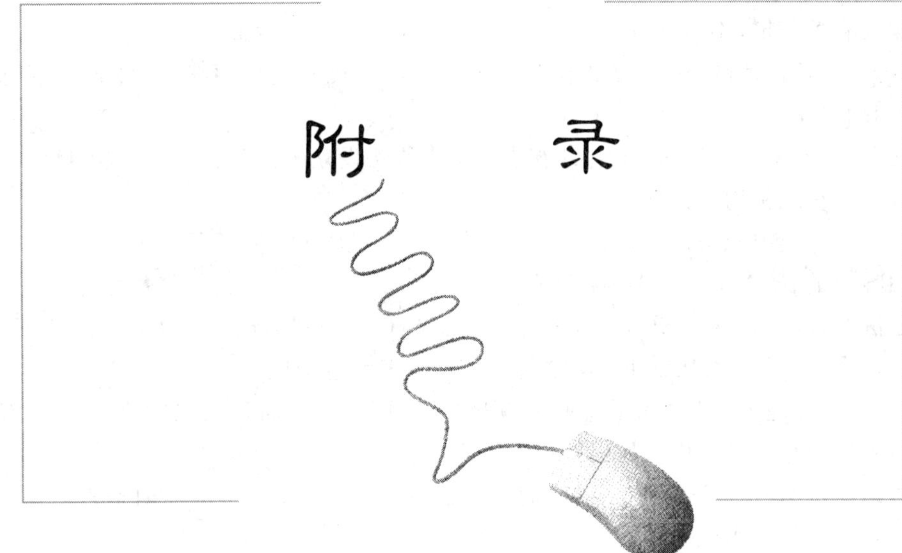

组织机构代码管理办法

第一条 ［立法目的和依据］为了规范和加强组织机构代码管理工作，推进信息化管理基础建设，充分发挥组织机构代码在促进经济和社会发展中的作用，根据国家有关法律法规及有关规定，制定本办法。

第二条 ［适用范围］在中华人民共和国境内组织机构代码的编码、登记、应用及其管理，适用本办法。

第三条 ［定义］本办法所称组织机构，是指依法设立的机关、企业、事业单位，社会团体以及其他组织机构。

本办法所称组织机构代码，是指根据代码编制规则编制，赋予每一个组织机构在全国范围内唯一的、始终不变的识别标识码。

本办法所称组织机构代码证书，是指组织机构代码识别标识的载体和法定凭证，分为正本和副本；正本为纸质证书，副本包括纸质证书和电子证书。

第四条 ［管理体制］国家质量监督检验检疫总局（以下简称国家质检总局）依法负责统一组织协调全国组织机构代码管理工作。

全国组织机构代码管理中心（以下简称全国代码中心）在职责范围内负责全国组织机构代码管理的具体实施工作。

第五条 ［管理体制］省级及市、县级质量技术监督部门在各自职责范围内负责组织协调本行政区域内组织机构代码管理工作。

第六条 ［统一原则］组织机构代码管理工作应当遵循统一政策、统一规章制度、统一标准规范、统一规划计划、统一方法步骤的原则。

第七条 ［推广应用］各级质检部门应当在本系统内全面应用组织机构代码，并积极配合当地政府推动组织机构代码在经济、文化、社会发展等领域的应用。

第八条 ［登记范围］在中华人民共和国境内依法设立的组织机构应当按照本办法的规定，办理组织机构代码登记。

前款规定以外的组织机构，不予办理组织机构代码登记。

第九条 ［申请］组织机构办理组织机构代码登记，应当自依法设立之日起 30 日内，到批准设立或者核准登记部门同级的质量技术监督部门申请。

第十条 ［申请材料］申请办理组织机构代码登记，应当填写申请表，并出示或提交下列材料：

（一）机关单位提交批准设立的文件及复印件；企业单位提交企业法人营业执照或营业执照及复印件；事业单位提交事业单位法人登记证书及复印件；社会团体提交社会团体法人登记证书及复印件；其他组织机构提交相关的批准设立或核准登记的文件及复印件；

(二)法定代表人、负责人身份证件及复印件；

(三)经办人身份证件及复印件，组织机构授权经办人办理登记的证明；

组织机构的分支机构办理组织机构代码登记，还应当提供组织机构的组织机构代码证书。

第十一条 ［受理］质量技术监督部门收到申请文件后，应当即时做出是否受理的决定；申请材料不全或不符合法定要求的，应当当场告知申请人需要补正的全部内容。

第十二条 ［审核与登记发证］质量技术监督部门应当在受理申请之日起 3 日内完成审核，对符合规定要求的予以登记，颁发组织机构代码证书；对不符合规定要求的，不予登记并书面说明理由。

第十三条 ［编码］组织机构代码的编码和码段管理，应当严格执行全国组织机构代码编制规则等国家标准和全国代码中心统一确定的码段管理规则。

第十四条 ［证书］组织机构代码证书由国家质检总局统一确定式样、内容，由全国代码中心统一制作和管理。

第十五条 ［证书有效期］组织机构代码证书自颁发之日起 4 年内有效。组织机构依法设立的资格证明文件有效期不足 4 年的，组织机构代码证书有效期以资格证明文件的有效期为准。

第十六条 ［禁止性规定］禁止伪造、变造、冒用组织机构代码证书。

禁止买卖、出租或者以其他方式非法转让组织机构代码证书。

第十七条 ［换证］组织机构应当在组织机构代码证书有效期届满前 30 日内进行换证登记。

第十八条 ［补证］组织机构代码证书遗失或者毁损的，组织机构应当申请补证，并向社会公告补证和遗失情况。

第十九条 ［变更］组织机构代码登记事项发生变更的，应当自变更之日起 30 日内，持有关部门核准的变更文件或证明办理变更登记。

第二十条 ［唯一不变原则］组织机构依法变更登记、补证、换证的，其组织机构代码不变。

第二十一条 ［注销］组织机构依法终止的，应当自注销之日起 30 日内持有关部门核准的注销文件或证明办理注销登记，并交回组织机构代码证书。

第二十二条 ［信息质量安全］各级质量技术监督部门应当加强组织机构代码管理工作，加强组织机构代码信息系统的安全管理和质量管理，保证组织机构代码信息系统在全国范围内统一有效，保证组织机构代码信息完整、可靠。

第二十三条 ［年度验证］各级质量技术监督部门应当对组织机构代码登记信息有效性等进行年度验证，确保组织机构代码的唯一性和相关信息数据的准确性、时效性。

第二十四条 ［信息服务］全国代码中心等代码管理机构可以向有关机关、单位或个人提供组织机构代码信息服务，但应当遵守国家有关信息管理和保密制度的规定。

第二十五条 ［罚则］组织机构未按照本办法的规定办理组织机构代码证申请、换证、补证、变更的，可以由质量技术监督部门予以警告并责令其限期改正；逾期未改正的，可以处 1000 元以下罚款。

第二十六条　[罚则] 伪造、变造、冒用组织机构代码证书，或者买卖、出租或者以其他方式非法转让组织机构代码证书，构成有关法律法规规定的违法行为的，依照有关法律法规规定追究相应法律责任；未构成有关法律法规规定的违法行为的，由质量技术监督部门予以警告，并处1万元以下罚款。

第二十七条　[过错责任] 从事组织机构代码管理工作的人员因过错给组织机构代码信息系统造成重大损失的，依法追究相应责任。

第二十八条　[法律责任] 从事组织机构代码管理工作的人员滥用职权、玩忽职守、徇私舞弊的，由其主管部门给予处分；构成犯罪的，移送司法机关追究其刑事责任。

第二十九条　[解释] 本办法由国家质检总局负责解释。

第三十条　[生效日期] 本办法自2009年3月1日起施行。

组织机构代码档案管理办法
（修订）

第一条 为加强组织机构代码（以下简称代码）档案管理工作，有效地保护和利用代码档案，根据《中华人民共和国档案法》和《组织机构代码管理办法》制定本办法。

第二条 本办法所称的代码档案，是指各级代码管理机构在办理代码申请、换证、补证、变更、注销和年度验证等登记业务中直接形成的具有保存价值的各种文字、图表等不同形式的历史记录。

第三条 代码档案的管理工作是做好代码各项工作的重要基础之一，各级代码管理机构必须把代码档案的管理工作纳入代码工作的整体发展规划，加强对代码档案工作的管理和监督。

第四条 全国组织机构代码管理中心（以下简称国家代码中心）主管全国代码档案的管理工作，对全国代码档案工作实行统筹规划，组织协调，监督和指导。

省、自治区、直辖市、计划单列市和副省级市的代码管理机构（以下简称省级代码管理机构）主管本行政区域内的代码档案工作，并对本行政区域内的代码档案工作实行监督和指导。

第五条 省级代码管理机构应安排专人负责本省代码档案的管理工作。代码档案管理人员应当忠于职守，遵守纪律，具备相关专业知识。

省级代码管理机构应将档案管理人员名单上报国家代码中心备案。档案管理人员如发生变动，应及时上报国家代码中心。

第六条 国家代码中心和省级代码管理机构应定期对代码档案管理人员进行培训，不断提高代码档案管理人员的业务水平。

第七条 代码档案管理采取纸质档案与数字档案相结合的方式。

第八条 代码纸质档案是指以纸质形式表现出来的各种代码档案。具体包括：

（一）组织机构批准成立文件的复印件，包括企业的营业执照、事业单位的事业单位法人登记证书、机关单位的批准成立文件、社会团体的社团法人登记证书及其他组织机构批准成立或核准登记的合法证明的复印件；

（二）组织机构的法定代表人（负责人）身份证件复印件和经办人身份证件复印件；

（三）代码申领表、年检表等；

（四）其他需要归档的纸质资料。

第九条 各级代码管理机构应对收集上来的代码纸质材料自业务完成之日起 5 个工作日内进行归档。

各级代码管理机构应在办理代码登记业务时对组织机构提交的纸质材料进行审查，有下列情况的，应予退回并令其重新提交合格的材料：

(一)批准成立文件、身份证件等不符合代码登记制度要求的；

(二)代码申领表、年检表填写存在明显错误，必录项填写不完整，或字迹过于潦草，无法辨认的；

(三)提交的材料不完整的；

(四)提交材料的图像、文字不清晰，无法辨认具体信息内容的。

第十条　各级代码管理机构应为代码纸质档案提供专用的、符合档案保管要求的场所，并由专人负责保管，确保纸质档案不遗失、不损坏。

第十一条　纸质档案的保存要求排列整齐有序，方便查询。

第十二条　各级代码管理机构应对有效档案、废置档案、涉密档案实行分类保管，尤其对涉密档案提供更为安全的保管条件，制定更为严格的管理和调取措施，确保涉密档案的安全性。

第十三条　各级代码管理机构的纸质档案必须长期保存，未经国家代码中心同意，一律不得销毁。

第十四条　代码数字档案是指记录于磁带、磁盘、光盘等载体，依靠计算机系统阅读、处理并可在通信网络上传输的代码档案。

各级代码管理机构应有计划地为代码数字档案管理工作配置计算机、扫描仪、复印机、服务器及其他相关设备，及时研发和更新相关数字档案管理软件，确保代码档案数字化工作的规范有序运行。

第十五条　各级代码管理机构应在代码登记业务办理完毕的3个工作日内对纸质档案进行数字化处理，并上报数字档案。

代码数字档案的处理和上报方式，应遵循全国组织机构代码管理中心制定的《组织机构代码数字档案管理与技术规范》(以下简称《技术规范》)。

第十六条　各级代码管理机构在办理代码申请、换证、补证、变更、注销和年度验证等各项登记业务中，均应按照《技术规范》的要求上报相关数字档案。

第十七条　各级代码管理机构应由对办证材料复印件进行数字化处理，逐步过渡到对原件进行数字化处理。有条件的省市，可率先对办证材料原件进行数字化处理。

各级代码管理机构对办证材料原件或复印件进行数字化处理后，均应将复印件留存归档。如有特殊情况，应及时上报国家代码中心，由国家代码中心提出解决措施。

第十八条　省级代码机构每日汇总省内各颁证窗口上报的数字档案，并安排专人对数字档案质量进行全面审核。审核后的合格数据上报至国家代码中心，不合格数据返回各颁证窗口修改后重新上报。

第十九条　国家代码中心每日对省级代码机构上报的数据进行审核，并将审核不合格的数据返回省级代码机构。省级代码机构应在收到不合格数据的5日内改正并重新上报。

第二十条　国家代码中心定期对省级代码管理机构的数字档案工作进行考核，并公布考核结果。

国家代码中心对省级代码管理机构数字档案工作的考核指标，包括实际上报数字档案与应上报数字档案的比率、数字档案质量合格率及上报的及时性等。

第二十一条 省级代码管理机构应建立省内代码数字档案的备份机制。

第二十二条 各级代码管理机构应不断加强管理，完善系统建设，做好数字档案机房的安全建设，确保数字档案的数据安全。

第二十三条 代码数字档案信息应在确保信息安全的前提下，积极为代码系统内部的共享平台、信息核查等其他系统提供支持，并逐步向政府各部门和社会进行开放。

第二十四条 各地政府部门需要查询数字档案数据库，或需要基于数字档案数据库建设相关政务信息系统的，需上报国家代码中心批准，并由省级代码机构负责具体查询和建设工作。

第二十五条 国家行政机关、司法机关在从事执法、司法活动中需要查询代码档案的，各级代码管理机构应予配合，并提供便捷服务。

第二十六条 代码档案的查询和信息开放必须遵守国家相关法律法规，不得损害国家安全和利益，不得侵犯他人的合法权益。

第二十七条 各级代码管理机构应建立代码档案工作的检查、考核和评估制度，明确岗位职责，对优秀的工作人员和突出的服务成果、研究成果给予奖励。

第二十八条 省级代码管理机构有下列情形的，由国家代码中心根据情节轻重予以相应处罚：

(一)纸质档案管理混乱或擅自销毁纸质档案的；

(二)办理代码申请、换证、补证、变更、注销和年度验证等业务时不上报数字档案的；

(三)上报数字档案不及时或上报数字档案质量合格率过低的；

(四)不按规定修改不合格数字档案或不合格数字档案重新上报不及时的；

(五)代码数字档案数据丢失或大批量外泄的；

(六)擅自删除不合格数字档案或其他数字档案数据的。

第二十九条 省级代码管理机构可结合本办法并结合实际制定本管理办法的实施细则，同时上报国家代码中心备案。

各级代码管理机构在执行本办法时如遇到特殊问题，应及时上报国家代码中心。

第三十条 本办法由国家代码中心负责解释。

第三十一条 本管理办法自发布之日起施行。

组织机构代码电子档案管理及技术规范

1 范围

本标准规定了组织机构代码电子档案采集、上报、接收、审核、保管、利用等管理及技术的具体要求。

本标准适用于各级代码管理机构。

本标准适用于组织机构代码纸质档案数字化图像的管理。

2 规范性引用文件

下列文件中的条款通过本标准的引用而成为本标准的条款，凡是注日期的引用文件，其随后所有的修改单(不包括勘误的内容)或修订版均不适用于本部分，然而，鼓励根据本部分达成协议的各方研究是否可使用这些文件的最新版本。凡是不注日期的引用文件，其最新版本适用于本部分。

GB/T 18894—2002　电子文件归档与管理规范

DA/T 1—2000　档案工作基本术语

DA/T 13—1994　档号编制规则

DA/T 15—1995　磁性载体档案管理与保护规范

DA/T 18—1999　档案著录规则

DA/T 19—1999　档案主题标引规则

DA/T 31—2005　纸质档案数字化技术规范

3 术语与定义

下列术语和定义适用于本标准。

3.1 档案 archives

国家机构、社会组织或个人在社会活动中直接形成的有价值的各种形式的历史记录。

3.2 电子档案 electronic archives

指在数字设备及环境中生成，以数码形式存储于磁带、磁盘、光盘等载体，依赖计算机等数字设备阅读、处理，并可在通信网络上传送的档案。

3.3 组织机构代码 organization code

根据代码编制规则编制，赋予每一个组织机构在全国范围内唯一的、始终不变的识别标识码。

3.4 组织机构代码档案 archives of organization code

全国各级代码管理机构在申请、年度验证、变更、换证、补证、注销等登记中直接形成的有保存价值的各种文字、图表等不同形式的历史记录。

3.5 组织机构代码电子档案 electronic archives of organization code

全国各级代码管理机构在申请、年度验证、变更、换证、补证、注销等登记中直接形成的并经数字化设备转化、以数码形式记录于磁带、磁盘、光盘等载体，依赖计算机系统阅读、处理并可在通信网络上传输的档案。

3.6 采集 collection

采用扫描仪或数码相机等数码设备对纸质档案进行数字化加工，将其转化为存储在磁带、磁盘、光盘等载体上并能被计算机识别的数字图像或数字文本，同时对已形成的数字图像或数字文本进行整理的处理过程。

3.7 标引 indexing

对档案内容进行分析，赋予检索标识的过程。

3.8 著录 description

对档案内容和形式特征等进行分析、选择和记录的过程。

3.9 保管 custody

维护档案完整与安全的活动。

3.10 载体 medium

可将信息记录于其上或其中的物质材料。

3.11 档案装具 archives container

用于存放档案的器具，包括档案柜、档案架、档案盒等。

3.12 耐久性 durability

档案材料在保存和使用情况下保持其原有物理强度和化学稳定性的程度。

3.13 利用 access and use

利用者以阅览、复制、摘录等方式使用档案的活动。

3.14 统计 statistics

对反映和说明档案及档案工作现象的数量特征进行搜集、整理和分析的活动。

4 采集

4.1 扫描

4.1.1 扫描范围

各级代码管理机构在代码登记中形成的对国家和社会具有查考利用价值和保存价值的文件，扫描人员应在完成登记的当天扫描，具体的扫描范围如下：

4.1.1.1 在申请登记中应扫描下列文件(条件不允许的情况下，可扫描其复印件)：

——申领组织机构代码证基本信息登记表；

——组织机构的批准成立文件，包括企业法人营业执照或营业执照、事业单位法人登记证书、机关单位的批准设立文件、社会团体法人登记证书及其他机构批准设立或核准登记的文件；

——法定代表人、负责人身份证件及经办人身份证件；

——代码申请表校对表(可选项)。

分支机构办理组织机构代码申请登记时，还应扫描其隶属机构的组织机构代码证书。外资企业办理组织机构代码申请登记时，还应扫描外商投资企业批准证书。

4.1.1.2 在年度验证登记中应扫描下列文件(条件不允许的情况下，可扫描其复印件)：

——申领组织机构代码证基本信息登记表或代码申请表校对表；

——组织机构的批准成立文件，包括企业法人营业执照或营业执照、事业单位法人登记证书、机关单位的批准设立文件、社会团体法人登记证书及其他组织机构批准设立或核准登记的文件(机关单位批准设立文件如与前一份档案中的批准设立文件相同，则无须扫描)；

——法定代表人、负责人身份证件(与前一份档案中的法定代表人、负责人身份证件相同时除外)；

——经办人身份证件(与前一份档案中的经办人身份证件相同时除外)。

4.1.1.3 在变更登记中应扫描下列文件(条件不允许的情况下，可扫描其复印件)：

4.1.1.3.1 在迁出组织机构代码业务中应扫描下列文件：

——迁址证明(要求填写申领表的代码管理机构还须扫描申领表)；

——组织机构的批准成立文件，包括企业法人营业执照或营业执照、事业单位法人登记证书、机关单位的批准设立文件、社会团体法人登记证书及其他机构批准设立或核准登记的文件；

——经办人身份证件(与前一份档案中的经办人身份证件相同时除外)。

4.1.1.3.2 在迁入组织机构代码业务中应扫描下列文件：

——申领组织机构代码证基本信息登记表；

——组织机构的批准成立文件，包括企业法人营业执照或营业执照、事业单位法人登记证书、机关单位的批准设立文件、社会团体法人登记证书及其他组织机构批准设立或核准登记的文件；

——法定代表人、负责人身份证件及经办人身份证件；

——迁址证明。

4.1.1.3.3 在除迁址外的业务中应扫描下列文件：

——申领组织机构代码证基本信息登记表；

——变更后的组织机构批准成立文件，包括企业法人营业执照或营业执照、事业单位法人登记证书、机关单位的批准设立文件、社会团体法人登记证书及其他组织机构批准设立或核准登记的文件；

——有关部门核准变更的文件或证明(可选项)；

——法定代表人、负责人身份证件(与前一份档案中的法定代表人、负责人身份证件相同时除外)；

——经办人身份证件(与前一份档案中的经办人身份证件相同时除外)；

——代码申请表校对表(可选项)。

组织机构名称和机关单位法定代表人、负责人发生变更时，宜扫描有关部门核准组织机构名称和机关单位法定代表人、负责人变更的文件或证明；非组织机构批准成立文件上的登记信息发生变更，但这些信息变更需经有关部门核定时，还应扫描有关部门核准变更的文件或证明。

4.1.1.4 在换证登记中应扫描下列文件(条件不允许的情况下，可扫描其复印件)：

——申领组织机构代码证基本信息登记表；

——组织机构的批准成立文件，包括企业法人营业执照或营业执照、事业单位法人登记证书、机关单位的批准设立文件、社会团体法人登记证书及其他组织机构批准设立或核准登记的文件；

——法定代表人、负责人身份证件及经办人身份证件；

——组织机构代码证书(可选项)；

——代码申请表校对表(可选项)。

4.1.1.5 在补证登记中应扫描下列文件(条件不允许的情况下，可扫描其复印件)：

——申领组织机构代码证基本信息登记表；

——组织机构的批准成立文件，包括企业法人营业执照或营业执照、事业单位法人登记证书、机关单位的批准设立文件、社会团体法人登记证书及其他组织机构批准设立或核准登记的文件(与前一份档案中的组织机构批准成立文件相同时除外)；

——法定代表人、负责人身份证件(与前一份档案中的法定代表人、负责人身份证件相同时除外)；

——经办人身份证件(与前一份档案中的经办人身份证件相同时除外)；

——单位证明；

——组织机构代码证书遗失作废公告(因代码证损毁而补领的除外)；

——代码申请表校对表(可选项)。

4.1.1.6 在注销登记中应扫描下列文件(条件不允许的情况下，可扫描其复印件)：

——组织机构代码注销申报表(代码管理机构根据与工商等组织机构注册、登记管理部门核对的结果，自行注销组织机构代码的除外)；

——有关部门核准的注销文件或证明；

——经办人身份证件(与前一份档案中的经办人身份证件相同或代码管理机构根据与工商等组织机构注册、登记管理部门核对的结果，自行注销组织机构代码的除外)。

4.1.1.7 在预赋组织机构代码业务中应扫描下列文件(条件不允许的情况下，可扫描其复印件)：

——组织机构代码预赋码通知单；

——对外贸易经济部门的核准登记文件；

——工商行政管理部门相关核准文件(可选项)；

——经办人身份证件。

多种登记同时发生时，应扫描各种登记中要求扫描的所有文件。如补证与地址变更同时发生，不仅要扫描申领表、变更后的组织机构批准成立文件、经办人身份证件(与前一份档案中的经办人身份证件相同时除外)，还要扫描单位证明、组织机构代码证书遗失作废公告。办证人员还应扫描除以上所列文件外、与代码登记有关的文件。

4.1.2 纸质档案整理要求

扫描复印件前，应根据纸质档案管理状况，按下列步骤对纸质档案进行适当整理，确保档案扫描质量。

——纸质档案一般应为 A4 幅面纸张复印件；

——按照 4.1.1 所列范围将纸质档案收集齐全，并依 4.1.1 的顺序排列，应避免将不同组织机构的档案混淆在一起；

——已装订的档案，应拆除装订物。拆除装订物时应注意保护档案不受损害，同时保证档案平整，没有折皱。

4.1.3 扫描方式

纸张状况较差，以及过薄、过软或超厚的档案，应采用平板扫描方式；纸张状况好的档案可采用高速扫描方式以提高工作效率。

4.1.4 扫描色彩模式

4.1.4.1 扫描色彩模式一般有彩色、灰度、黑白二值。

4.1.4.2 扫描原件时，应采用彩色扫描色彩模式。

4.1.4.3 扫描复印件时，可采用彩色、灰度或黑白二值扫描色彩模式。清晰度差的复印件应采用灰度或彩色扫描色彩模式。

4.1.5 扫描分辨率

4.1.5.1 扫描分辨率参数大小的选择，原则上以扫描后的图像清晰、完整、不影响图像的利用效果为准。

4.1.5.2 采用黑白二值、灰度、彩色几种模式对档案进行扫描时，其分辨率不能低于 150dpi。特殊情况下，如文字偏小、密集、清晰度较差等，可适当提高分辨率。

4.1.6 图像处理

4.1.6.1 每扫描形成一份电子档案后，应将纸质档案或原件与扫描形成的电子档案图像进行对比，调整不规范的电子档案图像，使每份电子档案图像质量达到以下要求。

——存储格式：

Tif；

——压缩格式：

黑白二值页面：ccitt group4(2d)fax；

灰度页面：JPEG；

彩色页面：JPEG；

——清晰：图像正文在原始大小或比原始大小小的情况下要清晰，要能被识认，不能过黑，也不能过浅；

——完整：电子档案图像不仅包括有效区域部分，还应包含页眉、页脚等部分；

——齐全：每份电子档案都包含 4.1.1 中要求扫描的文件；

——单扫：每份文件扫描后是一张图像，不能将两份或两份以上文件扫描在同一张图像中，更不能将不同机构的文件扫描在同一张图像中。但身份证正反面应扫描在同一张图像中；

——端正：图像在视窗里保持端正，不能倾斜，更不能扭曲；

——黑边、灰边宽度：图像四周不能有宽于 0.5 厘米的黑边或灰边；

——居中：扫描的页面内容居中显示；

——容量：采用黑白二值模式扫描形成的每份电子档案图像大小应不大于1兆，采用灰度模式扫描形成的每份电子档案图像大小应不大于2兆，采用彩色模式扫描形成的每份电子档案图像大小应不大于5兆。如每份电子档案的图像数量超过10张，则可适当增加其容量，但不应大于10兆；

——无病毒。

4.1.6.2 裁边处理

采用彩色模式扫描形成的图像宜进行裁边处理，去除多余的白边，以有效缩小图像文件的容量，节省存储空间。

4.2 电子档案整理

4.2.1 排序与标引

每份电子档案内的图像按照表一的顺序排列。具体的标引规则是：将右边的档案标引成左边的档案标识，如将“申领组织机构代码证基本信息登记表”和“组织机构代码注销申报表”标引为“申领表”，“个人独资企业营业执照”标引为企业批准文件。如果没有“申领组织机构代码证基本信息登记表”，则将“代码申请表校对表”标引为“申领表”，顺序相应排为第一。迁出业务形成的电子档案中，“迁址证明”应标引为“申领表”，顺序相应排为第一，如档案中有“申领组织机构代码证基本信息登记表”，则“迁址证明”标引为其他文件。迁入业务形成的电子档案中，“迁址证明”应标引为其他文件。

表一　电子档案排序及标引规则

代号	档案类别	档案标识	档　案
1	申领表	申领表	申领组织机构代码证基本信息登记表、组织机构代码注销申报表、组织机构代码预赋码通知单。
2	批准文件	企业批准文件	企业法人营业执照、营业执照、个人独资企业营业执照、合伙企业营业执照、外国(地区)企业常驻代表机构登记证、外商投资企业批准证书、工商行政管理部门核准企业开业、变更、注销的文件或证明。
		事业单位批准文件	事业单位法人登记证书；县级以上(含县级)各级政府、党委批准事业单位设立的文件；县级以上(含县级)各级政府、党委或机构编制部门核准事业单位变更、注销的文件或证明。
		社会团体批准文件	社会团体法人登记证书；社会团体分支(代表)机构登记证书；工会法人资格证书；中央机构编制部门核准其直接管理的21个群众团体设立、变更、注销的文件；民政部门核准社会团体变更、注销的文件或证明。
		机关批准文件	国务院、国务院办公厅、中央编办核准机关单位设立、变更、注销的文件；县级以上(含县级)政府、政府办公厅、编办核准机关单位设立、变更、注销的文件；机关法定代表人或负责人任命文件。

续表

代号	档案类别	档案标识	档 案
		其他机构批准文件	民办非企业单位登记证书、基金会法人登记证书、宗教活动场所登记证、外国律师事务所驻华代表处执业许可证、外国驻华新闻机构证、个体工商户营业执照、农民专业合作社法人营业执照、村委会、居委会的批准成立文件、其他未列明机构的批准成立文件、有关部门核准其他机构变更、注销的文件或证明。
3	身份证件	法定代表人身份证件	一般公民的居民身份证；军人的军官证、士兵证(或身份证)；港澳人士的港澳通行证；台湾人士的台胞证；外籍人士的护照；公安部门出具的关于法定代表人的身份证明(证明上须有姓名、性别、住址、身份证号、照片等信息)。
		经办人身份证件	一般公民的居民身份证；军人的军官证、士兵证(或身份证)；港澳人士的港澳通行证；台湾人士的台胞证；外籍人士的护照；公安部门出具的关于经办人的身份证明(证明上须有姓名、性别、住址、身份证号、照片等信息)。
4	其他文件	其他文件	迁址证明
			单位证明
			组织机构代码证书遗失作废公告
			代码管理机构自行注销组织机构代码的说明
			组织机构授权经办人办理登记的证明
			组织机构代码证书
			代码申请表校对表

4.2.2 分类

每份电子档案根据形成其的登记及管理需要可分为申请、年度验证、迁出、迁入、变更、补证、换证、注销、预赋码、其他等十类。详见表二。

表二 电子档案类型

电子档案类型	相应登记的含义	具体申办状态
申请	赋予组织机构代码，颁发代码证书	新增、新申办、申领、新申报、申、初次申办、新办、赋后申办
年度验证	验证组织机构登记信息的有效性、完整性等	验证、年检、年审、年度检验、年度验证
迁出	因组织机构的机构批准部门变化而将其代码迁出原代码管理机构	迁出、迁址、迁
迁入	因组织机构的机构批准部门变化而将其代码迁入新代码管理机构	迁入、迁、迁址

续表

电子档案类型	相应登记的含义	具体申办状态
变更	变更登记中除迁址外的业务	变更换证、变更、变
补证	因代码证书遗失、损毁，补发新的证书	遗失补办、补发、补、补办、补证
换证	因代码证书或组织机构批准成立文件到期而更换代码证书	到期、到期换证
注销	收回已依法终止组织机构的代码及代码证书	注销、废置
预赋码	预先赋予外资企业组织机构代码，但不颁发证书	预赋
其他	其他未列明的情况	暂时停办、其他在表中未列明的申办状态

多种业务同时发生时，档案类型按以下优先顺序选择：迁入、换证、变更(组织机构批准成立文件上登记信息的变更)、迁出、年检、补证、变更(非组织机构批准成立文件上登记信息的变更)。例如换证与年检同时发生，档案类型选择换证。

每份电子档案内的图像根据其内容的不同又分为申领表、批准文件、身份证明文件、其他文件四类。

4.2.3 著录

整理人员应为每份电子档案编制著录信息，必填的著录项包括：

——机构代码：申请代码登记的组织机构的组织机构代码；

——机构名称：组织机构的全称，必须与批准文件及申领表上名称一致；

——档案分类：即不同登记形成的每份电子档案的类别。赋值规则见表二；

——建档日期：组织机构代码登记发生的日期，一般为办证人员录入组织机构代码登记信息的日期。赋值规则："YYYY－MM－DD"例：2006－01－06；

——录档日期：档案扫描日期，赋值规则："YYYY－MM－DD"。例：2006－01－06，必须大于等于建档日期；

——是否公开：组织机构代码登记信息及电子档案能否对外公开。

5 上报

5.1 上报范围

各级代码管理机构电子档案整理人员应将采集完整的电子档案图像与其相应的著录信息上报给相应的接收单位，并应采取措施确保组织机构代码电子档案上报过程中的安全。

5.2 上报时间

各级代码管理机构须实时上报电子档案，所有档案必须在代码数据上报后的五日内上报到全国组织机构代码管理中心。经全国组织机构代码管理中心审核确定为不合格的电子档案，上报单位须在不合格电子档案反馈表发布后的两日内处理为合格档案并重新上报到全国组织机构代码管理中心。

5.3 上报方式

各分中心应将日常登记中形成的电子档案通过专网上报到全国组织机构代码管理中心。

6 接收

电子档案接收单位应派专人负责接收工作，并采取相关措施确保组织机构代码电子档案在接收过程中的安全。

接收完成后，接收负责人应立即与上报单位核对上报数量，如果数量一致，则直接进入电子档案质量审核阶段。

7 审核

电子档案接收单位应派专人负责电子档案审核工作。

7.1 审核内容

审核电子档案是否齐全，图像质量是否合格，著录信息是否完整，是否与相应的电子档案图像相符，标识信息是否准确、完整，排序是否正确，有无病毒。

7.2 审核指标

各分中心应根据自身电子档案的数量和质量情况确定合适的审核比率和合格率。全国组织机构代码管理中心应审核接收的全部档案。

8 存储

8.1 存储内容

地市和县级代码管理机构宜存储管理范围内的电子档案图像、相应的著录信息，全国组织机构代码管理中心和各分中心还应存储电子档案处理系统、服务器等的操作日志。

8.2 存储方式

各级代码管理机构应根据电子档案数量、利用状况、自身条件等选择适当的存储方式。

8.3 备份

8.3.1 备份策略

全国组织机构代码管理中心与各分中心应本着“安全第一”的原则，对属于备份范围内的数据进行及时、合理的备份。

8.3.2 备份方式

全国组织机构代码管理中心宜采用多格式、多载体对电子档案图像和相应的著录信息进行备份，如同时用光盘和磁带两种载体保存电子档案。同时宜采取异地备份，以防灾害对电子档案信息的破坏。各分中心可参照执行。

8.3.3 备份标签

数据备份后，应在备份载体装具的封面上做好标签，以便查找和管理。标签内容具体包括：

——全国组织机构代码管理中心备份标签内容：分中心名称、数据的时间跨度、数据量；

——各分中心备份标签内容包括：上报单位名称、数据的时间跨度、数据量；

更改标签时，必须将原标签揭掉，再贴一张更改后的新标签。

9 保管

各级代码管理机构应指定专人负责组织机构代码电子档案的保管工作，并采取相关措施确保组织机构代码电子档案的安全、完整和长期可用。

9.1 磁带和光盘应保管在空气清洁、配备温湿度调控设备的库房中，库房的温湿度应控制在14℃—24℃，45％—60％，每昼夜允许波动的范围为±2℃，5％。同时应确保磁带远离磁场源，如变压器、电动机等，或将磁带装入用抗磁介质制成的装具内。避免光线对光盘的直射。

9.2 磁带宜每半年或一年以正常速度绕带一次。

9.3 每年应对磁带或光盘进行抽检，抽检比率不低于20％，发现信息丢失、失真等问题时，应及时恢复信息，不可恢复时，重新采集。光盘和磁带每5年重新拷贝一次，旧盘和带应再保存五年。

9.4 每年均应对电子文件的读取、处理设备的更新情况进行一次检查登记。设备环境更新时应确认库存载体与新设备的兼容性；如不兼容，应进行归档电子文件GB/T 18894—2002的载体转换工作，原载体保留时间不少于3年。

9.5 尽量减少对磁带或光盘的利用，利用过程中，应戴上洁净的白色棉质薄手套，以防污染磁带或光盘，损害盘体。

9.6 刻录好的磁带或光盘应先装入洁净的、表面光滑且耐久性好的装具，并直立摆放，禁止将磁带或光盘叠放。

10 利用

10.1 利用者对组织机构代码电子档案的利用应在权限规定范围之内。

10.2 未经代码管理机构或其主管部门的同意，任何机构和个人不得查阅组织机构代码电子档案。

10.3 组织机构代码电子档案的封存载体不应外借。未经代码管理机构批准任何单位或人员不允许擅自复制电子档案。

11 统计

档案管理人员应定期对电子档案的上报、接收、保管和利用的情况进行统计。

GB/T 20091—2006
组织机构类型
（节选）

1 范围

本标准规定了组织机构分类原则和划分组织机构类型的编码方法及代码。

本标准适用于国家各部门、各系统划分组织机构类型使用。

2 术语和定义

下列术语和定义适用于本标准。

2.1 法人 legal person

具有民事权利能力和民事行为能力，依法独立享有民事权利和承担民事义务的组织。

2.2 组织机构 organization

企业、事业单位、机关、社会团体及其他依法成立的单位的通称。

2.3 企业 enterprise

在工商行政管理机关登记注册的营利性经济组织。

2.4 机关 official organ

国家权力机关、国家行政机关、国家司法机关、政党机关、人民解放军、武警部队、政协组织等。

2.5 事业单位 institution organization

经机构编制部门批准成立和登记或备案，领取《事业单位法人证书》，并取得法人资格的单位；或者是上述法人单位的分支机构或派出机构。

2.6 政协组织 political consultative conference

中国人民政治协商会议全国委员会和地方各级委员会及其办事机构。

2.7 社会团体 social organization

中国公民自愿组成，为实现会员共同意愿，按照其章程开展活动的非营利性社会组织。

2.8 民办非企业单位 private non-profitable organization

企业事业单位、社会团体和其他社会力量以及公民个人利用非国有资产举办的，从事非营利性社会服务活动的社会组织。

2.9 基金会 foundation

利用自然人、法人或者其他组织捐赠的财产，以从事公益事业为目的，按照《基金会管理条例》的规定成立的非营利性法人。

3 分类原则

主要按照组织机构的功能和性质,依据国家现行法律法规,将组织机构类型的大类确定为企业、机关、事业单位、社会团体,上述四类不能包括的组织机构暂时归入其他组织机构。根据这五类组织机构的性质再划分具体类型。

4 编码方法

本标准对组织机构类型的划分采用线分类法,将组织机构划分为大类和小类。编码采用层次编码方法,大类、小类各用1位数字表示,9表示其他,为收容类。

5 组织机构类型与代码表

代　码	类　型	具体内容
1	**企业**	
11	公司	在我国境内设立的股份有限公司和有限责任公司
13	非公司制企业法人	除公司之外的,经国家和地方工商行政管理局核准登记,颁发《企业法人营业执照》的各类企业
15	企业分支机构	经国家和地方工商行政管理局核准登记,颁发《营业执照》的各类企业
17	个人独资企业、合伙企业	经国家和地方工商行政管理局核准登记,颁发《个人独资企业营业执照》和《合伙企业营业执照》的各类企业
19	其他企业	经国家和地方工商行政管理局核准登记的外国公司常驻代表机构、办事机构等
3	**机关**	
31	中国共产党	中国共产党中央委员会及中央各部门,地方各级委员会及其工作机构
32	国家权力机关法人	全国人民代表大会及其常务委员会、地方各级人民代表大会及其常务委员会
33	国家行政机关法人	国务院和地方各级人民政府及其工作部门,以及地区行政行署
34	国家司法机关法人	最高人民法院、地方各级人民法院和专门人民法院,最高人民检察院、地方各级人民检察院和专门人民检察院
35	政协组织	中国人民政治协商会议全国委员会和地方各级委员会及其办事机构
36	民主党派	民革、民盟、民建、民进、农工党、致公党、九三学社、台盟等中央和地方各级工作机构
37	人民解放军、武警部队	(略)
39	其他机关	国家权力机关、国家行政机关、国家司法机关的分支机构和派出机构,以及其他依法成立的机关

续表

代　码	类　型	具体内容
5	**事业单位**	
51	事业单位法人	经机构编制部门批准成立和登记或备案，领取《事业单位法人证书》，取得法人资格的事业单位
53	事业单位分支、派出机构	上述事业单位法人的分支机构或派出机构
59	其他事业单位	其他未列明的依法成立的事业单位
7	**社会团体**	
71	社会团体法人	1. 中央机构编制管理部门直接管理的 21 个群众团体，包括中华全国总工会、中国共产主义青年团中央委员会、中华全国妇女联合会、中国文学艺术界联合会、中国作家协会、中国科学技术协会、中国全国归国华侨联合会、中国法学会、中国人民对外友好协会、中国全国新闻工作者协会、中华全国台湾同胞联谊会、中国国际贸易促进委员会、中国残疾人联合会、中国红十字总会、中国人民外交学会、宋庆龄基金会、黄埔军校同学会、欧美同学会、中国思想政治工作研究会、中华职业教育社、中华全国工商业联合会 2. 经民政部和地方民政部门核准登记，颁发《社会团体法人证书》的各类社会团体
73	社会团体分支、代表机构	经民政部和地方民政部门核准登记，颁发《社会团体分支机构登记证书》或《社会团体代表机构登记证书》的社会团体分支机构或代表机构
79	其他社会团体	其他未列明的依法成立的社会团体
9	**其他组织机构**	
91	民办非企业单位	民政部和各级民政部门核准登记的，颁发《民办非企业单位(法人)登记证书》、《民办非企业单位(合伙)登记证书》、《民办非企业单位(个体)登记证书》的民办非企业单位
93	基金会	民政部和各级民政部门核准登记的，颁发《基金会法人登记证书》的基金会
94	宗教活动场所	国家和地方各级人民政府宗教事务部门登记，颁发登记证书的各类宗教活动场所
95	农村村民委员会	由乡、民族乡、镇的人民政府提出，经村民会议讨论同意后，报县级人民政府批准，设立的村民委员会
96	城市居民委员会	由不设区的市、市辖区的人民政府决定居民委员会的设立
97	自定义区	由各应用部门自行确定的组织机构类型，不作为交换使用
99	其他未列明的组织机构	包括联合国和其他国际组织驻我国境内机构

GB/T 4754—2002
国民经济行业分类
（节选）

1　范围

1.1　本标准规定了我国经济活动的行业分类及代码。

1.2　本标准适用于在计划、统计、财政、税收、工商行政管理等国家宏观管理及部门管理中，对经济活动进行的行业分类。

2　术语和定义

下列术语和定义适用于本标准。

2.1　行业　industry

一个行业（或产业）是指从事相同性质的经济活动的所有单位的集合。

2.2　主要活动　principal activity

当一个单位对外从事两种以上的经济活动时，主要活动是指占其单位增加值份额最大的一种活动。

注：与主要活动相对应的是次要活动和辅助活动。次要活动是指一个单位对外从事的所有经济活动中，除主要活动以外的经济活动。辅助活动是指一个单位的全部活动中，不对外提供产品和劳务的活动。辅助活动是为保证本单位主要活动和次要活动正常运转而进行的一种内部活动。

2.3　法人单位　corporate unit

具备下列条件的单位为法人单位：

——依法成立，有自己的名称、组织机构和场所，能够独立承担民事责任；

——独立拥有和使用（或授权使用）资产，承担负债，有权与其他单位签定合同；

——会计上独立核算，能够编制资产负债表。

2.4　产业活动单位　establishment

产业活动单位是法人单位的附属单位。产业活动单位应具备下列条件：

——在一个场所从事一种或主要从事一种经济活动；

——相对独立地组织生产、经营或业务活动；

——能够掌握收入和支出等核算资料。

3　原则和规定

3.1　划分行业的原则

本标准采用经济活动的同质性原则划分国民经济行业。即每一个行业类别都按照同一种经济活动的性质划分，而不是依据编制、会计制度或部门管理等划分。

3.2　行业分类的基本单位

根据联合国《全部经济活动的国际标准产业分类》的划分原则，行业分类最理想的基本单位是产业活动单位。但由于统计目的和核算对象的不同，行业分类的基本单位也可以采用法人单位。

当采用产业活动单位作为行业分类的基本单位时，应注意以下两种情况：

a）在一个场所，主要从事一种经济活动的法人单位，其本身就是一个产业活动单位。

b）从事多种经济活动，下设多个活动场所，各有相对独立的组织形式，并能提供相应的收入和支出等核算资料的法人单位，应进一步按经济活动划分产业活动单位。

3.3　单位行业归属的确定

本标准按照主要活动确定单位的行业。

a）一个单位从事一种经济活动，即按照该活动确定单位的行业。

b）一个单位从事两种以上的经济活动，则按照主要活动确定单位的行业。如果无法用增加值确定该单位的主要活动，可依据销售收入、营业收入或从业人员确定主要活动。

4　编码方法和代码结构

4.1　本标准采用线分类法和分层次编码方法，将经济活动划分为门类、大类、中类和小类四级。门类采用英文字母编码，大、中、小类采用阿拉伯数字编码。

门类用一个英文字母表示，即用字母 A、B、C……顺次代表不同门类。大、中、小类依据等级制和完全十进制，用三层四位阿拉伯数字表示。大类代码由前两位数字组成，采用层次编码法和数字顺序编码法，打破门类的界限，从 01 开始依据大类分类体系的排列次序按升序赋码；中类代码由前三位数字组成，第三位为中类的顺序码；小类代码由四位数字组成，第四位为小类的顺序码。中、小类的顺序码分别从 1 开始，按升序排列，最多编到 9。如 74 表示大类“商务服务业”，743 表示中类“咨询与调查”，7431 表示小类“会计、审计及税务服务”。

4.2　本标准的中类和小类，根据需要设立了带有“其他”字样的收容项。为了便于识别，原则上规定收容项的代码尾数为“9”。

4.3　如果大类或中类不再细分，则它们后面的代码补“0”直到第四位。

4.4　各层留有一定空码，以适应今后增加或调整类目需要。

4.5　本标准的代码结构图如下：

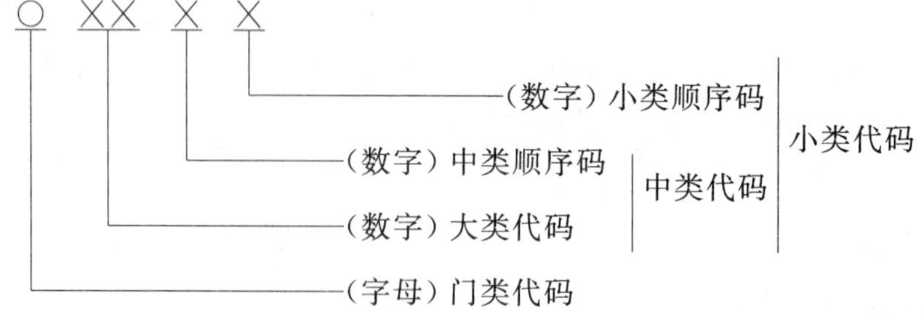

5　国民经济行业分类和代码表（见下页）

代码				类别名称	说明
门类	大类	中类	小类		
A				**农、林、牧、渔业**	本门类包括01—05大类
	01			**农业**	指对各种农作物的种植活动
		011		谷物及其他作物的种植	
			0111	谷物的种植	指以收获籽实为主,供人类食用的农作物的种植,如稻谷、小麦、玉米等农作物的种植
			0112	薯类的种植	
			0113	油料的种植	
			0114	豆类的种植	
			0115	棉花的种植	
			0116	麻类的种植	
			0117	糖料的种植	
			0118	烟草的种植	
			0119	其他作物的种植	
		012		蔬菜、园艺作物的种植	
			0121	蔬菜的种植	
			0122	花卉的种植	
			0123	其他园艺作物的种植	
		013		水果、坚果、饮料和香料作物的种植	
			0131	水果、坚果的种植	
			0132	茶及其他饮料作物的种植	
			0133	香料作物的种植	
		014	0140	中药材的种植	指主要用于中药配制以及中成药加工的药材作物的种植
	02			**林业**	
		021		林木的培育和种植	
			0211	育种和育苗	
			0212	造林	指在荒山、荒地、沙丘和退耕地等一切可以造林的土地上进行的林木和竹子的种植活动和恢复森林的活动
			0213	林木的抚育和管理	指为促进林木生长发育,在林木生长的不同时期进行的促进林木生长发育的措施活动
		022		木材和竹材的采运	指对林木和竹木的采伐,并将其运出山场至贮木场的生产活动
			0221	木材的采运	
			0222	竹材的采运	
		023	0230	林产品的采集	指在天然森林和人工林地进行的各种林木产品和其他野生植物的采集等活动

代码				类别名称	说明
门类	大类	中类	小类		
	03			**畜牧业**	指为了获得各种畜禽产品而从事的动物饲养活动
		031	0310	牲畜的饲养	指对牛、羊、马、驴、骡、骆驼等主要牲畜的饲养
		032	0320	猪的饲养	
		033	0330	家禽的饲养	
		034	0340	狩猎和捕捉动物	指对各种野生动物的捕捉以及与此相关的活动
		039	0390	其他畜牧业	
	04			**渔业**	
		041		海洋渔业	
			0411	海水养殖	指利用海水对各种水生动植物的养殖活动
			0412	海洋捕捞	指在海洋中对各种天然水生动植物的捕捞活动
		042		内陆渔业	
			0421	内陆养殖	指在内陆水域进行的各种水生动物的养殖
			0422	内陆捕捞	指在内陆水域对各种天然水生动物的捕捞
	05			**农、林、牧、渔服务业**	指对农、林、牧、渔业生产活动进行的各种支持性服务活动。但不包括各种科学技术和专业技术服务活动
		051		农业服务业	
			0511	灌溉服务	指为农业生产服务的灌溉系统的经营与管理活动
			0512	农产品初加工服务	指由农民家庭兼营或收购单位对收获的各种农产品(包括纺织纤维原料)进行去籽、净化、分类、晒干、剥皮、沤软或大批包装以提供初级市场的服务活动，以及其他农产品的初加工活动
			0519	其他农业服务	指为农业生产提供农业机械并配备操作人员的活动，防止病虫害的活动，以及其他未列明的农业服务活动
		052	0520	林业服务业	指为林业生产服务的病虫害的防治、森林防火等各种支持性活动
		053		畜牧服务业	
			0531	兽医服务	指对各种动物进行的病情诊断和医疗等活动
			0539	其他畜牧服务	指除兽医以外的其他畜牧服务活动

代码				类别名称	说明
门类	大类	中类	小类		
		054	0540	渔业服务业	指对渔业生产活动进行的各种支持性服务活动,包括鱼苗及鱼种场、水产良种场和水产增殖场等进行的活动
B				**采矿业**	本类包括06—11大类。采矿业指对固体(如煤和矿物)、液体(如原油)或气体(如天然气)等自然产生的矿物的采掘。包括地下或地上采掘、矿井的运行,以及一般在矿址或矿址附近从事的旨在加工原材料的所有辅助性工作,例如碾磨、选矿和处理,均属本类活动。还包括使原料得以销售所需的准备工作。不包括水的蓄集、净化和分配,以及地质勘查、建筑工程活动
	06			**煤炭开采和洗选业**	指对各种煤炭的开采、洗选、分级等生产活动。不包括煤制品的生产和煤炭勘探活动
		061	0610	烟煤和无烟煤的开采洗选	指对地下或露天烟煤、无烟煤的开采,以及对采出的烟煤、无烟煤及其他硬煤进行洗选、分级等提高质量的活动
		062	0620	褐煤的开采洗选	指对褐煤——煤化程度较低的一种燃料的地下或露天开采,以及对采出的褐煤进行洗选、分级等提高质量的活动
		069	0690	其他煤炭采选	指对生长在古生代地层中的含碳量低、灰分高的煤炭资源(如石煤、泥炭)的开采
	07			**石油和天然气开采业**	
		071	0710	天然原油和天然气开采	指在陆地或海洋,对天然原油、液态或气态天然气的开采,对煤矿瓦斯气(煤层气)的开采,为运输目的所进行的天然气液化和从天然气田气体中生产液化烃的活动。还包括对含沥青的页岩或油母页岩矿的开采,以及对焦油沙矿进行的同类作业
		079	0790	与石油和天然气开采有关的服务活动	指为石油和天然气开采提供的服务活动
	08			**黑色金属矿采选业**	
		081	0810	铁矿采选	指对铁矿石的采矿、选矿活动
		089	0890	其他黑色金属矿采选	指对锰矿、铬矿等钢铁工业黑色金属辅助原料矿的采矿、选矿活动
	09			**有色金属矿采选业**	指对常用有色金属矿、贵金属矿,以及稀有稀土金属矿的开采、选矿活动

代码				类别名称	说明
门类	大类	中类	小类		
		091		常用有色金属矿采选	指对铜、铅锌、镍钴、锡、锑、铝、镁、汞、镉、铋等常用有色金属矿的采选活动
			0911	铜矿采选	
			0912	铅锌矿采选	
			0913	镍钴矿采选	
			0914	锡矿采选	
			0915	锑矿采选	
			0916	铝矿采选	
			0917	镁矿采选	
			0919	其他常用有色金属矿采选	
		092		贵金属矿采选	指对在地壳中含量极少的金、银和铂族元素(铂、铱、锇、钌、钯、铑)矿的采选活动
			0921	金矿采选	
			0922	银矿采选	
			0929	其他贵金属矿采选	
		093		稀有稀土金属矿采选	指对在自然界中含量较小,分布稀散或难以从原料中提取,以及研究和使用较晚的金属矿开采、精选活动
			0931	钨钼矿采选	
			0932	稀土金属矿采选	指镧系金属及与镧系金属性质相近的金属矿的采选活动
			0933	放射性金属矿采选	指对主要含钍和铀的矿石开采,以及对这类矿石的精选活动
			0939	其他稀有金属矿采选	指对稀有轻金属矿、稀有高熔点金属矿、稀散金属矿,以及其他稀有金属矿的采选活动
	10			**非金属矿采选业**	
		101		土砂石开采	
			1011	石灰石、石膏开采	指对石灰、石膏,以及石灰石助熔剂的开采活动
			1012	建筑装饰用石开采	指通常在采石场切制加工各种纪念碑及建筑用石料的活动
			1013	耐火土石开采	
			1019	粘土及其他土砂石开采	指用于建筑、陶瓷等方面的粘土开采,以及用于铺路和建筑材料的石料、石渣、砂的开采
		102	1020	化学矿采选	指对化学矿和肥料矿物的开采

代码				类别名称	说明
门类	大类	中类	小类		
		103	1030	采盐	指通过以海水(含沿海浅层地下卤水)为原料晒制,或以钻井汲取地下卤水,或注水溶解地下岩盐为原料,经真空蒸发干燥,以及从盐湖中采掘制成的以氯化钠为主要成分的盐产品的开采、粉碎和筛选活动
		109		石棉及其他非金属矿采选	指对石棉、石墨、贵重宝石、金刚石、天然磨料,以及其他矿石的开采
			1091	石棉、云母矿采选	
			1092	石墨、滑石采选	指对天然石墨、滑石的开采
			1093	宝石、玉石开采	指对贵重宝石、玉石、彩石的开采
			1099	其他非金属矿采选	
	11			**其他采矿业**	
		110	1100	其他采矿业	指对地热资源、矿泉水资源以及其他未列明的自然资源的开采活动。但不包括利用这些资源建立的热电厂和矿泉水厂
C				**制造业**	本门类包括 13—43 大类。指经物理变化或化学变化后成为了新的产品,不论是动力机械制造,还是手工制做;也不论产品是批发销售,还是零售,均视为制造 建筑物中的各种制成品零部件的生产应视为制造。但在建筑预制品工地,把主要部件组装成桥梁、仓库设备、铁路与高架公路、升降机与电梯、管道设备、喷水设备、暖气设备、通风设备与空调设备,照明与安装电线等组装活动,以及建筑物的装置,均列为建筑活动 在主要从事产品制造的企业(单位)中,为产品销售而进行的机械与设备的组装与安装活动,应按其主要活动归类
	13			**农副食品加工业**	指直接以农、林、牧、渔业产品为原料进行的谷物磨制、饲料加工、植物油和制糖加工、屠宰及肉类加工、水产品加工,以及蔬菜、水果和坚果等食品的加工活动
		131	1310	谷物磨制	也称粮食加工,指将稻子、谷子、小麦、高粱等谷物去壳、碾磨及精加工的生产活动

代码				类别名称	说明
门类	大类	中类	小类		
		132	1320	饲料加工	指适用于农场、农户饲养牲畜、家禽的饲料生产加工活动，包括宠物食品的生产
		133		植物油加工	
			1331	食用植物油加工	指用各种食用植物油料生产油脂，以及精制食用油的加工活动
			1332	非食用植物油加工	指用各种非食用植物油料生产油脂的活动
		134	1340	制糖	指以甘蔗、甜菜为原料制作成品糖，以及以原糖或砂糖为原料精炼加工各种精制糖的生产活动
		135		屠宰及肉类加工	
			1351	畜禽屠宰	指对各种畜、禽进行宰杀，以及鲜肉冷冻等保鲜活动，但不包括商业冷藏
			1352	肉制品及副产品加工	指主要以各种畜、禽肉为原料加工成熟肉制品，以及畜、禽副产品的加工活动
		136		水产品加工	
			1361	水产品冷冻加工	指为了保鲜，将海水、淡水养殖或捕捞的鱼类、虾类、甲壳类、贝类、藻类等水生动物或植物进行的冷冻加工活动，但不包括商业冷藏
			1362	鱼糜制品及水产品干腌制加工	指鱼糜制品制造，以及水产品的干制、腌制等加工活动
			1363	水产饲料制造	指用鱼骨、虾、贝等水产品生产饲料的加工活动
			1364	鱼油提取及制品的制造	指从鱼或鱼肝中提取油脂，并生产制品的活动
			1369	其他水产品加工	指对水生动物或水生植物进行的其他加工活动
		137	1370	蔬菜、水果和坚果加工	指用脱水、干制、冷藏、冷冻、腌制等方法，对蔬菜、水果、坚果的加工活动
		139		其他农副食品加工	
			1391	淀粉及淀粉制品的制造	指用玉米、薯类、豆类及其他植物原料制作淀粉和淀粉制品的生产。还包括以淀粉为原料，经酶法或酸法转换得到的糖品生产
			1392	豆制品制造	指以大豆、小豆、绿豆、豌豆、蚕豆等豆类为主要原料，经加工制成食品的活动
			1393	蛋品加工	
			1399	其他未列明的农副食品加工	
	14			**食品制造业**	
		141		焙烤食品制造	

代码				类别名称	说明
门类	大类	中类	小类		
			1411	糕点、面包制造	指用米粉、面粉、豆粉为主要原料,配以辅料,经成型、油炸、烤制而成的各种食品生产活动
			1419	饼干及其他焙烤食品制造	指以面粉(或糯米粉)、糖和油脂为主要原料,配以奶制品、蛋制品等辅料,经成型、焙烤制成的各种饼干,以及用薯类、谷类、豆类等制做的各种易于保存、食用方便、口感酥脆的焙烤食品生产活动
		142		糖果、巧克力及蜜饯制造	
			1421	糖果、巧克力制造	指以砂糖、葡萄糖浆或饴糖为主要原料,加入油脂、乳品、胶体、果仁、香料、食用色素等辅料制成甜味块状食品——糖果的制造,以及以浆状、粉状或块状可可、可可脂、可可酱、砂糖、乳品等为主要原料加工制成巧克力及巧克力制品的生产活动
			1422	蜜饯制作	指以水果、坚果、果皮及植物的其他部分制做糖果蜜饯的活动
		143		方便食品制造	指以米、面、杂粮等为主要原料加工制成,只需简单烹制即可作为主食的具有食用简便、携带方便,易于储藏等特点的食品制造
			1431	米、面制品制造	指以大米、面粉为原料,经粗加工制成,未经烹制的各类米面制品的生产
			1432	速冻食品制造	指以米、面、杂粮等为主要原料,以肉类、蔬菜等为辅料,经加工制成各类烹制或未烹制的主食品后,立即采用速冻工艺制成的,并可以在冻结条件下运输储存及销售的各类主食品的生产
			1439	方便面及其他方便食品制造	指用米、面、杂粮等为主要原料加工制成的,可以直接食用或只需简单蒸煮即可作为主食的各种方便主食品的生产,以及其他未列明的方便食品制造
		144	1440	液体乳及乳制品制造	指以牛、羊乳为主要原料,经分级、净乳、杀菌、浓缩、干燥、发酵等加工制成的液体乳及乳制品的生产
		145		罐头制造	指将符合要求的原料经处理、分选、修整、烹调(或不经烹调)、装罐、密封、杀菌、冷却(或无菌包装)等罐头生产工艺制成的,达到商业无菌要求,并可以在常温下储存的罐头食品的制造

门类	大类	中类	小类	类别名称	说明
			1451	肉、禽类罐头制造	
			1452	水产品罐头制造	
			1453	蔬菜、水果罐头制造	
			1459	其他罐头食品制造	指婴幼儿辅助食品类罐头、米面食品类罐头(如八宝粥罐头等)及上述未列明的罐头食品的制造
		146		调味品、发酵制品制造	
			1461	味精制造	指以淀粉或糖蜜为原料，经微生物发酵、提取、精制等工序制成的，谷氨酸钠含量在80%及以上的鲜味剂的生产
			1462	酱油、食醋及类似制品的制造	指以大豆和(或)脱脂大豆，小麦和(或)麸皮为原料，经微生物发酵制成的各种酱油和酱类制品，以及以单独或混合使用各种含有淀粉、糖的物料或酒精，经微生物发酵酿制的酸性调味品的生产
			1469	其他调味品、发酵制品制造	
		149		其他食品制造	
			1491	营养、保健食品制造	指主要适宜伤残者、老年人的，含肉、鱼、水果、蔬菜、奶、麦精、钙等均质配料的营养、保健食品的生产
			1492	冷冻饮品及食用冰制造	指以砂糖、乳制品、豆制品、蛋制品、油脂、果料和食用添加剂等经混合配制、加热杀菌、均质、老化、冻结(凝冻)而成的冷食饮品的制造
			1493	盐加工	指以原盐为原料，经过化卤、蒸发、洗涤、粉碎、干燥、脱水、筛分等工序，或在其中添加碘酸钾及调味品等加工制成盐产品的生产活动
			1494	食品及饲料添加剂制造	指增加或改善食品特色的化学品，以及补充动物饲料的营养成分和促进生长、防治疫病的制剂的生产
			1499	其他未列明的食品制造	
	15			**饮料制造业**	
		151	1510	酒精制造	指用玉米、小麦、薯类等淀粉质原料或用糖蜜等含糖质原料，经蒸煮、糖化、发酵及蒸馏等工艺制成的酒精产品的生产
		152		酒的制造	

代码				类别名称	说明
门类	大类	中类	小类		
			1521	白酒制造	指以高粱等粮谷为主要原料,以大曲、小曲或麸曲及酒母等为糖化发酵剂,经蒸煮、糖化、发酵、蒸馏、陈酿、勾兑而制成的,酒精度(体积分数)在18%~60%的蒸馏酒产品的生产
			1522	啤酒制造	指以麦芽(包括特种麦芽)为主要原料,加酒花,经酵母发酵酿制而成,含二氧化碳、起泡、低酒精度(体积分数)2.5%~7.5%的发酵酒产品的生产,以及啤酒专用原料麦芽的生产
			1523	黄酒制造	指以稻米、黍米、黑米、小麦、玉米等为原料,加曲、酵母等糖化发酵剂发酵酿制而成的发酵酒产品的生产
			1524	葡萄酒制造	指以新鲜葡萄或葡萄汁为原料,经全部或部分发酵酿制而成,酒精度(体积分数)等于或大于7%的发酵酒产品的生产
			1529	其他酒制造	指除葡萄酒以外的其他果酒、配制酒以及上述未列明的其他酒产品的生产
		153		软饮料制造	
			1531	碳酸饮料制造	指在一定条件下充入二氧化碳气的饮用品制造。其成品中二氧化碳气的含量(20℃时的体积倍数)不低于2.0倍
			1532	瓶(罐)装饮用水制造	指以地下矿泉水和符合生活饮用水卫生标准的水为水源加工制成的,密封于塑料瓶(罐)、玻璃瓶或其他容器中,不含任何添加剂,可直接饮用水的生产
			1533	果菜汁及果菜汁饮料制造	指以新鲜或冷藏水果和蔬菜为原料,经加工制得的果菜汁液制品生产,以及在果汁或浓缩果汁、蔬菜汁中加入水、糖液、酸味剂等,经调制而成的可直接饮用的饮品(果汁含量不低于10%)的生产
			1534	含乳饮料和植物蛋白饮料制造	指以鲜乳或乳制品为原料(经发酵或未经发酵),加入水、糖液等调制而成的可直接饮用的含乳饮品的生产;以及以蛋白质含量较高的植物的果实、种子或核果类、坚果类的果仁等为原料,在其加工制得的浆液中加入水、糖液等调制而成的可直接饮用的植物蛋白饮品的生产

代码				类别名称	说　　明
门类	大类	中类	小类		
			1535	固体饮料制造	指以糖、食品添加剂、果汁或植物抽提物等为原料，加工制成粉末状、颗粒状或块状制品（其成品水分质量分数不高于5%）的生产
			1539	茶饮料及其他软饮料制造	指未列入上述各类的茶饮料、特殊用途饮料等其他软饮料的制造
		154	1540	精制茶加工	指对毛茶或半成品原料茶进行筛分、轧切、风选、干燥、匀堆、拼配等精制加工茶叶的生产
	16			**烟草制品业**	
		161	1610	烟叶复烤	指在原烟（初烤）基础上进行第二次烟叶水分调整的活动
		162	1620	卷烟制造	指各种卷烟生产，但不包括生产烟用滤嘴棒的纤维丝束原料的制造
		169	1690	其他烟草制品加工	
	17			**纺织业**	
		171		棉、化纤纺织及印染精加工	
			1711	棉、化纤纺织加工	指以棉及棉型化学纤维为主要原料进行的纺纱、织布，以及用于织布和缝纫的线的生产活动
			1712	棉、化纤印染精加工	指对非自产的棉和化学纤维纺织品进行漂白、染色、印花、轧光、起绒、缩水等工序的加工
		172		毛纺织和染整精加工	
			1721	毛条加工	指以毛及毛型化学纤维为原料进行梳条的加工活动
			1722	毛纺织	指以毛条及毛型化学纤维为原料进行的纺、织生产活动
			1723	毛染整精加工	指对非自产的毛纺织品进行漂白、染色、印花等工序的染整精加工
		173	1730	麻纺织	指以苎麻、亚麻、大麻等为主要原料进行的纺、织生产活动
		174		丝绢纺织及精加工	
			1741	缫丝加工	指由蚕茧经过加工缫制成丝的活动
			1742	绢纺和丝织加工	指以丝及化纤丝为主要原料进行的丝织生产活动
			1743	丝印染精加工	指对非自产的丝织品进行漂白、染色、轧光、起绒、缩水或印染等工序的加工
		175		纺织制成品制造	指以棉、化纤、毛以及各种麻和丝纺织制成品的生产活动
			1751	棉及化纤制品制造	

代码				类别名称	说明
门类	大类	中类	小类		
			1752	毛制品制造	
			1753	麻制品制造	
			1754	丝制品制造	
			1755	绳、索、缆的制造	指用天然纤维和化学纤维制造绳、索具、缆绳、合股线的生产活动
			1756	纺织带和帘子布制造	
			1757	无纺布制造	指以化学纤维为基本原料,经化学(或热熔)粘合而成的类似布的产品制造。因其不进行纺织,故又称为非织造布
			1759	其他纺织制成品制造	指废旧纤维纺织品、特种纺织品以及其他未列明的纺织制成品的制造
		176		针织品、编织品及其制品制造	指纯粹由手工织成或钩成,或由机器针织、钩针编织成形的制品制造
			1761	棉、化纤针织品及编织品制造	指以棉及棉型化学纤维为主要原料,纯粹由手工织成或钩成,或由机器针织、钩针编织织物的制作活动
			1762	毛针织品及编织品制造	指以毛及毛型化学纤维为主要原料,纯粹由手工织成或钩成,或由机器针织、钩针编织织物的制作活动
			1763	丝针织品及编织品制造	指以丝及化纤长丝为主要原料,纯粹由手工织成或钩成,或由机器针织、钩针编织织物的制作活动
			1769	其他针织品及编织品制造	
	18			**纺织服装、鞋、帽制造业**	
		181	1810	纺织服装制造	指以纺织面料为主要原料,经裁剪后缝制各种男、女服装,以及儿童成衣的活动。包括非自产原料制作的服装,以及固定生产地点的服装制做
		182	1820	纺织面料鞋的制造	指用各种纺织面料、木材、棕草等原料缝制、模压或编制各种鞋的生产活动
		183	1830	制帽	指用各种纺织原料、皮革和毛皮原料,经剪裁、缝制或压制帽子的制作,以及针织或钩针编织成毛线帽的活动
	19			**皮革、毛皮、羽毛(绒)及其制品业**	
		191	1910	皮革鞣制加工	指动物生皮经脱毛、鞣制等物理和化学方法加工,再经涂饰和整理,制成具有不易腐烂、柔韧、透气等性能的皮革生产活动
		192		皮革制品制造	

代码				类别名称	说明
门类	大类	中类	小类		
			1921	皮鞋制造	指全部或大部分用皮革、人造革、合成革为面料，以橡胶、塑料或合成材料等为外底，按缝绱、胶粘、模压、注塑等工艺方法制作各种皮鞋的生产活动
			1922	皮革服装制造	指全部或大部分用皮革、人造革、合成革为面料，制作各式服装的活动
			1923	皮箱、包(袋)制造	指全部或大部分用皮革、人造革、合成革为材料，或者以塑料、纺织物为材料，制作各种用途的皮箱、皮包(袋)或其他材料的箱、包(袋)等的制作活动
			1924	皮手套及皮装饰制品制造	指全部或大部分用皮革、人造革、合成革为材料制成的皮手套、皮带，以及皮领带等皮装饰制品的生产活动
			1929	其他皮革制品制造	指全部或大部分用皮革、人造革、合成革为材料制成上述类别未列明的其他各种皮革制品的生产活动
		193		毛皮鞣制及制品加工	
			1931	毛皮鞣制加工	指带毛动物生皮经鞣制等化学和物理方法处理后，保持其绒毛形态及特点的毛皮(又称裘皮)的生产活动
			1932	毛皮服装加工	指用各种动物毛皮和人造毛皮为面料或里料，加工制作毛皮服装的生产活动
			1939	其他毛皮制品加工	指用各种动物毛皮和人造毛皮为材料，加工制作上述类别未列明的其他各种用途毛皮制品的生产
		194		羽毛(绒)加工及制品制造	
			1941	羽毛(绒)加工	指对鹅、鸭等禽类羽毛进行加工成标准毛的生产活动
			1942	羽毛(绒)制品加工	指用加工过的羽毛(绒)作为填充物制作各种用途的羽绒制品的生产活动
	20			**木材加工及木、竹、藤、棕、草制品业**	
		201		锯材、木片加工	
			2011	锯材加工	指以原木为原料，利用锯木机械或手工工具将原木纵向锯成具有一定断面尺寸(宽、厚度)的木材加工生产活动，用防腐剂和其他物质浸渍木料或对木料进行化学处理的加工活动，以及地板毛料的制造
			2012	木片加工	指利用森林采伐、造材、加工等剩余物和定向培育的木材，经削(刨)片机加工成一定规格的产品生产

代码				类别名称	说明
门类	大类	中类	小类		
		202		人造板制造	指用木材及其剩余物、棉秆、甘蔗渣和芦苇等植物纤维为原料,加工成符合国家标准的胶合板、纤维板、刨花板、细木工板和木丝板等产品的生产,以及人造板二次加工装饰板的制造
			2021	胶合板制造	指具有一定规格的原木经旋(刨)切成单板,再经干燥、涂胶、组坯、热压而成的符合国家标准及供需双方协定标准的产品生产
			2022	纤维板制造	指用木材碎料(包括木片)、棉秆、甘蔗渣、芦苇等植物纤维作原料,经削片纤维分离,铺装成型,热压而成的产品生产
			2023	刨花板制造	指用木材碎料(包括木片)和其他植物纤维作原料,制成刨花,经干燥、施胶,铺装成型,热压而成的产品生产
			2029	其他人造板、材制造	指人造板二次加工装饰板及其他未列明的人造板材的制造
		203		木制品制造	指以木材为原料加工成建筑用木料和木材组件、木容器、软木制品及其他木制品的生产活动。但不包括木质家具的制造
			2031	建筑用木料及木材组件加工	指主要用于建筑施工工程的木质制品,如建筑施工用的大木工或其他支撑物,以及建筑木工的生产活动
			2032	木容器制造	
			2039	软木制品及其他木制品制造	指天然软木除去表皮,经初加工后获得的结块软木及其制品,以及其他未列明的木质产品的生产活动
		204	2040	竹、藤、棕、草制品制造	指除木材以外,以竹、藤、棕、草等天然植物为原料生产制品的活动。但不包括家具的制造
	21			**家具制造业**	指用木材,金属、塑料、竹、藤等材料制作的,具有坐卧、凭倚、储藏、间隔等功能,可用于住宅、旅馆、办公室、学校、餐馆、医院、剧场、公园、船舰、飞机、机动车等任何场所的各种家具的制造
		211	2110	本质家具制造	指以天然木材和木质人造板为主要材料,配以其他辅料(如油漆、贴面材料、玻璃、五金配件等)制作各种家具的生产活动

代码				类别名称	说明
门类	大类	中类	小类		
		212	2120	竹、藤家具制造	指以竹材和藤材为主要材料，配以其他辅料制作各种家具的生产活动
		213	2130	金属家具制造	指支（框）架及主要部件以铸铁、钢材、钢板、钢管、合金等金属为主要材料，结合使用木、竹、塑等材料，配以人造革、尼龙布、泡沫塑料等其他辅料制作各种家具的生产活动
		214	2140	塑料家具制造	指用塑料管、板、异型材加工或用塑料、玻璃钢（即增强塑料）直接在模具中成型的家具的生产活动
		219	2190	其他家具制造	指主要由弹性材料（如弹簧、蛇簧、拉簧等）和软质材料（如棕丝、棉花、乳胶海绵、泡沫塑料等），辅以绷结材料（如绷绳、绷带、麻布等）和装饰面料及饰物（如棉、毛、化纤织物及牛皮、羊皮、人造革等）制成的各种软家具；以玻璃为主要材料，辅以木材或金属材料制成的各种玻璃家具，以及其他未列明的原材料制作各种家具的活动
	22			**造纸及纸制品业**	
		221	2210	纸浆制造	指经机械或化学方法加工纸浆的生产活动
		222		造纸	指用纸浆或其他原料（如矿渣棉、云母、石棉等）悬浮在流体中的纤维，经过造纸机或其他设备成型，或手工操作而成的纸及纸板的制造活动
			2221	机制纸及纸板制造	
			2222	手工纸制造	指采用手工操作成型，制成纸的生产活动
			2223	加工纸制造	指对原纸及纸板进一步加工的生产活动
		223		纸制品制造	指用纸及纸板为原料，进一步加工制成纸制品的生产活动
			2231	纸和纸板容器的制造	
			2239	其他纸制品制造	指符合出售规格或包装要求的纸制品，以及其他未列明的纸制品的制造
	23			**印刷业和记录媒介的复制**	
		231		印刷	
			2311	书、报、刊印刷	
			2312	本册印制	指由各种纸及纸板制作的，用于书写和其他用途的本册生产

代码				类别名称	说明
门类	大类	中类	小类		
			2319	包装装潢及其他印刷	指根据一定的商品属性、形态,采用一定的包装材料,经过对商品包装的造型结构艺术和图案文字的设计与安排来装饰美化商品的印刷,以及其他印刷活动
		232	2320	装订及其他印刷服务活动	指专门企业从事的装订、压印媒介制造等与印刷有关的服务活动
		233	2330	记录媒介的复制	指将母带、母盘上的信息进行批量翻录的生产活动
	24			**文教体育用品制造业**	
		241		文化用品制造	
			2411	文具制造	指办公、学习等使用的各种文具的制造
			2412	笔的制造	指用于学习、办公或绘画等用途的各种笔制品的制造
			2413	教学用模型及教具制造	指主要用于教学的各种专用模型、标本及教具的制造
			2414	墨水、墨汁制造	指书写、绘画等使用的墨水、墨汁及类似制品的生产
			2419	其他文化用品制造	
		242		体育用品制造	
			2421	球类制造	指各种皮制、胶制、革制的可充气的运动用球,以及其他材料制成的各种运动用硬球、软球等球类产品的生产
			2422	体育器材及配件制造	指各项竞技比赛和训练用器材及用品,体育场馆设施及器件的生产
			2423	训练健身器材制造	指供健身房、家庭或体育训练用的健身器材及运动物品的制造
			2424	运动防护用具制造	指用各种材质,为各项运动特制手套、鞋、帽和护具的生产活动
			2429	其他体育用品制造	指钓鱼专用的各种用具及用品,以及上述未列明的体育用品制造
		243		乐器制造	指中国民族乐器、西乐器等各种乐器及乐器零部件和配套产品的制造,但不包括玩具乐器的制造
			2431	中乐器制造	
			2432	西乐器制造	
			2433	电子乐器制造	
			2439	其他乐器及零件制造	指其他未列明的乐器、乐器零件及配套产品的制造

代码				类别名称	说明
门类	大类	中类	小类		
		244	2440	玩具制造	指以儿童为主要使用者，具备娱乐性、教育性和安全性三个基本特征的娱乐器具的制造
		245		游艺器材及娱乐用品制造	
			2451	露天游乐场所游乐设备制造	指主要安装在公园、游乐园、水上乐园、儿童乐园等露天游乐场所的电动及非电动游乐设备和游艺器材的制造
			2452	游艺用品及室内游艺器材制造	指主要供室内、桌上等游艺及娱乐场所使用的游乐设备、游艺器材和游艺娱乐用品，以及主要安装在室内游乐场所的电子游乐设备的制造
	25			**石油加工、炼焦及核燃料加工业**	
		251		精炼石油产品的制造	
			2511	原油加工及石油制品制造	指从天然原油、人造原油中提炼液态或气态燃料，以及石油制品的生产
			2512	人造原油生产	指从油母页岩中提炼原油的生产活动
		252	2520	炼焦	指主要从硬煤和褐煤中生产焦炭、干馏炭及煤焦油或沥青等副产品的炼焦炉的操作活动
		253	2530	核燃料加工	指从沥青铀矿或其他含铀矿石中提取铀、浓缩铀的生产，对铀金属的冶炼、加工的生产，以及其他放射性元素、同位素标记、核反应堆燃料元件的制造。还包括核废物处置活动
	26			**化学原料及化学制品制造业**	
		261		基础化学原料制造	
			2611	无机酸制造	
			2612	无机碱制造	指烧碱、纯碱的生产
			2613	无机盐制造	
			2614	有机化学原料制造	
			2619	其他基础化学原料制造	
		262		肥料制造	指化学肥料、有机肥料及微生物肥料的制造
			2621	氮肥制造	指矿物氮肥及用化学方法制成含有作物营养元素氮的化肥的生产
			2622	磷肥制造	指以磷矿石为主要原料，用化学或物理方法制成含有作物营养元素磷的化肥的生产
			2623	钾肥制造	指用天然钾盐矿经富集精制加工制成含有作物营养元素钾的化肥的生产

代码				类别名称	说明
门类	大类	中类	小类		
			2624	复混肥料制造	指经过化学或物理方法加工制成的，含有两种以上作物所需主要营养元素(氮、磷、钾)的化肥的生产。包括通用型复混肥料和专用型复混肥料
			2625	有机肥料及微生物肥料制造	指来源于动植物，经发酵或腐熟等化学处理后，适用于土壤并提供植物养分供给的，其主要成分为含氮物质的肥料制造
			2629	其他肥料制造	指上述未列明的微量元素肥料及其他肥料的生产
		263		农药制造	指用于防治农业、林业作物的病、虫、草、鼠和其他有害生物，调节植物生长的各种化学农药、微生物农药、生物化学农药，以及仓储、农林产品的防蚀、河流堤坝、铁路、机场、建筑物及其他场所用药的原药和制剂的生产
			2631	化学农药制造	指化学农药原药，以及经过机械粉碎、混合或稀释制成粉状、乳状和水状的化学农药制剂的生产
			2632	生物化学农药及微生物农药制造	指由细菌、真菌、病毒和原生动物或基因修饰的微生物等自然产生，以及由植物提取的防治病、虫、草、鼠和其他有害生物的农药制剂生产
		264		涂料、油墨、颜料及类似产品制造	
			2641	涂料制造	指在天然树脂或合成树脂中加入颜料、溶剂和辅助材料，经加工后制成的覆盖材料的生产
			2642	油墨及类似产品制造	指由颜料、联接料(植物油、矿物油、树脂、溶剂)和填充料经过混合、研磨调制而成用于印刷的有色胶浆状物质，以及用于计算机打印、复印机用墨的生产
			2643	颜料制造	指用于陶瓷、搪瓷、玻璃等工业的无机颜料及类似材料的生产，以及油画、水粉画、广告等艺术用颜料的制造
			2644	染料制造	指有机合成、植物性或动物性色料，以及有机颜料的生产
			2645	密封用填料及类似品制造	指用于建筑涂料、密封和漆工用的填充料，以及其他类似化学材料的制造
		265		合成材料制造	

代码				类别名称	说明
门类	大类	中类	小类		
			2651	初级形态的塑料及合成树脂制造	也称初级塑料或原状塑料生产，包括通用塑料、工程塑料、功能高分子塑料的制造
			2652	合成橡胶制造	指人造橡胶或合成橡胶及高分子弹性体的生产
			2653	合成纤维单(聚合)体的制造	指合成纤维单体和合成纤维聚合物的生产
			2659	其他合成材料制造	
		266		专用化学产品制造	
			2661	化学试剂和助剂制造	指各种化学试剂、催化剂及专用助剂的生产
			2662	专项化学用品制造	指水处理化学品、造纸化学品、皮革化学品、油脂化学品、油田化学品、生物工程化学品、日化产品专用化学品、化学陶瓷纤维等特种纤维及高功能化工产品，以及其他各种用途的专项化学用品的制造
			2663	林产化学产品制造	指以林产品为原料，经过化学和物理加工方法生产产品的活动
			2664	炸药及火工产品制造	指各种军用和民用炸药、雷管及类似的火工产品，节日用焰火制品及类似品的制造
			2665	信息化学品制造	指电影、照相、医用、幻灯及投影用感光材料、冲洗套药，磁、光记录材料，光纤维通讯用辅助材料，及其专用化学制剂的制造
			2666	环境污染处理专用药剂材料制造	指对水污染、空气污染、固体废物等污染物处理所专用的化学药剂及材料的制造
			2667	动物胶制造	指以动物骨、皮为原料，经一系列工艺处理制成有一定透明度、粘度、纯度的胶产品的生产
			2669	其他专用化学产品制造	
		267		日用化学产品制造	
			2671	肥皂及合成洗涤剂制造	
			2672	化妆品制造	指以涂抹、喷洒或其他类似方法，施于人体表面(如表皮、毛发、指甲、口唇等)，起到清洁、保养、修饰、美化或消除不良气味，以及可对使用部位有缓和作用的产品制造

代码				类别名称	说明
门类	大类	中类	小类		
			2673	口腔清洁用品制造	指用于口腔或牙齿清洁卫生制品的生产
			2674	香料、香精制造	指具有香气和香味,用于调配香精的物质——香料的生产;以及以多种天然香料和合成香料为主要原料,并与其他辅料一起按合理的配方和工艺调配制得的具有一定香型的复杂混合物,主要用于各类加香产品中的香精的生产
			2679	其他日用化学产品制造	
	27			**医药制造业**	
		271	2710	化学药品原药制造	指供进一步加工药品制剂所需的原药生产
		272	2720	化学药品制剂制造	指直接用于人体疾病防治、诊断的化学药品制剂的制造
		273	2730	中药饮片加工	指对采集的天然或人工种植、养殖的动物和植物及中草药进行加工、处理的活动
		274	2740	中成药制造	指直接用于人体疾病防治的传统药的加工生产
		275	2750	兽用药品制造	指用于动物疾病防治医药的制造
		276	2760	生物、生化制品的制造	指利用生物技术生产生物化学药品、基因工程药物的生产活动
		277	2770	卫生材料及医药用品制造	指卫生材料、外科敷料、药用包装材料以及其他内、外科用医药制品的制造
	28			**化学纤维制造业**	
		281		纤维素纤维原料及纤维制造	
			2811	化纤浆粕制造	指生产纺织用粘胶纤维的基本原料生产
			2812	人造纤维(纤维素纤维)制造	指用化纤浆粕经机械加工生产纤维的活动
		282		合成纤维制造	指以石油、天然气、煤等为主要原料,用有机合成的方法制成单体,聚合后经纺丝加工生产纤维的活动
			2821	锦纶纤维制造	也称聚酰胺纤维,指由尼龙66盐和聚己内酰胺为主要原料生产合成纤维的活动
			2822	涤纶纤维制造	也称聚酯纤维,指以聚对苯二甲酸乙二醇酯(简称聚酯)为原料生产合成纤维的活动

代码				类别名称	说明
门类	大类	中类	小类		
			2823	腈纶纤维制造	也称聚丙烯腈纤维，指以丙烯腈为主要原料（含丙烯腈 85%以上）生产合成纤维的活动
			2824	维纶纤维制造	也称聚乙烯醇纤维，指以聚乙烯醇为主要原料生产合成纤维的活动
			2829	其他合成纤维制造	
	29			**橡胶制品业**	指以天然及合成橡胶为原料生产各种橡胶制品的活动，还包括利用废橡胶再生产的橡胶制品
		291		轮胎制造	
			2911	车辆、飞机及工程机械轮胎制造	指充气轮胎外胎、内胎和实心轮胎的制造
			2912	力车胎制造	指自行车、手推车和其他非机动车内胎、外胎的制造
			2913	轮胎翻新加工	指将废轮胎翻新，以及轮胎零件的生产活动
		292	2920	橡胶板、管、带的制造	指用未硫化的、硫化的或硬质橡胶生产橡胶板状、片状、管状、带状、棒状和异型橡胶制品的活动，以及以橡胶为主要成分，用橡胶灌注、涂层、覆盖或层叠的纺织物、纱绳、钢丝（钢缆）等制作的传动带或输送带的生产活动
		293	2930	橡胶零件制造	指各种用途的橡胶异形制品、橡胶零配件制品的生产
		294	2940	再生橡胶制造	指用废橡胶生产再生橡胶的活动
		295	2950	日用及医用橡胶制品制造	
		296	2960	橡胶靴鞋制造	指以橡胶作为鞋底、鞋帮的橡胶鞋及其橡胶鞋部件的生产活动
		299	2990	其他橡胶制品制造	
	30			**塑料制品业**	指以合成树脂（高分子化合物）为主要原料，经采用挤塑、注塑、吹塑、压延、层压等工艺加工成型的各种制品的生产；以及利用回收的废旧塑料加工再生产塑料制品的活动
		301	3010	塑料薄膜制造	指用于农业覆盖，工业、商业及日用包装薄膜的制造
		302	3020	塑料板、管、型材的制造	指各种塑料板、管及管件、棒材、薄片等的生产，以及以聚氯乙烯为主要原料，经连续挤出成型的塑料异型材的生产
		303	3030	塑料丝、绳及编织品的制造	

代码				类别名称	说明
门类	大类	中类	小类		
		304	3040	泡沫塑料制造	指以合成树脂为主要原料,经发泡成型工艺加工制成内部具有微孔的塑料制品的生产
		305	3050	塑料人造革、合成革制造	指外观和手感似皮革,其透气、透湿性虽然略逊色于天然革,但它具有优异的物理、机械性能,如强度和耐磨性等,并可代替天然革使用的塑料人造革的生产,以及模拟天然人造革的组成和结构,正反面都与皮革十分相似,比普通人造革更近似天然革,并可代用天然革的塑料合成革的生产
		306	3060	塑料包装箱及容器制造	指用吹塑或注塑工艺等制成的,可盛装各种物品或液体物质,以便于储存、运输等用途的塑料包装箱及塑料容器制品的生产
		307	3070	塑料零件制造	
		308		日用塑料制造	
			3081	塑料鞋制造	指以聚氯乙烯、聚乙烯、聚氨酯和乙烯醋酸乙烯等树脂为原料生产发泡或不发泡的塑料鞋类制品的活动
			3082	日用塑料杂品制造	
		309	3090	其他塑料制品制造	
	31			**非金属矿物制品业**	
		311		水泥、石灰和石膏的制造	
			3111	水泥制造	指以水泥熟料加入适量石膏或一定混合材,经研磨设备(水泥磨)磨制到规定的细度制成水凝水泥的生产活动
			3112	石灰和石膏制造	
		312		水泥及石膏制品制造	
			3121	水泥制品制造	
			3122	砼结构构件制造	指用于建筑施工工程的水泥混凝土预制构件的生产
			3123	石棉水泥制品制造	
			3124	轻质建筑材料制造	指石膏板、石膏制品及类似轻质建筑材料的制造
			3129	其他水泥制品制造	指玻璃纤维增强水泥制品,以及其他未列明的水泥制品的制造
		313		砖瓦、石材及其他建筑材料制造	指粘土、陶瓷砖瓦的生产,建筑用石的加工,以及用废料或废渣生产的建筑材料和其他建筑材料的制造

代码				类别名称	说明
门类	大类	中类	小类		
			3131	粘土砖瓦及建筑砌块制造	指用粘土和其他材料生产的砖、瓦及建筑砌块的活动
			3132	建筑陶瓷制品制造	指用于建筑物的内、外墙及地面装饰或耐酸腐蚀的陶瓷材料(不论是否涂釉)的生产，以及水道、排水沟的陶瓷管道及配件的制造
			3133	建筑用石加工	指用于建筑、筑路、墓地及其他用途的大理石板、花岗岩等石材的切割、成形和修饰活动
			3134	防水建筑材料制造	指以沥青或类似材料为主要原料制造防水材料的活动
			3135	隔热和隔音材料制造	指用于隔热、隔音、保温的岩石棉、矿渣棉、膨胀珍珠岩、膨胀蛭石等矿物绝缘材料及其制品的制造，但不包括石棉隔热、隔音材料的制造
			3139	其他建筑材料制造	
		314		玻璃及玻璃制品制造	指任何形态的玻璃和玻璃制品、玻璃纤维及其制品的生产，以及利用废玻璃、废玻璃纤维再生产玻璃制品的活动
			3141	平板玻璃制造	指用浮法、垂直引上法、压延法等生产平板玻璃原片的活动
			3142	技术玻璃制品制造	指用于建筑、工业生产的技术玻璃制品的制造
			3143	光学玻璃制造	
			3144	玻璃仪器制造	指实验室、医疗卫生用各种玻璃仪器和玻璃器皿的制造
			3145	日用玻璃制品及玻璃包装容器制造	指日用玻璃制品，以及主要用于产品包装的各种玻璃容器的制造
			3146	玻璃保温容器制造	指玻璃保温瓶和其他个人或家庭用玻璃保温容器的制造
			3147	玻璃纤维及制品制造	
			3148	玻璃纤维增强塑料制品制造	也称玻璃钢，是指用玻璃纤维增强热固性树脂生产塑料制品的活动
			3149	其他玻璃制品制造	
		315		陶瓷制品制造	
			3151	卫生陶瓷制品制造	指卫生和清洁盥洗用的陶瓷用具的生产
			3152	特种陶瓷制品制造	指专为工业、农业、实验室等领域的各种特定用途和要求，采用特殊生产工艺制造陶瓷制品的生产活动

代码				类别名称	说明
门类	大类	中类	小类		
			3153	日用陶瓷制品制造	指以粘土、瓷石、长石、石英等为原料,经破碎、制泥、成型、烧炼等工艺制成,主要供日常生活用的各种瓷器、炻器、陶器等陶瓷制品的制造
			3159	园林、陈设艺术及其他陶瓷制品制造	指以石英、长石、瓷土等为原料,经制胎、施釉、装饰、烧成等工艺制成的,具有艺术造型或花纹、图案等,主要供陈设、观赏或装饰用的纯艺术欣赏陶瓷制品和以欣赏为主的陶瓷陈列品、实用品的制造,以及其他未列明的陶瓷制品的制造
		316		耐火材料制品制造	
			3161	石棉制品制造	指以石棉或其他矿物纤维素为基础,制造摩擦制品、石棉纺织制品、石棉橡胶制品、石棉保温隔热材料制品的生产活动
			3162	云母制品制造	
			3169	耐火陶瓷制品及其他耐火材料制造	指用硅质、粘土质、高铝质等石粉成形的陶瓷隔热制品的制造
		319		石墨及其他非金属矿物制品制造	
			3191	石墨及碳素制品制造	指以炭、石墨材料加工的特种石墨制品、碳素制品、异形制品,以及用树脂和各种有机物浸渍加工而成的炭素异形产品的制造
			3199	其他非金属矿物制品制造	
	32			**黑色金属冶炼及压延加工业**	
		321	3210	炼铁	指用高炉法、直接还原法、熔融还原法等,将铁从矿石等含铁化合物中还原出来的生产过程
		322	3220	炼钢	指利用不同来源的氧(如空气、氧气)来氧化炉料(主要是生铁)所含杂质的金属提纯过程,称为炼钢活动
		323	3230	钢压延加工	指通过热轧、冷加工、锻压和挤压等塑性加工使连铸坯、钢锭产生塑性变形,制成具有一定形状尺寸的钢材产品的生产活动
		324	3240	铁合金冶炼	指铁与其他一种或一种以上的金属或非金属元素组成的合金生产活动
	33			**有色金属冶炼及压延加工业**	
		331		常用有色金属冶炼	指通过熔炼、精炼、电解或其他方法从有色金属矿、废杂金属料等有色金属原料中提炼常用有色金属的生产活动

代码				类别名称	说明
门类	大类	中类	小类		
			3311	铜冶炼	指对铜精矿等矿山原料、废杂铜料进行熔炼、精炼、电解等提炼铜的生产活动
			3312	铅锌冶炼	
			3313	镍钴冶炼	
			3314	锡冶炼	
			3315	锑冶炼	
			3316	铝冶炼	指对铝矿山原料通过冶炼、电解、铸型及对废杂铝料进行熔炼等提炼铝的生产活动
			3317	镁冶炼	
			3319	其他常用有色金属冶炼	
		332		贵金属冶炼	指对金、银及铂族金属的提炼活动
			3321	金冶炼	指用金精(块)矿、阳极泥(冶炼其他有色金属时回收的阳极泥含金)、废杂金提炼黄金的生产活动
			3322	银冶炼	指用银精(块)矿、阳极泥(冶炼其他有色金属时回收的阳极泥含银)、废杂银提炼白银的生产活动
			3329	其他贵金属冶炼	
		333		稀有稀土金属冶炼	指钨钼、稀有轻金属、稀有高熔点金属、稀散金属、稀土金属及其他稀有稀土金属冶炼。但不包括钍和铀等放射性金属的冶炼加工
			3331	钨钼冶炼	
			3332	稀土金属冶炼	
			3339	其他稀有金属冶炼	
		334	3340	有色金属合金制造	指以有色金属为基体,加入一种或几种其他元素所构成的合金的生产活动
		335		有色金属压延加工	
			3351	常用有色金属压延加工	指铜及铜合金、铝及铝合金等常用有色金属及合金的压延加工生产活动
			3352	贵金属压延加工	指对金、银及铂族等贵金属,进行轧制、拉制或挤压加工的生产活动
			3353	稀有稀土金属压延加工	指对钨、钼、钽等稀有金属材的加工
	34			**金属制品业**	
		341		结构性金属制品制造	
			3411	金属结构制造	指以铁、钢或铝等金属为主要材料,制造金属构件、金属构件零件、建筑用钢制品及类似品的生产活动。这些制品可以运输,并便于装配、安装或竖立(如由建筑企业在建筑工地进行)

代码				类别名称	说明
门类	大类	中类	小类		
			3412	金属门窗制造	指用金属材料(铝合金或其他金属)制作建筑物用门窗及类似品的生产活动
		342		金属工具制造	
			3421	切削工具制造	指手工或机床用可互换的切削工具的制造
			3422	手工具制造	指人们在生产和日常生活中,进行装配、安装、维修时使用的手工工具的制造
			3423	农用及园林用金属工具制造	指主要用于农牧业生产的小农具,园艺或林业作业用金属工具的制造
			3424	刀剪及类似日用金属工具制造	指日常生活用刀剪、指甲钳等类似金属工具的制造
			3429	其他金属工具制造	指上述类别未包括的用于各种用途的金属工具的制造
		343		集装箱及金属包装容器制造	
			3431	集装箱制造	指专门设计,可长期反复使用,不用换箱内货物,便可从一种运输方式转移到另一种运输方式的放置货物的钢质箱体(其容积大于1 m^3)的生产和修理活动
			3432	金属压力容器制造	指用于存装压缩气体、液化气体及其他具有一定压力的液体物质的金属容器(不论其是否配有顶盖、塞子,或衬有除铁、钢、铝以外的材料)的制造
			3433	金属包装容器制造	指主要为商品运输或包装而制作的金属包装容器及附件的制造
		344	3440	金属丝绳及其制品的制造	
		345		建筑、安全用金属制品制造	
			3451	建筑、家具用金属配件制造	指用于建筑物、家具、交通工具或其他场所和用具的金属装置、锁及其金属配件的制造
			3452	建筑装饰及水暖管道零件制造	指用于建筑方面的金属装饰材料,以及建筑工程对中性介质(如水、油、蒸汽、空气、煤气等没有腐蚀性的气体和液体物质)在低压下进行工作的设备和管道上所使用的金属附件的制造
			3453	安全、消防用金属制品制造	指安全、消防用金属保险柜、保险箱、消防梯等金属制品的制造
			3459	其他建筑、安全用金属制品制造	
		346	3460	金属表面处理及热处理加工	指对外来的金属物件表面进行的电镀、镀层、抛光、喷涂、着色等专业性作业的加工活动

代码				类别名称	说明
门类	大类	中类	小类		
		347		搪瓷制品制造	指在金属坯体表面涂搪瓷釉制成的，具有金属机械强度和瓷釉物化特征，及可装饰性的制品的制造。但不包括搪瓷建筑材料的制造
			3471	工业生产配套用搪瓷制品制造	指用于工业生产，专为工业生产设备、工业产品及家电配套的各种搪瓷制品的制造
			3472	搪瓷卫生洁具制造	指卫生用和清洁盥洗用搪瓷用具的生产
			3479	搪瓷日用品及其他搪瓷制品制造	指金属薄板经过成型、搪烧制成的日用品及其他搪瓷制品的制造
		348		不锈钢及类似日用金属制品制造	指以不锈钢、铝等金属为主要原材料，加工制作各种日常生活用金属制品的生产活动
			3481	金属制厨房调理及卫生器具制造	指厨房调理、卫生用和清洁盥洗用的各种金属用具的生产
			3482	金属制厨用器皿及餐具制造	
			3489	其他日用金属制品制造	
		349		其他金属制品制造	
			3491	铸币及贵金属制实验室用品制造	指用金属制成的各种金属硬币，以及贵金属制实验室用品的制造
			3499	其他未列明的金属制品制造	
	35			**通用设备制造业**	
		351		锅炉及原动机制造	
			3511	锅炉及辅助设备制造	指各种蒸汽锅炉、汽化锅炉，以及除同位素分离器以外的各种核反应堆的制造
			3512	内燃机及配件制造	指用于移动或固定用途的往复式、旋转式、火花点火式或压燃式内燃机及配件的制造。但不包括飞机、汽车和摩托车发动机的制造
			3513	汽轮机及辅机制造	指汽轮机和燃气轮机(蒸汽涡轮机)的制造
			3514	水轮机及辅机制造	
			3519	其他原动机制造	
		352		金属加工机械制造	
			3521	金属切削机床制造	指用于加工金属的各种切削加工机床的制造
			3522	金属成形机床制造	指以锻压、锤击和模压方式加工金属的机床，或以弯曲、折叠、矫直、剪切、冲压、开槽、拉丝等方式加工金属的机床制造

代码				类别名称	说明
门类	大类	中类	小类		
			3523	铸造机械制造	指金属铸造用机械的制造
			3524	金属切割及焊接设备制造	指将电能及其他形式的能量转换为切割、焊接能量对金属进行切割、焊接的设备的制造
			3525	机床附件制造	指扩大机床加工性能和使用范围的附属装置的制造
			3529	其他金属加工机械制造	
		353	3530	起重运输设备制造	指在工厂、仓库、码头、站台及其他地方装卸材料、货物或人的机械设备，可连续运行或间歇运行的机械，固定式及移动式机械，以及安装在带轮底盘上的机械制造
		354		泵、阀门、压缩机及类似机械的制造	指泵、真空设备、压缩机，液压和气压动力机械及类似机械和阀门的制造
			3541	泵及真空设备制造	指用以输送各种液体、液固混合体、液气混合体及其增压、循环、真空等用途的设备制造
			3542	气体压缩机械制造	指对气体进行压缩，使其压力提高到350 kPa以上的压缩机械的制造
			3543	阀门和旋塞的制造	指通过改变其流道面积的大小，用以控制流体流量、压力和流向的装置的制造
			3544	液压和气压动力机械及元件制造	指以液体为工作介质，靠液体静压力来传送能量的装置制造
		355		轴承、齿轮、传动和驱动部件的制造	
			3551	轴承制造	指各种轴承及轴承零件的制造
			3552	齿轮、传动和驱动部件制造	指用于传递动力，实现机械输送和提升重物的基础件，铰接式链条等机械传动装置的制造
		356	3560	烘炉、熔炉及电炉制造	指使用液体燃料、粉状固体燃料(焚化炉)或气体燃料，进行煅烧、熔化或其他热处理用的非电力熔炉、窑炉和烘炉等燃烧器的制造，以及工业或实验室用电炉及零件的制造
		357		风机、衡器、包装设备等通用设备制造	
			3571	风机、风扇制造	指用来输送各种气体，以及气体增压、循环、通风换气、排尘等设备的制造
			3572	气体、液体分离及纯净设备制造	指气体和液体的提纯、分离、液化、过滤、净化等设备的制造

代码				类别名称	说明
门类	大类	中类	小类		
			3573	制冷、空调设备制造	指用于专业生产、商业经营等方面的制冷设备和空调设备的制造。但不包括家用空调设备的制造
			3574	风动和电动工具制造	指带有电动机、非电力发动机或风动装置的手工操作加工工具的制造
			3575	喷枪及类似器具制造	
			3576	包装专用设备制造	指对瓶、桶、箱、袋或其他容器的洗涤、干燥、装填、密封和贴标签等专用包装机械的制造
			3577	衡器制造	指用来测定物质重量的各种机械的、电子的或机电结合的装置或设备的生产
			3579	其他通用设备制造	
		358		通用零部件制造及机械修理	
			3581	金属密封件制造	指以金属为原料制作密封件的生产活动
			3582	紧固件、弹簧制造	
			3583	机械零部件加工及设备修理	指对专用和通用机械零部件的加工及修理活动
			3589	其他通用零部件制造	
		359		金属铸、锻加工	
			3591	钢铁铸件制造	指钢铁金属铸造的各种成品或半成品的制造活动
			3592	锻件及粉末冶金制品制造	指通过对金属坯料进行锻造变形而得到的工件或毛坯，或者将金属粉末和与非金属粉末的混合物通过压制变形、烘焙制作制品和材料的活动
	36			**专用设备制造业**	
		361		矿山、冶金、建筑专用设备制造	
			3611	采矿、采石设备制造	指地下或露天，用于对金属、煤炭、石油、化工等各种矿石或建筑用石的开采设备制造，以及矿石筛选、分类、分离、洗选、轧碎或类似加工工艺使用的专用机械的制造
			3612	石油钻采专用设备制造	指对陆地和海洋的石油、天然气等专用开采设备的制造
			3613	建筑工程用机械制造	指建筑施工及市政公共工程用机械的制造
			3614	建筑材料生产专用机械制造	指生产水泥、水泥制品、玻璃及玻璃纤维、建筑陶瓷、砖瓦等建筑材料所使用的各种生产、搅拌成型机械的制造

代码				类别名称	说明
门类	大类	中类	小类		
			3615	冶金专用设备制造	指金属冶炼、轧制、铸造等生产专用设备的制造
		362		化工、木材、非金属加工专用设备制造	
			3621	炼油、化工生产专用设备制造	指炼油、化学工业生产专用设备的制造,但不包括包装机械等通用设备的制造
			3622	橡胶加工专用设备制造	指加工橡胶,或以橡胶为材料生产橡胶制品的专用机械制造
			3623	塑料加工专用设备制造	指塑料加工工业中所使用的各类专用机械和装置的制造
			3624	木材加工机械制造	指加工木材、木质板材及木制品的生产专用机械的制造
			3625	模具制造	指金属铸造用模具、矿物材料用模具、橡胶或塑料用模具及其他用途的模具的制造
			3629	其他非金属加工专用设备制造	
		363		食品、饮料、烟草及饲料生产专用设备制造	
			3631	食品、饮料、烟草工业专用设备制造	指主要用于食品、饮料酒及饮料生产、烟草制品加工等专用设备的制造
			3632	农副食品加工专用设备制造	指对谷物、干豆类等农作物的筛选、碾磨、储存等专用机械,糖料和油料作物加工机械,畜禽屠宰、水产品加工及盐加工机械的制造
			3633	饲料生产专用设备制造	
		364		印刷、制药、日化生产专用设备制造	
			3641	制浆和造纸专用设备制造	指在制浆、造纸、纸加工及纸制品的生产过程中所用的各类机械和设备的制造
			3642	印刷专用设备制造	指使用印刷或其他方式将图文信息转移到承印物上的专用生产设备的制造活动
			3643	日用化工专用设备制造	指日用化学工业产品,如洗涤用品、口腔清洁用品、化妆品、香精、香料、动物胶、感光材料及其他日用化学制品专用生产设备的制造
			3644	制药专用设备制造	指化学原料药和药剂、中药饮片及中成药专用生产设备的制造

代码				类别名称	说明
门类	大类	中类	小类		
			3645	照明器具生产专用设备制造	指用于生产各种电灯泡、荧光灯管等电光源和各种照明器具产品专用生产设备的制造
			3646	玻璃、陶瓷和搪瓷制品生产专用设备制造	指用于生产加工玻璃制品、玻璃器皿的专用机械，陶瓷器等类似产品的加工机床和生产专用机械，以及搪瓷制品生产设备的制造
			3649	其他日用品生产专用设备制造	指上述未列明的日用品、工艺美术品的生产专用机械设备的制造
		365		纺织、服装和皮革工业专用设备制造	
			3651	纺织专用设备制造	指纺织纤维预处理、纺纱、织造和针织机械的制造
			3652	皮革、毛皮及其制品加工专用设备制造	指在制革、毛皮鞣制及其制品的加工生产过程中所使用的各种专用设备的制造
			3653	缝纫机械制造	指用于服装、鞋帽制作的专用缝纫机械的制造
			3659	其他服装加工专用设备制造	指除缝纫机以外，生产加工各种面料服装、鞋帽，以及洗衣店所使用的类似机械的制造
		366		电子和电工机械专用设备制造	
			3661	电工机械专用设备制造	指电机、电线、电缆等电站、电工专用机械及器材的生产设备的制造
			3662	电子工业专用设备制造	指生产半导体器件、集成电路、电子元件、电真空器件，以及电子设备整机装配专用设备的制造
			3663	武器弹药制造	
			3669	航空、航天及其他专用设备制造	
		367		农、林、牧、渔专用机械制造	
			3671	拖拉机制造	
			3672	机械化农业及园艺机具制造	指用于土壤处理，作物种植或施肥，种植物收割的农业、园艺或其他机械的制造
			3673	营林及木竹采伐机械制造	
			3674	畜牧机械制造	指草原建设、管理，畜禽养殖及畜禽产品采集等专用机械的制造
			3675	渔业机械制造	指渔业养殖、渔业捕捞等专用设备的制造

代码				类别名称	说明
门类	大类	中类	小类		
			3676	农林牧渔机械配件制造	指拖拉机配件和其他农林牧渔机械配件的制造
			3679	其他农林牧渔业机械制造及机械修理	指用于农产品初加工机械,以及其他未列明的农林牧渔业机械的制造及机械修理活动
		368		医疗仪器设备及器械制造	
			3681	医疗诊断、监护及治疗设备制造	指用于内科、外科、眼科、牙科、妇产科、中医等医疗专用及兽医用诊断、监护、治疗等方面的设备制造与修理
			3682	口腔科用设备及器具制造	指用于口腔治疗、修补的设备及器械的制造与修理
			3683	实验室及医用消毒设备和器具的制造	指实验室或医疗用的消毒、灭菌设备及器具的制造与修理
			3684	医疗、外科及兽医用器械制造	指各种手术室、急救室、诊疗室等医疗专用及兽医用的手术器械、医疗诊断用品和医疗用具的制造与修理
			3685	机械治疗及病房护理设备制造	指各种治疗设备、病房护理及康复专用设备的制造
			3686	假肢、人工器官及植(介)入器械制造	指外科、牙科等医疗专用及兽医用的假肢、人工器官、植入器械、矫形器具的制造
			3689	其他医疗设备及器械制造	指外科、牙科等医疗专用及兽医用的家具器械,以及其他未列明的医疗设备及器械的制造与修理活动
		369		环保、社会公共安全及其他专用设备制造	
			3691	环境污染防治专用设备制造	指环境污染防治、废旧物品加工,以及工业材料回收专用设备的制造
			3692	地质勘查专用设备制造	指地质勘查(勘探)专用设备的制造,不包括通用钻采、挖掘机械的制造
			3693	邮政专用机械及器材制造	
			3694	商业、饮食、服务业专用设备制造	
			3695	社会公共安全设备及器材制造	指公安、消防、安全等社会公共安全设备及器材的制造、加工和修理活动
			3696	交通安全及管制专用设备制造	指除铁路以外的各种道路、内河航道、停车场、港口、机场等使用的讯号、安全或交通控制设备的制造
			3697	水资源专用机械制造	指水利工程管理、节水工程及水的生产、供应专用设备的制造

代码				类别名称	说明
门类	大类	中类	小类		
			3699	其他专用设备制造	指上述类别中未列明的其他专用设备的制造
	37			**交通运输设备制造业**	
		371		铁路运输设备制造	
			3711	铁路机车车辆及动车组制造	指以外来电源或以蓄电池驱动的，或以压燃式发动机及其他方式驱动的，能够牵引铁路车辆的动力机车、铁路动车组的制造，以及用于运送旅客和用以装运货物的客车、货车及其他铁路专用车辆的制造
			3712	工矿有轨专用车辆制造	指专门在企业内部和矿山使用的非铁路干线的轨道式运输车辆的制造
			3713	铁路机车车辆配件制造	指铁道或有轨机车及其拖拽车辆的专用零配件的制造
			3714	铁路专用设备及器材、配件制造	指铁路信号、安全或交通控制设备，以及其他铁路专用设备及器材、配件的制造
			3719	其他铁路设备制造及设备修理	指独立的铁路机车修理企业对铁路各种运输车辆设备和器材的修理活动，以及其他未列明的铁路运输设备的制造
		372		汽车制造	
			3721	汽车整车制造	指由动力装置驱动，具有四个以上车轮的非轨道、无架线的车辆，并主要用于载送人员和(或)货物，牵引输送人员和(或)货物的车辆制造。还包括汽车发动机的制造
			3722	改装汽车制造	指利用外购汽车底盘改装各类汽车的制造活动
			3723	电车制造	指以电作为动力，以屏板或可控硅方式控制的城市内交通工具和专用交通工具的制造
			3724	汽车车身、挂车的制造	指其设计和技术特性需由汽车牵引，才能正常行驶的一种无动力的道路车辆的制造
			3725	汽车零部件及配件制造	指机动车辆及其车身的各种零配件的制造
			3726	汽车修理	指专业汽车修理企业进行的修理活动，但不包括非汽车修理厂(即规模较小的路边修理服务部)的修理和维护
		373		摩托车制造	
			3731	摩托车整车制造	指不论是否装有边斗的摩托车制造

代码				类别名称	说明
门类	大类	中类	小类		
			3732	摩托车零部件及配件制造	
		374		自行车制造	
			3741	脚踏自行车及残疾人座车制造	指未装马达,主要以脚蹬驱动,装有一个或多个轮子的脚踏车辆、残疾人座车及其零件的制造
			3742	助动自行车制造	指主要以蓄电池作为辅助能源,具有两个车轮,能实现人力骑行、电动或电动助力功能的特种自行车及其零件的制造
		375		船舶及浮动装置制造	
			3751	金属船舶制造	指以钢质、铝质等各种金属为主要材料,为民用或军事部门建造的远洋、近海或内陆河湖的金属船舶的制造活动
			3752	非金属船舶制造	指以各种木材、水泥、玻璃钢等非金属材料,为民用或军事部门建造船舶的活动
			3753	娱乐船和运动船的建造和修理	指游艇和用于娱乐或运动的其他船只的建造与修理
			3754	船用配套设备制造	指船用主机、辅机设备的制造
			3755	船舶修理及拆船	
			3759	航标器材及其他浮动装置的制造	指用于航标的各种器材、浮式装置,以及不以航行为主的船只的制造
		376		航空航天器制造	
			3761	飞机制造及修理	指在大气同温层以内飞行的用于运货或载客,用于国防,以及用于体育运动或其他用途的各种飞机及其零件的制造和修理活动
			3762	航天器制造	
			3769	其他飞行器制造	
		379		交通器材及其他交通运输设备制造	
			3791	潜水及水下救捞装备制造	指潜水装置及水下作业、救捞装备的制造
			3792	交通管理用金属标志及设施制造	
			3799	其他交通运输设备制造	指手推车辆、牲畜牵引车辆的制造,以及上述未列明的交通运输设备的制造和车辆修理活动
	39			**电气机械及器材制造业**	
		391		电机制造	
			3911	发电机及发电机组制造	指发电机及其辅助装置、发电成套设备的制造

代码				类别名称	说明
门类	大类	中类	小类		
			3912	电动机制造	指交流或直流电动机及零件的制造
			3919	微电机及其他电机制造	指自动化系统中一种主要用于传递和交换信号等方面的元件，即控制微电机的制造，以及其他未列明的电机制造
		392		输配电及控制设备制造	
			3921	变压器、整流器和电感器制造	指变压器、静止式变流器等电力电子设备和互感器的制造
			3922	电容器及其配套设备制造	指电力电容器、其他电容器及其配套装置和电容器零件的制造
			3923	配电开关控制设备制造	指用于电压超过 1 000 V 的，诸如一般在配电系统中使用的接通及断开或保护电路的电器，以及用于电压不超过 1 000 V 的，如在住房、工业设备或家用电器中使用的配电开关控制设备及其零件的制造
			3924	电力电子元器件制造	指用于电能变换和控制(从而实现运动控制)的电子产品的制造
			3929	其他输配电及控制设备制造	指开关设备和控制设备内部的元器件之间，以及与外部电路之间的电连接所需用的器件和配件的制造
		393		电线、电缆、光缆及电工器材制造	
			3931	电线电缆制造	指在电力输配、电能传送，声音、文字、图像等信息传播，以及照明等各方面所使用的电线电缆的制造
			3932	光纤、光缆制造	指将电的信号变成光的信号，进行声音、文字、图像等信息传输的光缆、光纤的制造
			3933	绝缘制品制造	指电气绝缘子、电机或电气设备用的绝缘零件，以及带有绝缘材料的金属制电导管及接头的制造。但不包括玻璃、陶瓷绝缘体和绝缘漆制品的制造
			3939	其他电工器材制造	
		394	3940	电池制造	指以正极活性材料、负极活性材料，配合电介质，以密封式结构制成的，并具有一定公称电压和额定容量的化学电源的制造。包括一次性、不可充电和二次可充电，重复使用的干电池、蓄电池，以及利用氢与氧的合成转换成电能的装置，即燃料电池和利用太阳光转换成电能的太阳能电池的制造

代码				类别名称	说明
门类	大类	中类	小类		
		395		家用电力器具制造	指使用交流电源或电池的各种家用电器的制造
			3951	家用制冷电器具制造	
			3952	家用空气调节器制造	指使用交流电源(制冷量 14 000 W 及以下),调节室内温度、湿度、气流速度和空气洁净度的房间空气调节器的制造
			3953	家用通风电器具制造	指由单相交流电动机驱动扇叶旋转,产生强制气流,以改善人体与周围空气间的热交换条件的电器制造
			3954	家用厨房电器具制造	指家庭厨房用的电热蒸煮器具、电热烘烤器具、电热水和饮料加热器具、电热煎炒器具、家用电灶、家用食品加工电器具、家用厨房电清洁器具等电器具的制造
			3955	家用清洁卫生电器具制造	
			3956	家用美容、保健电器具制造	
			3957	家用电力器具专用配件制造	指家用电力器具专用配件的制造,不包括通用零部件
			3959	其他家用电力器具制造	
		396		非电力家用器具制造	
			3961	燃气、太阳能及类似能源的器具制造	指以液化气、天然气、人工煤气、沼气或太阳能作燃料,以马口铁、搪瓷、不锈钢等为材料加工制成的家用器具的生产
			3969	其他非电力家用器具制造	
		397		照明器具制造	
			3971	电光源制造	电光源也称灯泡或电灯,本类是指将电能转变为光的器件的制造。目前按发光原理可分为白炽灯(指因电流通过使钨丝白炽而发光的灯)和气体放电灯(指电流通过灯两端的电极形成气体放电而产生光的灯)
			3972	照明灯具制造	指由起支撑、固定反射和保护作用的部件及联结光源所必须的电路辅助装置组合而成,将一个或多个光源发出的光进行控制分配或反射装置的制造
			3979	灯用电器附件及其他照明器具制造	指灯用电器附件,以及为各种灯泡配套用的灯座及其他照明器具的制造
		399		其他电气机械及器材制造	

代码				类别名称	说明
门类	大类	中类	小类		
			3991	车辆专用照明及电气信号设备装置制造	指交通运输工具(如机动车、船舶、铁道车辆等)专用电力照明及信号装置,各种电气音响或视觉报警、警告、指示装置,以及其他电气声像信号装置的制造
			3999	其他未列明的电气机械制造	指上述未列明的电气机械及器材的制造,以及电气机械的修理活动
	40			**通信设备、计算机及其他电子设备制造业**	
		401		通信设备制造	
			4011	通信传输设备制造	指有线或无线通信传输设备的制造
			4012	通信交换设备制造	指实现电路(信息)交换或接口功能设备的制造
			4013	通信终端设备制造	指有线电话机、可视电话、传真设备等各种有线通信终端接收设备的制造,但不包括无线电话机的制造
			4014	移动通信及终端设备制造	指移动通信设备及无线电话机(手机)等终端设备的制造
			4019	其他通信设备制造	指其他通信设备的制造,以及对通信设备的修理
		402	4020	雷达及配套设备制造	指雷达整机及雷达配套产品的制造
		403		广播电视设备制造	
			4031	广播电视节目制作及发射设备制造	指广播电视节目制作、发射设备及器材的制造
			4032	广播电视接收设备及器材制造	指专业广播电视接收设备、专业用录音录像重放、音响设备及其他配套的广播电视设备的制造,但不包括家用广播电视接收设备及装置
			4039	应用电视设备及其他广播电视设备制造	指应用电视设备、其他电视设备和器材的制造,以及对广播电视专用设备的修理活动
		404		电子计算机制造	
			4041	电子计算机整机制造	指可进行算术运算或逻辑运算,包括中央处理机,并配有输入、输出装置和存储功能及其他外围设备的成套数字系统装置的制造,还包括来件组装电子计算机的加工活动
			4042	计算机网络设备制造	指建立某一计算机系统网络所需各种相关设备或装置的制造
			4043	电子计算机外部设备制造	指电子计算机外部设备及附件的制造
		405		电子器件制造	

代码				类别名称	说明
门类	大类	中类	小类		
			4051	电子真空器件制造	指电子热离子管、冷阴极管或光电阴极管及其他真空电子器件,以及电子管零件的制造
			4052	半导体分立器件制造	
			4053	集成电路制造	指单片集成电路、混合式集成电路和组装好的电子模压组件、微型组件或类似组件的制造
			4059	光电子器件及其他电子器件制造	指光电子器件、显示器件和组件,以及其他未列明的电子器件的制造
		406		电子元件制造	
			4061	电子元件及组件制造	
			4062	印制电路板制造	指在绝缘板上通过常规或非常规的印刷工艺,使导电元件、触点或电感器件、电阻器和电容器等其他印刷元件组成的电路及专用元件的制造
		407		家用视听设备制造	
			4071	家用影视设备制造	指家用电视机、录像机、摄像机、激光视盘机等影视设备整机及零部件的制造
			4072	家用音响设备制造	指家用无线电收音机、收录音机、唱机等家用音响设备的制造
		409	4090	其他电子设备制造	指电子(气)物理设备及其他未列明的电子设备的制造
	41			**仪器仪表及文化、办公用机械制造业**	
		411		通用仪器仪表制造	
			4111	工业自动控制系统装置制造	指用于工业产品制造或加工过程中,连续自动测量,控制材料或产品的温度、压力、粘度等变量的工业控制用计算机系统、仪表和装置的制造
			4112	电工仪器仪表制造	指测量或检验电压、电流、电阻或功率的通用仪器装置的制造,但不包括发电或供电过程中计量仪表的制造
			4113	绘图、计算及测量仪器制造	指供设计、制图、绘图、计算、测量,以及学习或办公、教学等使用的测量和绘图用具、器具、精密天平及量仪的制造
			4114	实验分析仪器制造	指实验、检验、分析、测量液体或气体的流量、比重、压力、温度、湿度、粘度的仪器制造
			4115	试验机制造	指材料机械性能的试验机器和器械的制造

代码				类别名称	说明
门类	大类	中类	小类		
			4119	供应用仪表及其他通用仪器制造	指电、气、水、油和热等类似气体或液体的供应过程中使用的计量仪表、自动调节或控制仪器及装置，以及其他未列明的通用仪器仪表和仪表元器件的制造
		412		专用仪器仪表制造	
			4121	环境监测专用仪器仪表制造	指对水和空气中的污染物，以及噪声、放射性物质、电磁波等进行监测的专用仪器仪表的制造
			4122	汽车及其他用计数仪表制造	指汽车、船舶及工业生产用转数计、生产计数器、里程记录器及类似仪表的制造
			4123	导航、气象及海洋专用仪器制造	指用于气象、海洋、水文、天文、航海、航空等方面的导航、制导、测量仪器和仪表及类似装置的制造
			4124	农林牧渔专用仪器仪表制造	指农、林、牧、渔生产专用仪器、仪表及类似装置的制造
			4125	地质勘探和地震专用仪器制造	指地质勘探、钻采、地震等地球物理专用仪器、仪表及类似装置的制造
			4126	教学专用仪器制造	指专供教学示范或展览，而无其他用途的专用仪器的制造
			4127	核子及核辐射测量仪器制造	指专门用于核离子射线的测量或检验的仪器、装置、核辐射探测器等核专业用仪器仪表的制造
			4128	电子测量仪器制造	指用电子技术实现对被测对象（电子产品）的电参数定量检测装置的制造
			4129	其他专用仪器制造	指用于纺织、电站热工仪表等其他未列明的专用仪器的制造，以及对专用仪器、仪表的修理活动
		413	4130	钟表与计时仪器制造	指各种钟、表、钟表机芯、时间记录装置、计时器的制造，还包括装有钟表机芯或同步马达用以测量、记录或指示时间间隔的装置、定时开关，以及钟表零配件的制造
		414		光学仪器及眼镜制造	
			4141	光学仪器制造	指用玻璃或其他材料（如石英、萤石、塑料或金属）制作的光学配件、装配好的光学元件、组合式光学显微镜，以及军用望远镜等光学仪器的制造
			4142	眼镜制造	指眼镜成镜、眼镜框架和零配件、眼镜镜片、角膜接触镜（隐形眼镜）及护理产品的制造

代码				类别名称	说明
门类	大类	中类	小类		
		415		文化、办公用机械制造	
			4151	电影机械制造	指各种类型或用途的电影摄影机、电影录音摄影机、影像放映机及电影辅助器材和配件的制造
			4152	幻灯及投影设备制造	指将电路图形投射在有感光性的半导体材料上的幻灯、投影设备、器材装置及零件的制造
			4153	照相机及器材制造	指各种类型或用途的照相机,包括用以制备印刷板,用于水下或空中照相的照相机,以及照相机用闪光装置、摄影暗室装置和零件的制造
			4154	复印和胶印设备制造	指各种用途的复印设备,主要用于办公室的胶印设备、文字处理设备及零件的制造
			4155	计算器及货币专用设备制造	指金融、商业、交通及办公等使用的电子计算器、具有计算功能的数据记录、重现和显示机器,以及货币专用设备及类似机械的制造
			4159	其他文化、办公用机械制造	
		419	4190	其他仪器仪表的制造及修理	指上述未列明的仪器、仪表的制造与修理活动
	42			**工艺品及其他制造业**	
		421		工艺美术品制造	
			4211	雕塑工艺品制造	指以玉石、宝石、象牙、角、骨、贝壳等硬质材料,木、竹、椰壳、树根、软木等天然植物,以及石膏、泥、面、塑料等为原料,经雕刻、琢、磨、捏或塑等艺术加工而制成的各种供欣赏和实用的工艺品的生产活动
			4212	金属工艺品制造	指以金、银、铜、铁、锡等各种金属为原料,经过制胎、浇铸、锻打、錾刻、搓丝、焊接、纺织、镶嵌、点兰、烧制、打磨、电镀等各种工艺加工制成的造型美观、花纹图案精致的工艺美术品的制作活动
			4213	漆器工艺品制造	指将半生漆、腰果漆加工调配成各种鲜艳的漆料,以木、纸、塑料、铜、布等作胎,采用推光、雕填、彩画、嵌镶、刻灰等传统工艺和现代漆器工艺进行的工艺制品的制作活动

代码				类别名称	说明
门类	大类	中类	小类		
			4214	花画工艺品制造	指以绢、丝、绒、纸、涤纶、塑料、羽毛、通草以及鲜花草等为原料，经造型设计、模压、剪贴、干燥等工艺精制而成的花、果、叶等人造花类工艺品，以画面出现、可以挂或摆的具有欣赏性、装饰性的画类工艺品的制作活动
			4215	天然植物纤维编织工艺品制造	指以竹、藤、棕、草、柳、葵、麻等天然植物纤维为材料，经编织或镶嵌而成具有造型艺术或图案花纹，以欣赏为主的工艺陈列品以及工艺实用品的制作活动
			4216	抽纱刺绣工艺品制造	指以棉、麻、丝、毛及人造纤维纺织品等为主要原料，经设计、刺绣、抽、拉、钩等工艺加工各种生活装饰用品，以及以纺织品为主要原料，经特殊手工工艺或民间工艺方法加工成各种具有较强装饰效果的生活用纺织品的生产活动
			4217	地毯、挂毯制造	指以羊毛、丝、棉、麻及人造纤维等为原料，经手工编织、机织、栽绒等方式加工而成的各种具有装饰性的地面覆盖物或可用于悬挂、垫坐等用途的生活装饰用品的生产活动
			4218	珠宝首饰及有关物品的制造	指以金、银、铂等贵金属及其合金以及钻石、宝石、玉石、翡翠、珍珠等为原料，经金属加工和连结组合、镶嵌等工艺加工制作各种图案的装饰品的制作活动
			4219	其他工艺美术品制造	
		422		日用杂品制造	
			4221	制镜及类似品加工	指以平板玻璃为材料，经对其进行镀银、镀铝，或冷、热加工后成型的日用制品的制造
			4222	鬃毛加工、制刷及清扫工具的制造	指用原毛加工成生产刷子类产品的成品毛的生产，或以成品毛和棕、金属丝、塑料丝等为原料加工制刷的生产，以及其他清扫工具的制造
			4229	其他日用杂品制造	指上述类别中均未列明的制伞及其他各种日常生活用杂品的生产活动
		423	4230	煤制品制造	指用烟煤、无烟煤、褐煤及其他各种煤炭制成的煤砖、煤球等固体燃料制品的活动

代码				类别名称	说明
门类	大类	中类	小类		
		424	4240	核辐射加工	指核技术与同位素技术的应用,由核辐照站利用核技术对原有产品改良、改变性质并使其增值的加工活动
		429	4290	其他未列明的制造业	
	43			**废弃资源和废旧材料回收加工业**	
		431	4310	金属废料和碎屑的加工处理	指从各种废料[包括固体废料、废水(液)、废气等]中回收,并使之便于转化为新的原材料,或适于进一步加工为金属原料的金属废料和碎屑的再加工处理活动
		432	4320	非金属废料和碎屑的加工处理	指从各种废料[包括固体废料、废水(液)、废气等)中回收,或经过分类,使其适于进一步加工为新原料的非金属废料和碎屑的再加工处理活动
D				**电力、燃气及水的生产和供应业**	本类包括44—46大类
	44			**电力、热力的生产和供应业**	
		441		电力生产	
			4411	火力发电	指利用煤炭、石油、天然气等燃料燃烧产生的热能,通过火电动力装置转换成电能的生产活动
			4412	水力发电	指通过建设水电站将水能转换成电能的生产活动
			4413	核力发电	指利用核反应堆中重核裂变所释放出的热能转换成电能的生产活动
			4419	其他能源发电	指利用风力、地热、太阳能、潮汐能、生物能及其他未列明的发电活动
		442	4420	电力供应	指利用电网出售给用户电能的输送与分配活动,以及供电局的供电活动
		443	4430	热力生产和供应	指利用煤炭、油、燃气等能源,通过锅炉等装置生产蒸汽和热水,或外购蒸汽、热水进行供应销售、供热设施的维护和管理的活动
	45			**燃气生产和供应业**	
		450	4500	燃气生产和供应业	指利用煤炭、油、燃气等能源生产燃气,或外购液化石油气、天然气等燃气,并进行输配,向用户销售燃气的活动,以及对煤气、液化石油气、天然气输配及使用过程中的维修和管理活动。但不包括专门从事罐装液化石油气零售业务的活动

门类	大类	中类	小类	类别名称	说明
	46			**水的生产和供应业**	
		461	4610	自来水的生产和供应	指将天然水(地下水、地表水)经过蓄集、净化达到生活饮用水或其他用水标准,并向居民家庭、企业和其他用户供应的活动
		462	4620	污水处理及其再生利用	指对污水的收集、处理及净化后的再利用活动
		469	4690	其他水的处理、利用与分配	指将海水淡化处理,达到可以使用标准的生产活动,以及对雨水、微咸水等类似水进行收集、处理和利用活动
E				**建筑业**	本类包括47—50大类
	47			**房屋和土木工程建筑业**	指建筑工程从破土动工到工程主体结构竣工(或封顶)的活动过程。不包括工程的内部安装和装饰活动
		471	4710	房屋工程建筑	指房屋主体工程的施工活动。不包括主体工程施工前的工程准备活动
		472		土木工程建筑	指土木工程主体的施工活动。不包括施工前的工程准备活动
			4721	铁路、道路、隧道和桥梁工程建筑	
			4722	水利和港口工程建筑	
			4723	工矿工程建筑	指除厂房外的矿山和工厂生产设施、设备的施工和安装,以及海洋石油平台的施工
			4724	架线和管道工程建筑	指建筑物外的架线、管道和设备的施工
			4729	其他土木工程建筑	
	48			**建筑安装业**	
		480	4800	建筑安装业	指建筑物主体工程竣工后,建筑物内各种设备的安装活动,以及施工中的线路敷设和管道安装。不包括工程收尾的装饰,如对墙面、地板、天花板、门窗等处理活动
	49			**建筑装饰业**	
		490	4900	建筑装饰业	指对建筑工程后期的装饰、装修和清理活动,以及对居室的装修活动
	50			**其他建筑业**	
		501	5010	工程准备	指房屋、土木工程建筑施工前的准备活动

代码				类别名称	说明
门类	大类	中类	小类		
		502	5020	提供施工设备服务	指为建筑工程提供配有操作人员的施工设备的服务
		509	5090	其他未列明的建筑活动	指上述未列明的其他工程建筑活动
F				**交通运输、仓储和邮政业**	本类包括 51—59 大类
	51			**铁路运输业**	指铁路客运、货运及相关的调度、信号、机车、车辆、检修、工务等活动。不包括铁路系统所属的机车、车辆及信号通信设备的制造厂(公司)、建筑工程公司、商店、学校、科研所、医院等
		511	5110	铁路旅客运输	
		512	5120	铁路货物运输	
		513		铁路运输辅助活动	
			5131	客运火车站	
			5132	货运火车站	
			5139	其他铁路运输辅助活动	指铁路旅客、货物运输及为其服务的客、货运火车站以外的运输网、信号、调度及铁路设施的管理和养护
	52			**道路运输业**	
		521	5210	公路旅客运输	指城市以外道路的旅客运输活动
		522	5220	道路货物运输	指所有道路的货物运输活动
		523		道路运输辅助活动	指与道路运输相关的运输辅助活动
			5231	客运汽车站	指长途旅客运输汽车站的服务活动
			5232	公路管理与养护	
			5239	其他道路运输辅助活动	
	53			**城市公共交通业**	指城市旅客运输活动
		531	5310	公共电汽车客运	
		532	5320	轨道交通	
		533	5330	出租车客运	
		534	5340	城市轮渡	指城市的水上旅客轮渡运营活动
		539	5390	其他城市公共交通	指其他未列明的城市旅客运输活动
	54			**水上运输业**	
		541		水上旅客运输	
			5411	远洋旅客运输	
			5412	沿海旅客运输	
			5413	内河旅客运输	指江、河、湖泊、水库的水上旅客运输活动
		542		水上货物运输	
			5421	远洋货物运输	
			5422	沿海货物运输	

代码				类别名称	说明
门类	大类	中类	小类		
			5423	内河货物运输	指江、河、湖泊、水库的水上货物运输活动
		543		水上运输辅助活动	
			5431	客运港口	
			5432	货运港口	
			5439	其他水上运输辅助活动	指其他未列明的水上运输辅助活动
	55			**航空运输业**	
		551		航空客货运输	
			5511	航空旅客运输	指以旅客运输为主的航空运输活动
			5512	航空货物运输	指以货物或邮件为主的航空运输活动
		552	5520	通用航空服务	指除客货运输以外的其他航空服务活动
		553		航空运输辅助活动	
			5531	机场	
			5532	空中交通管理	
			5539	其他航空运输辅助活动	指其他未列明的航空运输辅助活动
	56			**管道运输业**	
		560	5600	管道运输业	指通过管道对气体、液体等的运输活动
	57			**装卸搬运和其他运输服务业**	
		571	5710	装卸搬运	
		572	5720	运输代理服务	指与运输有关的代理及服务活动
	58			**仓储业**	指专门从事货物仓储、货物运输中转仓储，以及以仓储为主的物流送配活动
		581	5810	谷物、棉花等农产品仓储	
		589	5890	其他仓储	
	59			**邮政业**	
		591	5910	国家邮政	指国家邮政系统提供的邮政服务
		599	5990	其他寄递服务	指国家邮政系统以外的单位所提供的包裹、小件物品的收集、运输、发送服务
G				**信息传输、计算机服务和软件业**	本类包括60—62大类
	60			**电信和其他信息传输服务业**	
		601		电信	指通过电缆、光缆、无线电波、光波等传输的通信服务
			6011	固定电信服务	指固定电话等电信服务活动
			6012	移动电信服务	指移动通信等电信服务活动
			6019	其他电信服务	指其他未列明的电信服务活动
		602	6020	互联网信息服务	指网络公司通过互联网为客户提供的信息服务
		603		广播电视传输服务	

代码				类别名称	说明
门类	大类	中类	小类		
			6031	有线广播电视传输服务	指有线广播电视网和信号的传输服务活动
			6032	无线广播电视传输服务	指无线广播电视信号的传输服务活动
		604	6040	卫星传输服务	指人造卫星的电信传输和广播电视传输服务
	61			**计算机服务业**	
		611	6110	计算机系统服务	指提供计算机系统的设计、集成、安装等方面的服务
		612	6120	数据处理	为用户提供数据的录入、加工、存贮等方面的服务,以及使用用户指定的软件加工数据,并将结果返回给用户的活动
		613	6130	计算机维修	指对计算机硬件及系统环境的维护和修理服务
		619	6190	其他计算机服务	指计算机咨询和其他未列明的计算机服务
	62			**软件业**	指专门从事计算机软件的设计、程序编制、分析、测试、修改、咨询;为互联网和数据库提供软件设计与技术规范;为软件所支持的系统及环境提供咨询、协调和指导;为硬件嵌入式软件及系统提供咨询、设计、鉴定等活动
		621		公共软件服务	
			6211	基础软件服务	指为一般计算机用户提供的软件设计、编制、分析、测试等服务
			6212	应用软件服务	指为专业领域使用计算机的用户提供软件服务,以及提供给最终用户产品中的软件(嵌入式软件)服务
		629	6290	其他软件服务	指为特定客户提供的软件服务,以及与软件有关的咨询等活动
H				**批发和零售业**	本类包括63和65大类。指商品在流通环节中的批发活动和零售活动
	63			**批发业**	指批发商向批发、零售单位及其他企业、事业、机关批量销售生活用品和生产资料的活动,以及从事进出口贸易和贸易经纪与代理的活动。批发商可以对所批发的货物拥有所有权,并以本单位、公司的名义进行交易活动;也可以不拥有货物的所有权,而以中介身份做代理销售商。本类还包括各类商品批发市场中固定摊位的批发活动

代码				类别名称	说明
门类	大类	中类	小类		
		631		农畜产品批发	指未经过加工的农作物及牲畜、畜产品的批发和进出口活动。但不包括蔬菜、水果、肉、禽、蛋及水产品的批发和进出口活动
			6311	谷物、豆及薯类批发	
			6312	种子、饲料批发	
			6313	棉、麻批发	
			6314	牲畜批发	
			6319	其他农畜产品批发	
		632		食品、饮料及烟草制品批发	指经过加工和制造的食品、饮料及烟草制品的批发和进出口活动，以及蔬菜、水果、肉、禽、蛋及水产品的批发和进出口活动
			6321	米、面制品及食用油批发	
			6322	糕点、糖果及糖批发	
			6323	果品、蔬菜批发	
			6324	肉、禽、蛋及水产品批发	
			6325	盐及调味品批发	
			6326	饮料及茶叶批发	指可直接饮用或稀释、冲泡后饮用的饮料及茶叶的批发和进出口活动
			6327	烟草制品批发	指经过加工、生产的烟草制品的批发和进出口活动
			6329	其他食品批发	
		633		纺织、服装及日用品批发	指纺织面料、纺织品、服装、鞋、帽及日杂品、生活日用品的批发和进出口活动
			6331	纺织品、针织品及原料批发	
			6332	服装批发	
			6333	鞋帽批发	
			6334	厨房、卫生间用具及日用杂货批发	指灶具、炊具、厨具、餐具及各种容器、器皿等的批发和进出口活动；卫生间的用品用具和生活用清洁、清扫的用品用具的批发和进出口活动
			6335	化妆品及卫生用品批发	
			6339	其他日用品批发	指上述未列明的其他生活日用品的批发和进出口活动
		634		文化、体育用品及器材批发	指各类文具用品、体育用品、图书、报刊、音像、电子出版物、首饰、工艺美术品、收藏品及其他文化用品、器材的批发和进出口活动
			6341	文具用品批发	
			6342	体育用品批发	

代码				类别名称	说明
门类	大类	中类	小类		
			6343	图书批发	
			6344	报刊批发	
			6345	音像制品及电子出版物批发	
			6346	首饰、工艺品及收藏品批发	
			6349	其他文化用品批发	
		635		医药及医疗器材批发	指各种化学药品、生物药品、中草药材、中成药及医疗器材的批发和进出口活动。包括兽用药的批发和进出口活动
			6351	西药批发	
			6352	中药材及中成药批发	
			6353	医疗用品及器材批发	
		636		矿产品、建材及化工产品批发	指煤及煤制品、石油制品、矿产品及矿物制品、金属材料、建筑材料和化工产品的批发和进出口活动
			6361	煤炭及制品批发	
			6362	石油及制品批发	
			6363	非金属矿及制品批发	
			6364	金属及金属矿批发	
			6365	建材批发	指建筑用材料和装饰装修材料的批发和进出口活动
			6366	化肥批发	
			6367	农药批发	
			6368	农用薄膜批发	
			6369	其他化工产品批发	
		637		机械设备、五金交电及电子产品批发	指通用机械、专用设备、交通运输设备、电气机械、五金交电、家用电器、计算机设备、通讯设备、电子产品、仪器仪表及办公用机械的批发和进出口活动
			6371	农业机械批发	
			6372	汽车、摩托车及零配件批发	
			6373	五金、交电批发	指小五金、工具、水暖部件、照明器材、交电用品及材料的批发和进出口活动
			6374	家用电器批发	
			6375	计算机、软件及辅助设备批发	
			6376	通讯及广播电视设备批发	指电信设备、广播电视设备的批发和进出口活动
			6379	其他机械设备及电子产品批发	
		638	6380	贸易经纪与代理	指代办商、商品经纪人、拍卖商的活动;专门为某一生产企业做销售代理的活动;为买卖双方提供贸易机会或代表委托人进行商品交易代理活动

代码				类别名称	说明
门类	大类	中类	小类		
		639		其他批发	指上述未包括的批发和进出口
			6391	再生物资回收与批发	指将可再生的废旧物资回收，并批发给制造企业作初级原料的活动
			6399	其他未列明的批发	
	65			**零售业**	指百货商店、超级市场、专门零售商店、品牌专卖店、售货摊等主要面向最终消费者(如居民等)的销售活动。包括以互联网、邮政、电话、售货机等方式的销售活动。还包括在同一地点，后面加工生产，前面销售的店铺(如面包房)。谷物、种子、饲料、牲畜、矿产品、生产用原料、化工原料、农用化工产品、机械设备(乘用车、计算机及通信设备除外)等生产资料的销售不作为零售活动
		651		综合零售	
			6511	百货零售	指经营的商品品种较齐全，经营规模较大的综合零售活动
			6512	超级市场零售	指经营食品、日用品等的超级市场的综合零售活动
			6519	其他综合零售	指日用杂品综合零售活动；为方便城乡居民，在街道、社区、乡镇、农村、工矿区、校区、交通要道口、车站、码头、机场等人口稠密地区，开办的小型综合零售店的活动；以小超市形式开办的便利店活动；农村供销社的零售活动
		652		食品、饮料及烟草制品专门零售	指专门经营粮油、食品、饮料及烟草制品的零售活动。包括为方便城乡居民，在人口稠密地区开设的食品零售店
			6521	粮油零售	
			6522	糕点、面包零售	
			6523	果品、蔬菜零售	
			6524	肉、禽、蛋及水产品零售	
			6525	饮料及茶叶零售	指专门经营茶叶及各种饮料的零售活动
			6526	烟草制品零售	
			6529	其他食品零售	指上述未列明的食品零售活动
		653		纺织、服装及日用品专门零售	指专门经营纺织面料、纺织品、服装、鞋、帽及各种生活日用品的零售活动
			6531	纺织品及针织品零售	
			6532	服装零售	
			6533	鞋帽零售	

代码				类别名称	说明
门类	大类	中类	小类		
			6534	钟表、眼镜零售	
			6535	化妆品及卫生用品零售	
			6539	其他日用品零售	
		654		文化、体育用品及器材专门零售	指专门经营文具、体育用品、图书、报刊、音像制品、首饰、工艺美术品、收藏品、照相器材及其他文化用品的零售活动
			6541	文具用品零售	
			6542	体育用品零售	
			6543	图书零售	
			6544	报刊零售	
			6545	音像制品及电子出版物零售	
			6546	珠宝首饰零售	
			6547	工艺美术品及收藏品零售	指专门经营具有收藏价值和艺术价值的工艺品、艺术品、古玩、字画、邮品等的零售活动
			6548	照相器材零售	
			6549	其他文化用品零售	
		655		医药及医疗器材专门零售	指专门经营各种化学药品、生物药品、中草药材、中成药、医疗用品及器材的零售活动
			6551	药品零售	
			6552	医疗用品及器材零售	
		656		汽车、摩托车、燃料及零配件专门零售	指专门经营汽车、摩托车、汽车部件、汽车零配件及燃料的零售活动
			6561	汽车零售	指 9 人以下的乘用车的零售
			6562	汽车零配件零售	
			6563	摩托车及零配件零售	
			6564	机动车燃料零售	指专门经营机动车燃料及相关产品(润滑油)的零售活动
		657		家用电器及电子产品专门零售	指专门经营家用电器和计算机、软件及辅助设备、电子通信设备、电子元器件及办公设备的零售活动
			6571	家用电器零售	
			6572	计算机、软件及辅助设备零售	
			6573	通信设备零售	
			6579	其他电子产品零售	
		658		五金、家具及室内装修材料专门零售	指五金用品、家具和装修材料零售店的销售活动,以及在家具、家居装修、建材城(中心)及展销会上设摊位的销售活动

代码				类别名称	说明
门类	大类	中类	小类		
			6581	五金零售	
			6582	家具零售	
			6583	涂料零售	
			6589	其他室内装修材料零售	
		659		无店铺及其他零售	
			6591	流动货摊零售	指无固定场所的流动性销售产品的活动
			6592	邮购及电子销售	指通过邮政及现代通讯工具(如互联网、电视、电话等)进行销售,并送货上门的零售活动
			6593	生活用燃料零售	
			6594	花卉零售	
			6595	旧货零售	
			6599	其他未列明的零售	
I				**住宿和餐饮业**	本类包括 66 和 67 大类
	66			**住宿业**	指有偿为顾客提供临时住宿的服务活动
		661	6610	旅游饭店	指按照国家有关规定评定的旅游饭店或具有同等质量、水平的饭店活动
		662	6620	一般旅馆	指不具备评定旅游饭店和同等水平饭店的一般旅馆的活动
		669	6690	其他住宿服务	指上述未列明的住宿服务
	67			**餐饮业**	指在一定场所,对食物进行现场烹饪、调制,并出售给顾客主要供现场消费的服务活动
		671	6710	正餐服务	指提供各种中西式炒菜和主食,并由服务员送餐上桌的餐饮服务
		672	6720	快餐服务	
		673	6730	饮料及冷饮服务	指以提供饮料和冷饮为主的服务
		679	6790	其他餐饮服务	指上述未列明的餐饮服务
J				**金融业**	本类包括 68—71 大类
	68			**银行业**	
		681	6810	中央银行	指代表政府管理金融活动,并制定和执行货币政策的特殊金融机构的活动
		682	6820	商业银行	指国有独资商业银行、股份制银行、城市商业银行、城市信用社、农村信用社等的活动
		689	6890	其他银行	指政策性银行的活动

代码				类别名称	说明
门类	大类	中类	小类		
	69			**证券业**	指对股票、债券、期货及其他有价证券的投资交易活动
		691	6910	证券市场管理	指证券、期货市场的管理和监督活动
		692	6920	证券经纪与交易	指证券、期货经纪代理人的代理交易活动；证券、基金的管理等活动；证券营业部的管理活动
		693	6930	证券投资	指在证券市场从事股票、基金、债券、期货及其他有价证券的投资活动。包括证券的包销服务活动
		694	6940	证券分析与咨询	
	70			**保险业**	
		701	7010	人寿保险	指主要提供养老等人寿保险和再保险的活动
		702	7020	非人寿保险	指主要提供除人寿险以外的保险活动和再保险活动
		703	7030	保险辅助服务	指保险代理、评估、监督、咨询等活动
	71			**其他金融活动**	指银行、证券、保险以外的金融活动
		711	7110	金融信托与管理	指代理资金、财产的信托、管理活动，以及基金的托管人活动
		712	7120	金融租赁	
		713	7130	财务公司	指经人民银行批准，为企业融资服务的金融活动
		714	7140	邮政储蓄	
		715	7150	典当	指以实物质押的放款活动
		719	7190	其他未列明的金融活动	指上述未列明的金融活动
K				**房地产业**	
	72			**房地产业**	
		721	7210	房地产开发经营	指房地产开发企业进行的基础设施建设、房屋建设，并转让房地产开发项目或者销售、出租商品房的活动
		722	7220	物业管理	指物业管理企业依照合同约定，对物业进行专业化维修、养护、管理，以及对相关区域内的环境、公共秩序等进行管理，并提供相关服务的活动
		723	7230	房地产中介服务	指房地产咨询、房地产价格评估、房地产经纪等活动
		729	7290	其他房地产活动	

代码				类别名称	说明
门类	大类	中类	小类		
L				**租赁和商务服务业**	本类包括 73 和 74 大类
	73			**租赁业**	
		731		机械设备租赁	指不配备操作人员的机械设备的租赁服务
			7311	汽车租赁	
			7312	农业机械租赁	
			7313	建筑工程机械与设备租赁	
			7314	计算机及通讯设备租赁	
			7319	其他机械与设备租赁	
		732		文化及日用品出租	
			7321	图书及音像制品出租	
			7329	其他文化及日用品出租	
	74			**商务服务业**	
		741		企业管理服务	
			7411	企业管理机构	指不具体从事对外经营业务，只负责企业的重大决策、资产管理，协调管理下属各机构和内部日常工作的企业总部的活动，其对外经营业务由下属的独立核算单位或单独核算单位承担
			7412	投资与资产管理	指政府主管部门转变职能后，成立的国有资产管理机构和行业管理机构的活动；非金融性投资活动
			7419	其他企业管理服务	指其他各类企业管理机构、派出机构，以及为企事业、机关提供后勤服务的活动
		742		法律服务	指律师、公证、仲裁、调解等活动
			7421	律师及相关的法律服务	指在民事案件、刑事案件和其他案件中，为原被告双方提供法律代理服务，以及为一般的民事行为提供法律咨询与服务
			7422	公证服务	
			7429	其他法律服务	
		743		咨询与调查	
			7431	会计、审计及税务服务	
			7432	市场调查	
			7433	社会经济咨询	
			7439	其他专业咨询	指社会经济咨询以外的其他专业咨询活动

代码				类别名称	说明
门类	大类	中类	小类		
		744	7440	广告业	指在报纸、期刊、路牌、灯箱、橱窗、互联网、通讯设备及广播电影电视等媒介上为客户策划、制作的有偿宣传活动
		745	7450	知识产权服务	指对专利、商标、版权、著作权、软件、集成电路布图设计等的代理、转让、登记、鉴定、评估、认证、咨询、检索等活动
		746	7460	职业中介服务	指为求职者寻找、选择、介绍、安置工作;为用人单位提供劳动力;提供职业技能鉴定及其他职业中介活动
		747	7470	市场管理	指各种交易市场的管理活动
		748	7480	旅行社	指为社会各界提供商务、组团和散客旅游的服务。包括向顾客提供咨询、旅游计划和建议、日程安排、导游、食宿和交通等服务
		749		其他商务服务	
			7491	会议及展览服务	指为商品流通、促销、展示、经贸洽谈、民间交流、企业沟通、国际往来而举办的展览和会议等活动
			7492	包装服务	指有偿或按协议为客户提供包装服务
			7493	保安服务	指为社会提供的专业化、有偿安全防范服务活动
			7494	办公服务	指为商务、公务及个人提供的各种办公服务
			7499	其他未列明的商务服务	指上述未列明的商务服务和代理活动
M				**科学研究、技术服务和地质勘查业**	本类包括75—78大类
	75			**研究与试验发展**	指为了增加知识(包括有关自然、工程、人类、文化和社会的知识),以及运用这些知识创造新的应用,所进行的系统的、创造性的活动。该活动仅限于对新发现、新理论的研究,新技术、新产品、新工艺的研制。研究与试验发展包括基础研究、应用研究和试验发展
		751	7510	自然科学研究与试验发展	
		752	7520	工程和技术研究与试验发展	
		753	7530	农业科学研究与试验发展	
		754	7540	医学研究与试验发展	
		755	7550	社会人文科学研究与试验发展	
	76			**专业技术服务业**	
		761	7610	气象服务	指气象的观测、预报和服务等活动

代码				类别名称	说明
门类	大类	中类	小类		
		762	7620	地震服务	指地震监测预报、震灾预防和紧急救援等防震减灾活动
		763	7630	海洋服务	
		764	7640	测绘服务	
		765	7650	技术检测	指通过专业技术手段对动植物、工业产品、商品、专项技术、成果及其他需要鉴定的物品所进行的检测、检验、测试、鉴定等活动。包括认证活动
		766	7660	环境监测	指对环境各要素,对生产与生活等各类污染源排放的液体、气体、固体、辐射等污染物或污染因子,以及对生态系统指标进行的测试和监测活动
		767		工程技术与规划管理	
			7671	工程管理服务	指与建筑工程有关的工程筹建、计划、造价、资金、预算、场地、招标、咨询、监理等服务活动
			7672	工程勘察设计	指建筑施工前的工程地质勘察和工程设计等活动
			7673	规划管理	指对区域和城市、集镇、村庄的规划,以及其他规划活动
		769	7690	其他专业技术服务	指上述未列明的专业技术活动
	77			**科技交流和推广服务业**	
		771	7710	技术推广服务	指将新技术、新产品、新工艺直接推向市场而进行的相关技术活动,以及技术推广和转让活动
		772	7720	科技中介服务	指为科技活动提供社会化服务与管理,在政府、各类科技活动主体与市场之间提供居间服务的组织,主要开展信息交流、技术咨询、技术孵化、科技评估和科技鉴证等活动
		779	7790	其他科技服务	指除技术推广、科技中介以外的其他科技服务
	78			**地质勘查业**	指对矿产资源、工程地质、科学研究进行的地质勘查、测试、监测、评估等活动
		781		矿产地质勘查	指对固体、液体、气体及混合体的矿产资源的地质勘查活动
			7811	能源矿产地质勘查	
			7812	固体矿产地质勘查	
			7819	其他矿产地质勘查	
		782	7820	基础地质勘查	指区域、海洋、环境和水文地质勘查活动

代码				类别名称	说明
门类	大类	中类	小类		
		783	7830	地质勘查技术服务	指除矿产地质勘查、基础地质勘查以外的其他勘查和相关的技术服务
N				**水利、环境和公共设施管理业**	本类包括 79—81 大类
	79			**水利管理业**	
		791	7910	防洪管理	指对河流、湖泊、行蓄洪区和沿海的防洪设施的管理及防涝管理活动
		792		水资源管理	指对水资源的开发、利用、配置、节约等活动
			7921	水库管理	指对水库等水利设施的管理活动
			7922	调水、引水管理	指对运河、河渠、渠道、水利枢纽、水闸的管理活动
			7929	其他水资源管理	指节水及其他未列明的水资源管理活动
		799	7990	其他水利管理	指水土保持、保护及其他水利管理活动
	80			**环境管理业**	
		801		自然保护	
			8011	自然保护区管理	指对有代表性的自然生态系统、珍稀濒危野生动植物物种和有特殊意义的自然遗迹等予以特殊保护和管理的活动
			8012	野生动植物保护	指对野生及濒危动植物的饲养、培育、繁殖等保护活动,以及对栖息地的管理活动
			8019	其他自然保护	指除自然保护区管理、野生动植物保护以外的其他环境保护活动
		802		环境治理	
			8021	城市市容管理	
			8022	城市环境卫生管理	指城市垃圾的清扫、收集、运输、处理、处置和综合利用活动,以及对公共厕所、化粪池的清扫、收集、运输和管理活动
			8023	水污染治理	指对江、河、湖泊、水库及地下水、地表水的污染综合治理活动
			8024	危险废物治理	指对制造、维修、医疗等活动产生的危险废物进行收集、贮存、利用、处理和处置等活动
			8029	其他环境治理	指除市容管理、城市环境卫生、水污染、危险废物治理以外的其他环境治理活动
	81			**公共设施管理业**	
		811	8110	市政公共设施管理	指城市污水排放、雨水排放、路灯、道路、桥梁、隧道、广场、涵洞、防空等市政设施的维护、抢险、紧急处理、管理等活动

代码				类别名称	说明
门类	大类	中类	小类		
		812	8120	城市绿化管理	指城市园林绿化的管理活动
		813		游览景区管理	指为游人提供休闲、观光、游玩、度假的各类自然景观、人文景观、人造景观和其他景观的保护和管理活动
			8131	风景名胜区管理	指对具有一定规模的自然景观、人文景物的管理和保护活动，以及对环境优美、具有观赏、文化或科学价值风景名胜区的保护和管理活动
			8132	公园管理	指主要为人们提供休闲、观赏、游览以及科普、科研的城市公园的管理活动
			8139	其他游览景区管理	指其他未列明的游览景区的管理活动
O				**居民服务和其他服务业**	本类包括82—83大类
	82			**居民服务业**	
		821	8210	家庭服务	
		822	8220	托儿所	指社会、街道、个人办的面向不足三岁幼儿的看护服务。看护服务可分为全托、日托、半托，或计时服务
		823	8230	洗染服务	指专营的洗染店以及在宾馆、饭店内常设的独立(或相对独立)洗染服务
		824	8240	理发及美容保健服务	指专业理发、美容保健服务，以及在宾馆、饭店或娱乐场所常设的独立(或相对独立)理发、美容保健服务
		825	8250	洗浴服务	指专业洗浴室以及在宾馆、饭店或娱乐场所常设的独立(或相对独立)洗浴服务
		826	8260	婚姻服务	指从事婚姻介绍、婚庆典礼等服务
		827	8270	殡葬服务	指与殡葬有关的各类服务
		828	8280	摄影扩印服务	
		829	8290	其他居民服务	指上述未包括的居民服务
	83			**其他服务业**	
		831		修理与维护	
			8311	汽车、摩托车维护与保养	指非汽车制造厂、修理厂的修理和维护活动。这类活动一般在路边规模较小的修理服务部进行。包括为汽车、摩托车提供上油、充气、打蜡、抛光、喷漆、清洗、换零配件、出售零部件等服务
			8312	办公设备维修	指各种办公设备修理公司、修理门市部和修理网点的修理活动

代码				类别名称	说明
门类	大类	中类	小类		
			8313	家用电器修理	指家用电器维修门市部,以及生产企业驻各地的维修网点和维修中心的修理活动
			8319	其他日用品修理	指其他日用品维修门市部、修理摊点的活动,以及生产企业驻各地的维修网点和维修中心的修理活动
		832		清洁服务	指对建筑物、办公用品、家庭用品的清洗和消毒服务。包括专业公司和个人的清洗服务
			8321	建筑物清洁服务	指对建筑物内外墙、玻璃幕墙、地面、天花板及烟囱的清洗活动
			8329	其他清洁服务	指专业清洗人员为企业的机器、办公设备的清洗活动,以及为居民的日用品、器具及设备的清洗活动。包括清扫、消毒等服务
		839	8390	其他未列明的服务	
P				**教育**	
	84			**教育**	
		841	8410	学前教育	指按照国家幼儿教育规定对学龄前幼儿进行保育和教育的活动
		842	8420	初等教育	指义务教育法规定的初等教育和成人扫盲教育活动
		843		中等教育	
			8431	初中教育	指义务教育法规定的对小学毕业生进行初级中等教育的活动
			8432	高中教育	指非义务教育阶段,通过考试招收初中毕业生进行普通高中教育的活动
			8433	中等专业教育	
			8434	职业中学教育	指根据教育行政部门的规定,招收小学或初中毕业生实施中等职业技术教育的活动
			8435	技工学校教育	指各级政府、各主管部门、企业办的技术学校的教育活动
			8439	其他中等教育	指其他未列明的中等教育活动
		844		高等教育	
			8441	普通高等教育	指经教育行政部门批准,由国家、地方、社会办的获取学历的高等教育活动。指在完成高级中等教育基础上实施的教育

代码				类别名称	说明
门类	大类	中类	小类		
			8442	成人高等教育	指经教育主管部门批准举办的成人高等教育活动
		849		其他教育	
			8491	职业技能培训	指经教育主管部门、劳动部门或有关主管部门批准，由政府部门、企业、社会办的职业培训、就业培训及各种知识、技能的培训活动
			8492	特殊教育	指为残障儿童提供的特殊教育活动
			8499	其他未列明的教育	指党政教育和上述未列明的教育活动
Q				**卫生、社会保障和社会福利业**	本类包括 85—87 大类
	85			**卫生**	
		851		医院	
			8511	综合医院	
			8512	中医医院	
			8513	中西医结合医院	
			8514	民族医院	
			8515	专科医院	
			8516	疗养院	
		852	8520	卫生院及社区医疗活动	指城镇街道、社区医院和乡(镇)医疗卫生机构的活动
		853	8530	门诊部医疗活动	指门诊部、诊所、医务室、卫生站、护理院等卫生机构的活动
		854	8540	计划生育技术服务活动	指各地区计划生育技术服务机构的活动
		855	8550	妇幼保健活动	指非医院的妇女及婴幼儿保健活动
		856	8560	专科疾病防治活动	指对各种专科疾病进行预防及群众预防的活动
		857	8570	疾病预防控制及防疫活动	
		859	8590	其他卫生活动	指急救中心及其他未列明的卫生机构的活动
	86			**社会保障业**	
		860	8600	社会保障业	指依据国家有关规定开展的各种社会保障活动
	87			**社会福利业**	
		871		提供住宿的社会福利	指提供临时、长期住宿的福利或救济活动
			8711	干部休养所	
			8712	收养收容服务	指对孤儿、老人、残疾人、弱智儿童、流浪儿童、盲流等人员的收养、收容活动

代码				类别名称	说明
门类	大类	中类	小类		
		872	8720	不提供住宿的社会福利	指为孤儿、老人、残疾人、弱智儿童、军烈属、五保户及其他弱势群体提供不住宿的看护、帮助活动,以及其他社会福利活动
R				**文化、体育和娱乐业**	本类包括88—92大类
	88			**新闻出版业**	
		881	8810	新闻业	
		882		出版业	
			8821	图书出版	
			8822	报纸出版	
			8823	期刊出版	
			8824	音像制品出版	
			8825	电子出版物出版	
			8829	其他出版	
	89			**广播、电视、电影和音像业**	指对广播、电视、电影、录音、录像内容的制作、编导、主持、播出、放映等活动。不包括广播电视信号的传输和接收活动
		891	8910	广播	指广播节目的制作和播放等服务
		892	8920	电视	指电视节目的制作和播放等服务
		893		电影	指电影的制作、发行和放映活动
			8931	电影制作与发行	指电影的制片、制作、监制、发行等活动
			8932	电影放映	指专业电影院以及设在娱乐场所独立(或相对独立)的电影放映场所的活动
		894	8940	音像制作	指从事录音、摄像、录像等制作活动。其制品可以出版、销售,可以作为广播、电影、电视广告,可以在其他宣传场合播放,或提供给广播电台播放,但不做为电视节目播放
	90			**文化艺术业**	
		901	9010	文艺创作与表演	指文学、美术创造和表演艺术(如戏曲、歌舞、话剧、音乐、杂技、马戏、木偶等表演艺术)等活动
		902	9020	艺术表演场馆	指有观众席、舞台、灯光设备,专供文艺团体演出的场所的管理活动
		903		图书馆与档案馆	
			9031	图书馆	
			9032	档案馆	

代码				类别名称	说明
门类	大类	中类	小类		
		904	9040	文物及文化保护	指对具有历史、文化、艺术、科学价值，并经有关部门鉴定，列入文物保护范围的不可移动文物的保护和管理活动；对我国语言、文字、民间文化艺术、民俗等非物质遗产的文化保护和管理活动
		905	9050	博物馆	指收藏、研究、展示文物和标本的博物馆的活动，以及展示人类文化、艺术、科技、文明的美术馆、艺术馆、展览馆、科技馆、天文馆等管理活动
		906	9060	烈士陵园、纪念馆	
		907	9070	群众文化活动	指开展群众文化活动场所的管理活动
		908	9080	文化艺术经纪代理	
		909	9090	其他文化艺术	
	91			**体育**	
		911	9110	体育组织	指专业从事体育比赛、训练、辅导和管理的组织的活动
		912	9120	体育场馆	指可供观赏比赛的场馆和专供运动员训练用的场地的管理活动
		919	9190	其他体育	指上述未包括的体育活动
	92			**娱乐业**	
		921	9210	室内娱乐活动	指室内各种娱乐活动和以娱乐为主的活动
		922	9220	游乐园	指配有娱乐设施的大型室外娱乐活动及以娱乐为主的活动
		923	9230	休闲健身娱乐活动	指主要面向社会开放的休闲健身娱乐场所和其他体育娱乐场所的管理活动
		929	9290	其他娱乐活动	指各种形式的彩票活动，以及公园、海滩和旅游景点内小型设施的娱乐活动
S				**公共管理和社会组织**	本类包括93—97大类
	93			**中国共产党机关**	
		930	9300	中国共产党机关	
	94			**国家机构**	指宪法规定的国家机构的活动和国家武装力量
		941	9410	国家权力机构	指宪法规定的全国和地方各级人民代表大会及常委会机关的活动
		942		国家行政机构	指国务院及所属行政主管部门的活动；县以上地方各级人民政府及所属各工作部门的活动；乡（镇）级地方人民政府的活动；行政管理部门下属的监督、检查机构的活动

代码				类别名称	说明
门类	大类	中类	小类		
			9421	综合事务管理机构	指中央和地方人民政府的活动,以及依法管理全国或地方综合事务的政府主管部门的活动
			9422	对外事务管理机构	
			9423	公共安全管理机构	
			9424	社会事务管理机构	
			9425	经济事务管理机构	
			9426	政府事务管理机构	指依法对国务院及其主管部门有关事务的管理,以及对各级人民政府及工作部门有关事务的管理活动
			9427	行政监督检查机构	指依法对社会经济活动进行监督、监理、稽查、检查、查处等活动。包括独立(或相对独立)于各级行政管理单位的执法检查大队的活动
		943		人民法院和人民检察院	指宪法规定的人民法院和人民检察院的活动
			9431	人民法院	
			9432	人民检察院	
		949	9490	其他国家机构	指其他未另列明的国家机构的活动
	95			**人民政协和民主党派**	
		951	9510	人民政协	
		952	9520	民主党派	
	96			**群众团体、社会团体和宗教组织**	
		961		群众团体	指不在社会团体登记管理机关登记的群众团体的活动
			9611	工会	
			9612	妇联	
			9613	共青团	
			9619	其他群众团体	
		962		社会团体	指依法在社会团体登记管理机关登记的单位的活动
			9621	专业性团体	指由同一领域的成员、专家组成的社会团体(如学科、学术、文化、艺术、教育、卫生等)的活动
			9622	行业性团体	指由一个行业,或某一类企业,或不同企业的雇主(经理、厂长)组成的社会团体的活动
			9629	其他社会团体	指未列明的其他社会团体的活动
		963	9630	宗教组织	指经批准的宗教组织的活动和寺庙、清真寺、教堂等的宗教活动

代码				类别名称	说明
门类	大类	中类	小类		
	97			**基层群众自治组织**	指通过选举产生的社区性组织，该组织为本地区提供一般性管理、调解、治安、优抚、计划生育等服务
		971	9710	社区自治组织	指城市、镇的居民通过选举产生的群众性自治组织的管理活动
		972	9720	村民自治组织	指农村村民通过选举产生的群众性自治组织的管理活动
T				**国际组织**	
	98			**国际组织**	
		980	9800	国际组织	指联合国和其他国际组织驻我国境内的机构的活动

中华人民共和国行政区划代码

注：GB/T 2260—2007《中华人民共和国行政区划代码》于2007年颁布，但近3年来，我国又陆续新设或撤销了一些行政区划。本附录是根据GB/T 2260—2007并结合2010年最新情况编制的。

表1 省、自治区、直辖市、特别行政区代码表

名 称	数字码	名 称	数字码
北京市	110000	湖南省	430000
天津市	120000	广东省	440000
河北省	130000	广西壮族自治区	450000
山西省	140000	海南省	460000
内蒙古自治区	150000	重庆市	500000
辽宁省	210000	四川省	510000
吉林省	220000	贵州省	520000
黑龙江省	230000	云南省	530000
上海市	310000	西藏自治区	540000
江苏省	320000	陕西省	610000
浙江省	330000	甘肃省	620000
安徽省	340000	青海省	630000
福建省	350000	宁夏回族自治区	640000
江西省	360000	新疆维吾尔自治区	650000
山东省	370000	台湾省	710000
河南省	410000	香港特别行政区	810000
湖北省	420000	澳门特别行政区	820000

表2 北京市(110000 BJ)代码表

名 称	数字码	名 称	数字码
市辖区	110100	房山区	110111
东城区	110101	通州区	110112
西城区	110102	顺义区	110113
崇文区	110103	昌平区	110114
宣武区	110104	大兴区	110115
朝阳区	110105	怀柔区	110116
丰台区	110106	平谷区	110117
石景山区	110107	县	110200
海淀区	110108	密云县	110228
门头沟区	110109	延庆县	110229

表 3　天津市(120000 TJ)代码表

名　称	数字码	名　称	数字码
市辖区	120100	东丽区	120110
和平区	120101	西青区	120111
河东区	120102	津南区	120112
河西区	120103	北辰区	120113
南开区	120104	武清区	120114
河北区	120105	宝坻区	120115
红桥区	120106	县	120200
塘沽区(*)	120107	宁河县	120221
汉沽区	120108	静海县	120223
大港区	120109	蓟县	120225

表 4　河北省(130000 HE)代码表

名　称	数字码	名　称	数字码
石家庄市(*)	130100	路北区	130203
市辖区	130101	古冶区	130204
长安区	130102	开平区	130205
桥东区	130103	丰南区	130207
桥西区	130104	丰润区	130208
新华区	130105	滦县	130223
井陉矿区	130107	滦南县	130224
裕华区	130108	乐亭县	130225
井陉县	130121	迁西县	130227
正定县	130123	玉田县	130229
栾城县	130124	唐海县	130230
行唐县	130125	遵化市	130281
灵寿县	130126	迁安市	130283
高邑县	130127	秦皇岛市(*)	130300
深泽县	130128	市辖区	130301
赞皇县	130129	海港区	130302
无极县	130130	山海关区	130303
平山县	130131	北戴河区	130304
元氏县	130132	青龙满族自治县	130321
赵县	130133	昌黎县	130322
辛集市	130181	抚宁县	130323
藁城市	130182	卢龙县	130324
晋州市	130183	邯郸市	130400
新乐市	130184	市辖区	130401
鹿泉市	130185	邯山区	130402
唐山市(*)	130200	丛台区	130403
市辖区	130201	复兴区	130404
路南区	130202	峰峰矿区	130406

名　称	数字码
邯郸县	130421
临漳县	130423
成安县	130424
大名县	130425
涉县	130426
磁县	130427
肥乡县	130428
永年县	130429
邱县	130430
鸡泽县	130431
广平县	130432
馆陶县	130433
魏县	130434
曲周县	130435
武安市	130481
邢台市	130500
市辖区	130501
桥东区	130502
桥西区	130503
邢台县	130521
临城县	130522
内丘县	130523
柏乡县	130524
隆尧县	130525
任县	130526
南和县	130527
宁晋县	130528
巨鹿县	130529
新河县	130530
广宗县	130531
平乡县	130532
威县	130533
清河县	130534
临西县	130535
南宫市	130581
沙河市	130582
保定市	130600
市辖区	130601
新市区	130602
北市区	130603
南市区	130604
满城县	130621
清苑县	130622
涞水县	130623
阜平县	130624
徐水县	130625
定兴县	130626
唐县	130627
高阳县	130628
容城县	130629
涞源县	130630
望都县	130631
安新县	130632
易县	130633
曲阳县	130634
蠡县	130635
顺平县	130636
博野县	130637
雄县	130638
涿州市	130681
定州市	130682
安国市	130683
高碑店市	130684
张家口市	130700
市辖区	130701
桥东区	130702
桥西区	130703
宣化区	130705
下花园区	130706
宣化县	130721
张北县	130722
康保县	130723
沽源县	130724
尚义县	130725
蔚县	130726
阳原县	130727
怀安县	130728
万全县	130729
怀来县	130730
涿鹿县	130731
赤城县	130732
崇礼县	130733
承德市	130800
市辖区	130801

名　称	数字码	名　称	数字码
双桥区	130802	黄骅市	130983
双滦区	130803	河间市	130984
鹰手营子矿区	130804	廊坊市	131000
承德县	130821	市辖区	131001
兴隆县	130822	安次区	131002
平泉县	130823	广阳区	131003
滦平县	130824	固安县	131022
隆化县	130825	永清县	131023
丰宁满族自治县	130826	香河县	131024
宽城满族自治县	130827	大城县	131025
围场满族蒙古族自治县	130828	文安县	131026
沧州市	130900	大厂回族自治县	131028
市辖区	130901	霸州市	131081
新华区	130902	三河市	131082
运河区	130903	衡水市	131100
沧县	130921	市辖区	131101
青县	130922	桃城区	131102
东光县	130923	枣强县	131121
海兴县	130924	武邑县	131122
盐山县	130925	武强县	131123
肃宁县	130926	饶阳县	131124
南皮县	130927	安平县	131125
吴桥县	130928	故城县	131126
献县	130929	景县	131127
孟村回族自治县	130930	阜城县	131128
泊头市	130981	冀州市	131181
任丘市	130982	深州市	131182

表 5　山西省(140000 SX)代码表

名　称	数字码	名　称	数字码
太原市(*)	140100	古交市	140181
市辖区	140101	大同市	140200
小店区	140105	市辖区	140201
迎泽区	140106	城区	140202
杏花岭区	140107	矿区	140203
尖草坪区	140108	南郊区	140211
万柏林区	140109	新荣区	140212
晋源区	140110	阳高县	140221
清徐县	140121	天镇县	140222
阳曲县	140122	广灵县	140223
娄烦县	140123	灵丘县	140224

名称	数字码	名称	数字码
浑源县	140225	晋中市	140700
左云县	140226	市辖区	140701
大同县	140227	榆次区	140702
阳泉市	140300	榆社县	140721
市辖区	140301	左权县	140722
城区	140302	和顺县	140723
矿区	140303	昔阳县	140724
郊区	140311	寿阳县	140725
平定县	140321	太谷县	140726
盂县	140322	祁县	140727
长治市	140400	平遥县	140728
市辖区	140401	灵石县	140729
城区	140402	介休市	140781
郊区	140411	运城市	140800
长治县	140421	市辖区	140801
襄垣县	140423	盐湖区	140802
屯留县	140424	临猗县	140821
平顺县	140425	万荣县	140822
黎城县	140426	闻喜县	140823
壶关县	140427	稷山县	140824
长子县	140428	新绛县	140825
武乡县	140429	绛县	140826
沁县	140430	垣曲县	140827
沁源县	140431	夏县	140828
潞城市	140481	平陆县	140829
晋城市	140500	芮城县	140830
市辖区	140501	永济市	140881
城区	140502	河津市	140882
沁水县	140521	忻州市	140900
阳城县	140522	市辖区	140901
陵川县	140524	忻府区	140902
泽州县	140525	定襄县	140921
高平市	140581	五台县	140922
朔州市	140600	代县	140923
市辖区	140601	繁峙县	140924
朔城区	140602	宁武县	140925
平鲁区	140603	静乐县	140926
山阴县	140621	神池县	140927
应县	140622	五寨县	140928
右玉县	140623	岢岚县	140929
怀仁县	140624	河曲县	140930

名　称	数字码	名　称	数字码
保德县	140931	汾西县	141034
偏关县	140932	侯马市	141081
原平市	140981	霍州市	141082
临汾市	141000	吕梁市	141100
市辖区	141001	市辖区	141101
尧都区	141002	离石区	141102
曲沃县	141021	文水县	141121
翼城县	141022	交城县	141122
襄汾县	141023	兴县	141123
洪洞县	141024	临县	141124
古县	141025	柳林县	141125
安泽县	141026	石楼县	141126
浮山县	141027	岚县	141127
吉县	141028	方山县	141128
乡宁县	141029	中阳县	141129
大宁县	141030	交口县	141130
隰县	141031	孝义市	141181
永和县	141032	汾阳市	141182
蒲县	141033		

表 6　内蒙古自治区(150000 NM)代码表

名　称	数字码	名　称	数字码
呼和浩特市(*)	150100	固阳县	150222
市辖区	150101	达尔罕茂明安联合旗(**)	150223
新城区	150102	乌海市	150300
回民区	150103	市辖区	150301
玉泉区	150104	海勃湾区	150302
赛罕区(**)	150105	海南区	150303
土默特左旗(**)	150121	乌达区(**)	150304
托克托县(**)	150122	赤峰市	150400
和林格尔县(**)	150123	市辖区	150401
清水河县	150124	红山区	150402
武川县	150125	元宝山区	150403
包头市	150200	松山区	150404
市辖区	150201	阿鲁科尔沁旗(**)	150421
东河区	150202	巴林左旗(**)	150422
昆都仑区(**)	150203	巴林右旗(**)	150423
青山区	150204	林西县	150424
石拐区	150205	克什克腾旗(**)	150425
白云鄂博矿区	150206	翁牛特旗(**)	150426
九原区	150207	喀喇沁旗(**)	150428
土默特右旗(**)	150221	宁城县	150429

名　称	数字码	名　称	数字码
敖汉旗	150430	乌拉特前旗(**)	150823
通辽市	150500	乌拉特中旗(**)	150824
市辖区	150501	乌拉特后旗(**)	150825
科尔沁区(**)	150502	杭锦后旗(**)	150826
科尔沁左翼中旗(**)	150521	乌兰察布市(**)	150900
科尔沁左翼后旗(**)	150522	市辖区	150901
开鲁县	150523	集宁区	150902
库伦旗(**)	150524	卓资县	150921
奈曼旗	150525	化德县	150922
扎鲁特旗(**)	150526	商都县	150923
霍林郭勒市(**)	150581	兴和县	150924
鄂尔多斯市(**)	150600	凉城县	150925
市辖区	150601	察哈尔右翼前旗(**)	150926
东胜区	150602	察哈尔右翼中旗(**)	150927
达拉特旗(**)	150621	察哈尔右翼后旗(**)	150928
准格尔旗(**)	150622	四子王旗(**)	150929
鄂托克前旗(**)	150623	丰镇市	150981
鄂托克旗(**)	150624	兴安盟(**)	152200
杭锦旗(**)	150625	乌兰浩特市(**)	152201
乌审旗(**)	150626	阿尔山市(*)	152202
伊金霍洛旗(**)	150627	科尔沁右翼前旗(**)	152221
呼伦贝尔市(**)	150700	科尔沁右翼中旗(**)	152222
市辖区	150701	扎赉特旗(**)	152223
海拉尔区	150702	突泉县	152224
阿荣旗(**)	150721	锡林郭勒盟(**)	152500
莫力达瓦达斡尔族自治旗(**)	150722	二连浩特市(*)	152501
鄂伦春自治旗(**)	150723	锡林浩特市(**)	152502
鄂温克族自治旗(**)	150724	阿巴嘎旗(**)	152522
陈巴尔虎旗(**)	150725	苏尼特左旗(**)	152523
新巴尔虎左旗(**)	150726	苏尼特右旗(**)	152524
新巴尔虎右旗(**)	150727	东乌珠穆沁旗(**)	152525
满洲里市(*)	150781	西乌珠穆沁旗(**)	152526
牙克石市	150782	太仆寺旗(**)	152527
扎兰屯市	150783	镶黄旗	152528
额尔古纳市(**)	150784	正镶白旗	152529
根河市	150785	正蓝旗	152530
巴彦淖尔市(**)	150800	多伦县	152531
市辖区	150801	阿拉善盟(**)	152900
临河区	150802	阿拉善左旗(**)	152921
五原县	150821	阿拉善右旗(**)	152922
磴口县	150822	额济纳旗(**)	152923

表 7　辽宁省(210000 **LN**)代码表

名　称	数字码	名　称	数字码
沈阳市(*)	210100	顺城区	210411
市辖区	210101	抚顺县	210421
和平区	210102	新宾满族自治县	210422
沈河区	210103	清原满族自治县	210423
大东区	210104	本溪市	210500
皇姑区	210105	市辖区	210501
铁西区	210106	平山区	210502
苏家屯区	210111	溪湖区	210503
东陵区	210112	明山区	210504
沈北新区	210113	南芬区	210505
于洪区	210114	本溪满族自治县	210521
辽中县	210122	桓仁满族自治县	210522
康平县	210123	丹东市(*)	210600
法库县	210124	市辖区	210601
新民市	210181	元宝区	210602
大连市(*)	210200	振兴区	210603
市辖区	210201	振安区	210604
中山区	210202	宽甸满族自治县	210624
西岗区	210203	东港市	210681
沙河口区	210204	凤城市	210682
甘井子区	210211	锦州市(*)	210700
旅顺口区	210212	市辖区	210701
金州区	210213	古塔区	210702
长海县	210224	凌河区	210703
瓦房店市	210281	太和区	210711
普兰店市	210282	黑山县	210726
庄河市	210283	义县	210727
鞍山市(*)	210300	凌海市	210781
市辖区	210301	北镇市	210782
铁东区	210302	营口市(*)	210800
铁西区	210303	市辖区	210801
立山区	210304	站前区	210802
千山区	210311	西市区	210803
台安县	210321	鲅鱼圈区	210804
岫岩满族自治县	210323	老边区	210811
海城市	210381	盖州市	210881
抚顺市(*)	210400	大石桥市	210882
市辖区	210401	阜新市	210900
新抚区	210402	市辖区	210901
东洲区	210403	海州区	210902
望花区	210404	新邱区	210903

名　称	数字码	名　称	数字码
太平区	210904	清河区	211204
清河门区	210905	铁岭县	211221
细河区	210911	西丰县	211223
阜新蒙古族自治县	210921	昌图县	211224
彰武县	210922	调兵山市	211281
辽阳市	211000	开原市	211282
市辖区	211001	朝阳市	211300
白塔区	211002	市辖区	211301
文圣区	211003	双塔区	211302
宏伟区	211004	龙城区	211303
弓长岭区	211005	朝阳县	211321
太子河区	211011	建平县	211322
辽阳县	211021	喀喇沁左翼蒙古族自治县(**)	211324
灯塔市	211081	北票市	211381
盘锦市	211100	凌源市	211382
市辖区	211101	葫芦岛市	211400
双台子区	211102	市辖区	211401
兴隆台区	211103	连山区	211402
大洼县	211121	龙港区	211403
盘山县	211122	南票区	211404
铁岭市	211200	绥中县	211421
市辖区	211201	建昌县	211422
银州区	211202	兴城市	211481

表 8　吉林省(220000 JL)代码表

名　称	数字码	名　称	数字码
长春市(*)	220100	龙潭区	220203
市辖区	220101	船营区	220204
南关区	220102	丰满区	220211
宽城区	220103	永吉县	220221
朝阳区	220104	蛟河市	220281
二道区	220105	桦甸市	220282
绿园区	220106	舒兰市	220283
双阳区	220112	磐石市	220284
农安县	220122	四平市	220300
九台市	220181	市辖区	220301
榆树市	220182	铁西区	220302
德惠市	220183	铁东区	220303
吉林市	220200	梨树县	220322
市辖区	220201	伊通满族自治县	220323
昌邑区	220202	公主岭市	220381

名　称	数字码	名　称	数字码
双辽市	220382	松原市	220700
辽源市	220400	市辖区	220701
市辖区	220401	宁江区	220702
龙山区	220402	前郭尔罗斯蒙古族自治县(**)	220721
西安区	220403	长岭县	220722
东丰县	220421	乾安县	220723
东辽县	220422	扶余县	220724
通化市	220500	白城市	220800
市辖区	220501	市辖区	220801
东昌区	220502	洮北区	220802
二道江区	220503	镇赉县	220821
通化县	220521	通榆县	220822
辉南县	220523	洮南市	220881
柳河县	220524	大安市(*)	220882
梅河口市	220581	延边朝鲜族自治州	222400
集安市(*)	220582	延吉市(*)	222401
白山市	220600	图们市(*)	222402
市辖区	220601	敦化市	222403
八道江区	220602	珲春市(*)	222404
江源区	220604	龙井市	222405
抚松县	220621	和龙市	222406
靖宇县	220622	汪清县	222424
长白朝鲜族自治县(*)	220623	安图县	222426
临江市(*)	220681		

表 9　黑龙江省(230000 HL)代码表

名　称	数字码	名　称	数字码
哈尔滨市(*)	230100	通河县	230128
市辖区	230101	延寿县	230129
道里区	230102	双城市	230182
南岗区	230103	尚志市	230183
道外区	230104	五常市	230184
平房区	230108	齐齐哈尔市(*)	230200
松北区	230109	市辖区	230201
香坊区	230110	龙沙区	230202
呼兰区	230111	建华区	230203
阿城区	230112	铁锋区	230204
依兰县	230123	昂昂溪区	230205
方正县	230124	富拉尔基区(**)	230206
宾县	230125	碾子山区	230207
巴彦县	230126	梅里斯达斡尔族区	230208
木兰县	230127	龙江县	230221

名　称	数字码	名　称	数字码
依安县	230223	龙凤区	230603
泰来县	230224	让胡路区	230604
甘南县	230225	红岗区	230605
富裕县	230227	大同区	230606
克山县	230229	肇州县	230621
克东县	230230	肇源县	230622
拜泉县	230231	林甸县	230623
讷河市	230281	杜尔伯特蒙古族自治县(**)	230624
鸡西市	230300	伊春市	230700
市辖区	230301	市辖区	230701
鸡冠区	230302	伊春区	230702
恒山区	230303	南岔区	230703
滴道区	230304	友好区	230704
梨树区	230305	西林区	230705
城子河区	230306	翠峦区	230706
麻山区	230307	新青区	230707
鸡东县	230321	美溪区	230708
虎林市(*)	230381	金山屯区	230709
密山市(*)	230382	五营区	230710
鹤岗市	230400	乌马河区	230711
市辖区	230401	汤旺河区	230712
向阳区	230402	带岭区	230713
工农区	230403	乌伊岭区	230714
南山区	230404	红星区	230715
兴安区	230405	上甘岭区	230716
东山区	230406	嘉荫县(*)	230722
兴山区	230407	铁力市	230781
萝北县(*)	230421	佳木斯市(*)	230800
绥滨县(*)	230422	市辖区	230801
双鸭山市	230500	向阳区	230803
市辖区	230501	前进区	230804
尖山区	230502	东风区	230805
岭东区	230503	郊区	230811
四方台区	230505	桦南县	230822
宝山区	230506	桦川县(*)	230826
集贤县	230521	汤原县	230828
友谊县	230522	抚远县(*)	230833
宝清县	230523	同江市(*)	230881
饶河县(*)	230524	富锦市(*)	230882
大庆市(*)	230600	七台河市	230900
市辖区	230601	市辖区	230901
萨尔图区(**)	230602	新兴区	230902

名　称	数字码	名　称	数字码
桃山区	230903	孙吴县(*)	231124
茄子河区	230904	北安市	231181
勃利县	230921	五大连池市	231182
牡丹江市(*)	231000	绥化市	231200
市辖区	231001	市辖区	231201
东安区	231002	北林区	231202
阳明区	231003	望奎县	231221
爱民区	231004	兰西县	231222
西安区	231005	青冈县	231223
东宁县(*)	231024	庆安县	231224
林口县	231025	明水县	231225
绥芬河市(*)	231081	绥棱县	231226
海林市	231083	安达市	231281
宁安市	231084	肇东市	231282
穆棱市	231085	海伦市	231283
黑河市(*)	231100	大兴安岭地区(**)	232700
市辖区	231101	呼玛县(*)	232721
爱辉区	231102	塔河县	232722
嫩江县	231121	漠河县(*)	232723
逊克县(*)	231123		

表 10　上海市(310000 SH)代码表

名　称	数字码	名　称	数字码
市辖区	310100	宝山区(*)	310113
黄浦区	310101	嘉定区	310114
卢湾区	310103	浦东新区	310115
徐汇区	310104	金山区	310116
长宁区	310105	松江区	310117
静安区	310106	青浦区	310118
普陀区	310107	南汇区	310119
闸北区	310108	奉贤区	310120
虹口区	310109	县	310200
杨浦区	310110	崇明县	310230
闵行区	310112		

表 11　江苏省(320000 JS)代码表

名　称	数字码	名　称	数字码
南京市(*)	320100	建邺区	320105
市辖区	320101	鼓楼区	320106
玄武区	320102	下关区	320107
白下区	320103	浦口区	320111
秦淮区	320104	栖霞区	320113

名　称	数字码	名　称	数字码
雨花台区	320114	虎丘区	320505
江宁区	320115	吴中区	320506
六合区	320116	相城区	320507
溧水县	320124	常熟市(*)	320581
高淳县	320125	张家港市(*)	320582
无锡市(*)	320200	昆山市(*)	320583
市辖区	320201	吴江市	320584
崇安区	320202	太仓市(*)	320585
南长区	320203	南通市(*)	320600
北塘区	320204	市辖区	320601
锡山区	320205	崇川区	320602
惠山区	320206	港闸区	320611
滨湖区	320211	海安县	320621
江阴市(*)	320281	如东县	320623
宜兴市	320282	启东市	320681
徐州市(*)	320300	如皋市	320682
市辖区	320301	通州市	320683
鼓楼区	320302	海门市(*)	320684
云龙区	320303	连云港市(*)	320700
九里区	320304	市辖区	320701
贾汪区	320305	连云区	320703
泉山区	320311	新浦区	320705
丰县	320321	海州区	320706
沛县	320322	赣榆县	320721
铜山县	320323	东海县	320722
睢宁县	320324	灌云县	320723
新沂市	320381	灌南县	320724
邳州市	320382	淮安市	320800
常州市(*)	320400	市辖区	320801
市辖区	320401	清河区	320802
天宁区	320402	楚州区	320803
钟楼区	320404	淮阴区	320804
戚墅堰区	320405	清浦区	320811
新北区	320411	涟水县	320826
武进区	320412	洪泽县	320829
溧阳市	320481	盱眙县	320830
金坛市	320482	金湖县	320831
苏州市(*)	320500	盐城市	320900
市辖区	320501	市辖区	320901
沧浪区	320502	亭湖区	320902
平江区	320503	盐都区	320903
金阊区	320504	响水县	320921

名　称	数字码	名　称	数字码
滨海县	320922	丹徒区	321112
阜宁县	320923	丹阳市	321181
射阳县	320924	扬中市	321182
建湖县	320925	句容市	321183
东台市	320981	泰州市	321200
大丰市	320982	市辖区	321201
扬州市(*)	321000	海陵区	321202
市辖区	321001	高港区	321203
广陵区	321002	兴化市	321281
邗江区	321003	靖江市	321282
维扬区	321011	泰兴市	321283
宝应县	321023	姜堰市	321284
仪征市	321081	宿迁市	321300
高邮市	321084	市辖区	321301
江都市	321088	宿城区	321302
镇江市(*)	321100	宿豫区	321311
市辖区	321101	沭阳县	321322
京口区	321102	泗阳县	321323
润州区	321111	泗洪县	321324

表12　浙江省(330000 ZJ)代码表

名　称	数字码	名　称	数字码
杭州市(*)	330100	北仑区	330206
市辖区	330101	镇海区	330211
上城区	330102	鄞州区	330212
下城区	330103	象山县	330225
江干区	330104	宁海县	330226
拱墅区	330105	余姚市	330281
西湖区	330106	慈溪市	330282
滨江区	330108	奉化市	330283
萧山区(*)	330109	温州市(*)	330300
余杭区	330110	市辖区	330301
桐庐县	330122	鹿城区	330302
淳安县	330127	龙湾区	330303
建德市	330182	瓯海区	330304
富阳市	330183	洞头县	330322
临安市	330185	永嘉县	330324
宁波市(*)	330200	平阳县	330326
市辖区	330201	苍南县	330327
海曙区	330203	文成县	330328
江东区	330204	泰顺县	330329
江北区	330205	瑞安市	330381

名　称	数字码	名　称	数字码
乐清市	330382	衢州市	330800
嘉兴市(*)	330400	市辖区	330801
市辖区	330401	柯城区	330802
南湖区	330402	衢江区	330803
秀洲区	330411	常山县	330822
嘉善县	330421	开化县	330824
海盐县	330424	龙游县	330825
海宁市	330481	江山市(*)	330881
平湖市	330482	舟山市	330900
桐乡市	330483	市辖区	330901
湖州市(*)	330500	定海区	330902
市辖区	330501	普陀区	330903
吴兴区	330502	岱山县	330921
南浔区	330503	嵊泗县	330922
德清县	330521	台州市	331000
长兴县	330522	市辖区	331001
安吉县	330523	椒江区	331002
绍兴市(*)	330600	黄岩区	331003
市辖区	330601	路桥区	331004
越城区	330602	玉环县	331021
绍兴县	330621	三门县	331022
新昌县	330624	天台县	331023
诸暨市	330681	仙居县	331024
上虞市	330682	温岭市	331081
嵊州市	330683	临海市	331082
金华市(*)	330700	丽水市	331100
市辖区	330701	市辖区	331101
婺城区	330702	莲都区	331102
金东区	330703	青田县	331121
武义县	330723	缙云县	331122
浦江县	330726	遂昌县	331123
磐安县	330727	松阳县	331124
兰溪市	330781	云和县	331125
义乌市	330782	庆元县	331126
东阳市	330783	景宁畲族自治县	331127
永康市	330784	龙泉市	331181

表 13　安徽省(340000 AH)代码表

名　称	数字码	名　称	数字码
合肥市(*)	340100	庐阳区	340103
市辖区	340101	蜀山区	340104
瑶海区	340102	包河区	340111

名　称	数字码	名　称	数字码
长丰县	340121	市辖区	340701
肥东县	340122	铜官山区	340702
肥西县	340123	狮子山区	340703
芜湖市(*)	340200	郊区	340711
市辖区	340201	铜陵县	340721
镜湖区	340202	安庆市(*)	340800
弋江区	340203	市辖区	340801
鸠江区	340207	迎江区	340802
三山区	340208	大观区	340803
芜湖县	340221	宜秀区	340811
繁昌县	340222	怀宁县	340822
南陵县	340223	枞阳县	340823
蚌埠市(*)	340300	潜山县	340824
市辖区	340301	太湖县	340825
龙子湖区	340302	宿松县	340826
蚌山区	340303	望江县	340827
禹会区	340304	岳西县	340828
淮上区	340311	桐城市	340881
怀远县	340321	黄山市	341000
五河县	340322	市辖区	341001
固镇县	340323	屯溪区(*)	341002
淮南市	340400	黄山区	341003
市辖区	340401	徽州区	341004
大通区	340402	歙县	341021
田家庵区	340403	休宁县	341022
谢家集区	340404	黟县	341023
八公山区	340405	祁门县	341024
潘集区	340406	滁州市	341100
凤台县	340421	市辖区	341101
马鞍山市(*)	340500	琅琊区	341102
市辖区	340501	南谯区	341103
金家庄区	340502	来安县	341122
花山区	340503	全椒县	341124
雨山区	340504	定远县	341125
当涂县	340521	凤阳县	341126
淮北市	340600	天长市	341181
市辖区	340601	明光市	341182
杜集区	340602	阜阳市	341200
相山区	340603	市辖区	341201
烈山区	340604	颍州区	341202
濉溪县	340621	颍东区	341203
铜陵市(*)	340700	颍泉区	341204

名　称	数字码	名　称	数字码
临泉县	341221	舒城县	341523
太和县	341222	金寨县	341524
阜南县	341225	霍山县	341525
颍上县	341226	亳州市	341600
界首市	341282	市辖区	341601
宿州市	341300	谯城区	341602
市辖区	341301	涡阳县	341621
埇桥区	341302	蒙城县	341622
砀山县	341321	利辛县	341623
萧县	341322	池州市	341700
灵璧县	341323	市辖区	341701
泗县	341324	贵池区	341702
巢湖市	341400	东至县	341721
市辖区	341401	石台县	341722
居巢区	341402	青阳县	341723
庐江县	341421	宣城市	341800
无为县	341422	市辖区	341801
含山县	341423	宣州区	341802
和县	341424	郎溪县	341821
六安市	341500	广德县	341822
市辖区	341501	泾县	341823
金安区	341502	绩溪县	341824
裕安区	341503	旌德县	341825
寿县	341521	宁国市	341881
霍邱县	341522		

表 14　福建省(350000 FJ)代码表

名　称	数字码	名　称	数字码
福州市(*)	350100	长乐市	350182
市辖区	350101	厦门市(*)	350200
鼓楼区	350102	市辖区	350201
台江区	350103	思明区	350203
仓山区	350104	海沧区	350205
马尾区	350105	湖里区	350206
晋安区	350111	集美区	350211
闽侯县	350121	同安区	350212
连江县	350122	翔安区	350213
罗源县	350123	莆田市(*)	350300
闽清县	350124	市辖区	350301
永泰县	350125	城厢区	350302
平潭县	350128	涵江区	350303
福清市	350181	荔城区	350304

名　称	数字码	名　称	数字码
秀屿区	350305	东山县(＊)	350626
仙游县	350322	南靖县	350627
三明市	350400	平和县	350628
市辖区	350401	华安县	350629
梅列区	350402	龙海市	350681
三元区	350403	南平市	350700
明溪县	350421	市辖区	350701
清流县	350423	延平区	350702
宁化县	350424	顺昌县	350721
大田县	350425	浦城县	350722
尤溪县	350426	光泽县	350723
沙县	350427	松溪县	350724
将乐县	350428	政和县	350725
泰宁县	350429	邵武市	350781
建宁县	350430	武夷山市(＊)	350782
永安市	350481	建瓯市	350783
泉州市(＊)	350500	建阳市	350784
市辖区	350501	龙岩市	350800
鲤城区	350502	市辖区	350801
丰泽区	350503	新罗区	350802
洛江区	350504	长汀县	350821
泉港区	350505	永定县	350822
惠安县	350521	上杭县	350823
安溪县	350524	武平县	350824
永春县	350525	连城县	350825
德化县	350526	漳平市	350881
金门县	350527	宁德市	350900
石狮市(＊)	350581	市辖区	350901
晋江市	350582	蕉城区	350902
南安市	350583	霞浦县	350921
漳州市(＊)	350600	古田县	350922
市辖区	350601	屏南县	350923
芗城区	350602	寿宁县	350924
龙文区	350603	周宁县	350925
云霄县	350622	柘荣县	350926
漳浦县	350623	福安市	350981
诏安县	350624	福鼎市	350982
长泰县	350625		

表15 江西省(360000 JX)代码表

名　称	数字码	名　称	数字码
南昌市(*)	360100	分宜县	360521
市辖区	360101	鹰潭市	360600
东湖区	360102	市辖区	360601
西湖区	360103	月湖区	360602
青云谱区	360104	余江县	360622
湾里区	360105	贵溪市	360681
青山湖区	360111	赣州市	360700
南昌县	360121	市辖区	360701
新建县	360122	章贡区	360702
安义县	360123	赣县	360721
进贤县	360124	信丰县	360722
景德镇市(*)	360200	大余县	360723
市辖区	360201	上犹县	360724
昌江区	360202	崇义县	360725
珠山区	360203	安远县	360726
浮梁县	360222	龙南县	360727
乐平市	360281	定南县	360728
萍乡市	360300	全南县	360729
市辖区	360301	宁都县	360730
安源区	360302	于都县	360731
湘东区	360313	兴国县	360732
莲花县	360321	会昌县	360733
上栗县	360322	寻乌县	360734
芦溪县	360323	石城县	360735
九江市(*)	360400	瑞金市	360781
市辖区	360401	南康市	360782
庐山区	360402	吉安市	360800
浔阳区	360403	市辖区	360801
九江县	360421	吉州区	360802
武宁县	360423	青原区	360803
修水县	360424	吉安县	360821
永修县	360425	吉水县	360822
德安县	360426	峡江县	360823
星子县	360427	新干县	360824
都昌县	360428	永丰县	360825
湖口县	360429	泰和县	360826
彭泽县	360430	遂川县	360827
瑞昌市	360481	万安县	360828
新余市	360500	安福县	360829
市辖区	360501	永新县	360830
渝水区	360502	井冈山市	360881

名　称	数字码	名　称	数字码
宜春市	360900	宜黄县	361026
市辖区	360901	金溪县	361027
袁州区	360902	资溪县	361028
奉新县	360921	东乡县	361029
万载县	360922	广昌县	361030
上高县	360923	上饶市	361100
宜丰县	360924	市辖区	361101
靖安县	360925	信州区	361102
铜鼓县	360926	上饶县	361121
丰城市	360981	广丰县	361122
樟树市	360982	玉山县	361123
高安市	360983	铅山县	361124
抚州市	361000	横峰县	361125
市辖区	361001	弋阳县	361126
临川区	361002	余干县	361127
南城县	361021	鄱阳县	361128
黎川县	361022	万年县	361129
南丰县	361023	婺源县	361130
崇仁县	361024	德兴市	361181
乐安县	361025		

表 16　山东省(370000 SD)代码表

名　称	数字码	名　称	数字码
济南市(*)	370100	李沧区	370213
市辖区	370101	城阳区	370214
历下区	370102	胶州市	370281
市中区	370103	即墨市	370282
槐荫区	370104	平度市	370283
天桥区	370105	胶南市	370284
历城区	370112	莱西市	370285
长清区	370113	淄博市	370300
平阴县	370124	市辖区	370301
济阳县	370125	淄川区	370302
商河县	370126	张店区	370303
章丘市	370181	博山区	370304
青岛市(*)	370200	临淄区	370305
市辖区	370201	周村区	370306
市南区	370202	桓台县	370321
市北区	370203	高青县	370322
四方区	370205	沂源县	370323
黄岛区	370211	枣庄市	370400
崂山区	370212	市辖区	370401

名　称	数字码	名　称	数字码
市中区	370402	市辖区	370801
薛城区	370403	市中区	370802
峄城区	370404	任城区	370811
台儿庄区	370405	微山县	370826
山亭区	370406	鱼台县	370827
滕州市	370481	金乡县	370828
东营市(*)	370500	嘉祥县	370829
市辖区	370501	汶上县	370830
东营区	370502	泗水县	370831
河口区	370503	梁山县	370832
垦利县	370521	曲阜市	370881
利津县	370522	兖州市	370882
广饶县	370523	邹城市	370883
烟台市(*)	370600	泰安市(*)	370900
市辖区	370601	市辖区	370901
芝罘区	370602	泰山区	370902
福山区	370611	岱岳区	370911
牟平区	370612	宁阳县	370921
莱山区	370613	东平县	370923
长岛县	370634	新泰市	370982
龙口市(*)	370681	肥城市	370983
莱阳市	370682	威海市(*)	371000
莱州市(*)	370683	市辖区	371001
蓬莱市(*)	370684	环翠区	371002
招远市	370685	文登市	371081
栖霞市	370686	荣成市	371082
海阳市	370687	乳山市	371083
潍坊市(*)	370700	日照市(*)	371100
市辖区	370701	市辖区	371101
潍城区	370702	东港区	371102
寒亭区	370703	岚山区	371103
坊子区	370704	五莲县	371121
奎文区	370705	莒县	371122
临朐县	370724	莱芜市	371200
昌乐县	370725	市辖区	371201
青州市	370781	莱城区	371202
诸城市	370782	钢城区	371203
寿光市	370783	临沂市(*)	371300
安丘市	370784	市辖区	371301
高密市	370785	兰山区	371302
昌邑市	370786	罗庄区	371311
济宁市(*)	370800	河东区	371312

名　称	数字码	名　称	数字码
沂南县	371321	莘县	371522
郯城县	371322	茌平县	371523
沂水县	371323	东阿县	371524
苍山县	371324	冠县	371525
费县	371325	高唐县	371526
平邑县	371326	临清市	371581
莒南县	371327	滨州市	371600
蒙阴县	371328	市辖区	371601
临沭县	371329	滨城区	371602
德州市	371400	惠民县	371621
市辖区	371401	阳信县	371622
德城区	371402	无棣县	371623
陵县	371421	沾化县	371624
宁津县	371422	博兴县	371625
庆云县	371423	邹平县	371626
临邑县	371424	菏泽市	371700
齐河县	371425	市辖区	371701
平原县	371426	牡丹区	371702
夏津县	371427	曹县	371721
武城县	371428	单县	371722
乐陵市	371481	成武县	371723
禹城市	371482	巨野县	371724
聊城市	371500	郓城县	371725
市辖区	371501	鄄城县	371726
东昌府区	371502	定陶县	371727
阳谷县	371521	东明县	371728

表 17　河南省(410000 HA)代码表

名　称	数字码	名　称	数字码
郑州市(＊)	410100	登封市	410185
市辖区	410101	开封市	410200
中原区	410102	市辖区	410201
二七区	410103	龙亭区	410202
管城回族区	410104	顺河回族区	410203
金水区	410105	鼓楼区	410204
上街区	410106	禹王台区	410205
惠济区	410108	金明区	410211
中牟县	410122	杞县	410221
巩义市	410181	通许县	410222
荥阳市	410182	尉氏县	410223
新密市	410183	开封县	410224
新郑市	410184	兰考县	410225

名　称	数字码	名　称	数字码
洛阳市(*)	410300	鹤山区	410602
市辖区	410301	山城区	410603
老城区	410302	淇滨区	410611
西工区	410303	浚县	410621
瀍河回族区	410304	淇县	410622
涧西区	410305	新乡市	410700
吉利区	410306	市辖区	410701
洛龙区	410311	红旗区	410702
孟津县	410322	卫滨区	410703
新安县	410323	凤泉区	410704
栾川县	410324	牧野区	410711
嵩县	410325	新乡县	410721
汝阳县	410326	获嘉县	410724
宜阳县	410327	原阳县	410725
洛宁县	410328	延津县	410726
伊川县	410329	封丘县	410727
偃师市	410381	长垣县	410728
平顶山市	410400	卫辉市	410781
市辖区	410401	辉县市	410782
新华区	410402	焦作市	410800
卫东区	410403	市辖区	410801
石龙区	410404	解放区	410802
湛河区	410411	中站区	410803
宝丰县	410421	马村区	410804
叶县	410422	山阳区	410811
鲁山县	410423	修武县	410821
郏县	410425	博爱县	410822
舞钢市	410481	武陟县	410823
汝州市	410482	温县	410825
安阳市	410500	沁阳市	410882
市辖区	410501	孟州市	410883
文峰区	410502	濮阳市	410900
北关区	410503	市辖区	410901
殷都区	410505	华龙区	410902
龙安区	410506	清丰县	410922
安阳县	410522	南乐县	410923
汤阴县	410523	范县	410926
滑县	410526	台前县	410927
内黄县	410527	濮阳县	410928
林州市	410581	许昌市	411000
鹤壁市	410600	市辖区	411001
市辖区	410601	魏都区	411002

名　称	数字码	名　称	数字码
许昌县	411023	柘城县	411424
鄢陵县	411024	虞城县	411425
襄城县	411025	夏邑县	411426
禹州市	411081	永城市	411481
长葛市	411082	信阳市	411500
漯河市	411100	市辖区	411501
市辖区	411101	浉河区	411502
源汇区	411102	平桥区	411503
郾城区	411103	罗山县	411521
召陵区	411104	光山县	411522
舞阳县	411121	新县	411523
临颍县	411122	商城县	411524
三门峡市	411200	固始县	411525
市辖区	411201	潢川县	411526
湖滨区	411202	淮滨县	411527
渑池县	411221	息县	411528
陕县	411222	周口市	411600
卢氏县	411224	市辖区	411601
义马市	411281	川汇区	411602
灵宝市	411282	扶沟县	411621
南阳市	411300	西华县	411622
市辖区	411301	商水县	411623
宛城区	411302	沈丘县	411624
卧龙区	411303	郸城县	411625
南召县	411321	淮阳县	411626
方城县	411322	太康县	411627
西峡县	411323	鹿邑县	411628
镇平县	411324	项城市	411681
内乡县	411325	驻马店市	411700
淅川县	411326	市辖区	411701
社旗县	411327	驿城区	411702
唐河县	411328	西平县	411721
新野县	411329	上蔡县	411722
桐柏县	411330	平舆县	411723
邓州市	411381	正阳县	411724
商丘市	411400	确山县	411725
市辖区	411401	泌阳县	411726
梁园区	411402	汝南县	411727
睢阳区	411403	遂平县	411728
民权县	411421	新蔡县	411729
睢县	411422	省直辖县级行政区划	419000
宁陵县	411423	济源市	419001

表 18　湖北省(420000 HB)代码表

名　称	数字码
武汉市(*)	420100
市辖区	420101
江岸区	420102
江汉区	420103
硚口区	420104
汉阳区	420105
武昌区	420106
青山区	420107
洪山区	420111
东西湖区	420112
汉南区	420113
蔡甸区	420114
江夏区	420115
黄陂区	420116
新洲区	420117
黄石市(*)	420200
市辖区	420201
黄石港区	420202
西塞山区	420203
下陆区	420204
铁山区	420205
阳新县	420222
大冶市	420281
十堰市	420300
市辖区	420301
茅箭区	420302
张湾区	420303
郧县	420321
郧西县	420322
竹山县	420323
竹溪县	420324
房县	420325
丹江口市	420381
宜昌市	420500
市辖区	420501
西陵区	420502
伍家岗区	420503
点军区	420504
猇亭区	420505
夷陵区	420506
远安县	420525
兴山县	420526
秭归县	420527
长阳土家族自治县	420528
五峰土家族自治县	420529
宜都市	420581
当阳市	420582
枝江市	420583
襄樊市	420600
市辖区	420601
襄城区	420602
樊城区	420606
襄阳区	420607
南漳县	420624
谷城县	420625
保康县	420626
老河口市	420682
枣阳市	420683
宜城市	420684
鄂州市	420700
市辖区	420701
梁子湖区	420702
华容区	420703
鄂城区	420704
荆门市	420800
市辖区	420801
东宝区	420802
掇刀区	420804
京山县	420821
沙洋县	420822
钟祥市	420881
孝感市	420900
市辖区	420901
孝南区	420902
孝昌县	420921
大悟县	420922
云梦县	420923
应城市	420981
安陆市	420982
汉川市	420984
荆州市(*)	421000
市辖区	421001

名　称	数字码	名　称	数字码
沙市区	421002	嘉鱼县	421221
荆州区	421003	通城县	421222
公安县	421022	崇阳县	421223
监利县	421023	通山县	421224
江陵县	421024	赤壁市	421281
石首市	421081	随州市	421300
洪湖市	421083	市辖区	421301
松滋市	421087	曾都区	421302
黄冈市	421100	广水市	421381
市辖区	421101	恩施土家族苗族自治州	422800
黄州区	421102	恩施市	422801
团风县	421121	利川市	422802
红安县	421122	建始县	422822
罗田县	421123	巴东县	422823
英山县	421124	宣恩县	422825
浠水县	421125	咸丰县	422826
蕲春县	421126	来凤县	422827
黄梅县	421127	鹤峰县	422828
麻城市	421181	省直辖县级行政区划	429000
武穴市	421182	仙桃市	429004
咸宁市	421200	潜江市	429005
市辖区	421201	天门市	429006
咸安区	421202	神农架林区	429021

表 19　湖南省(430000 HN)代码表

名　称	数字码	名　称	数字码
长沙市(＊)	430100	天元区	430211
市辖区	430101	株洲县	430221
芙蓉区	430102	攸县	430223
天心区	430103	茶陵县	430224
岳麓区	430104	炎陵县	430225
开福区	430105	醴陵市	430281
雨花区	430111	湘潭市	430300
长沙县	430121	市辖区	430301
望城县	430122	雨湖区	430302
宁乡县	430124	岳塘区	430304
浏阳市	430181	湘潭县	430321
株洲市	430200	湘乡市	430381
市辖区	430201	韶山市	430382
荷塘区	430202	衡阳市(＊)	430400
芦淞区	430203	市辖区	430401
石峰区	430204	珠晖区	430405

名称	数字码	名称	数字码
雁峰区	430406	澧县	430723
石鼓区	430407	临澧县	430724
蒸湘区	430408	桃源县	430725
南岳区	430412	石门县	430726
衡阳县	430421	津市市	430781
衡南县	430422	张家界市	430800
衡山县	430423	市辖区	430801
衡东县	430424	永定区	430802
祁东县	430426	武陵源区	430811
耒阳市	430481	慈利县	430821
常宁市	430482	桑植县	430822
邵阳市	430500	益阳市	430900
市辖区	430501	市辖区	430901
双清区	430502	资阳区	430902
大祥区	430503	赫山区	430903
北塔区	430511	南县	430921
邵东县	430521	桃江县	430922
新邵县	430522	安化县	430923
邵阳县	430523	沅江市	430981
隆回县	430524	郴州市	431000
洞口县	430525	市辖区	431001
绥宁县	430527	北湖区	431002
新宁县	430528	苏仙区	431003
城步苗族自治县	430529	桂阳县	431021
武冈市	430581	宜章县	431022
岳阳市	430600	永兴县	431023
市辖区	430601	嘉禾县	431024
岳阳楼区	430602	临武县	431025
云溪区	430603	汝城县	431026
君山区	430611	桂东县	431027
岳阳县	430621	安仁县	431028
华容县	430623	资兴市	431081
湘阴县	430624	永州市	431100
平江县	430626	市辖区	431101
汨罗市	430681	零陵区	431102
临湘市	430682	冷水滩区	431103
常德市	430700	祁阳县	431121
市辖区	430701	东安县	431122
武陵区	430702	双牌县	431123
鼎城区	430703	道县	431124
安乡县	430721	江永县	431125
汉寿县	430722	宁远县	431126

名　称	数字码	名　称	数字码
蓝山县	431127	娄底市	431300
新田县	431128	市辖区	431301
江华瑶族自治县	431129	娄星区	431302
怀化市	431200	双峰县	431321
市辖区	431201	新化县	431322
鹤城区	431202	冷水江市	431381
中方县	431221	涟源市	431382
沅陵县	431222	湘西土家族苗族自治州	433100
辰溪县	431223	吉首市	433101
溆浦县	431224	泸溪县	433122
会同县	431225	凤凰县	433123
麻阳苗族自治县	431226	花垣县	433124
新晃侗族自治县	431227	保靖县	433125
芷江侗族自治县	431228	古丈县	433126
靖州苗族侗族自治县	431229	永顺县	433127
通道侗族自治县	431230	龙山县	433130
洪江市	431281		

表 20　广东省(440000 GD)代码表

名　称	数字码	名　称	数字码
广州市(*)	440100	乳源瑶族自治县	440232
市辖区	440101	新丰县	440233
荔湾区	440103	乐昌市	440281
越秀区	440104	南雄市	440282
海珠区	440105	深圳市(*)	440300
天河区	440106	市辖区	440301
白云区	440111	罗湖区	440303
黄埔区	440112	福田区	440304
番禺区(*)	440113	南山区	440305
花都区	440114	宝安区	440306
南沙区	440115	龙岗区	440307
萝岗区	440116	盐田区	440308
增城市	440183	珠海市(*)	440400
从化市(*)	440184	市辖区	440401
韶关市(*)	440200	香洲区	440402
市辖区	440201	斗门区(*)	440403
武江区	440203	金湾区	440404
浈江区	440204	汕头市(*)	440500
曲江区	440205	市辖区	440501
始兴县	440222	龙湖区	440507
仁化县	440224	金平区	440511
翁源县	440229	濠江区	440512

名　称	数字码	名　称	数字码
潮阳区(＊)	440513	鼎湖区	441203
潮南区	440514	广宁县	441223
澄海区	440515	怀集县	441224
南澳县(＊)	440523	封开县	441225
佛山市(＊)	440600	德庆县	441226
市辖区	440601	高要市	441283
禅城区	440604	四会市	441284
南海区(＊)	440605	惠州市(＊)	441300
顺德区(＊)	440606	市辖区	441301
三水区(＊)	440607	惠城区	441302
高明区(＊)	440608	惠阳区	441303
江门市(＊)	440700	博罗县	441322
市辖区	440701	惠东县	441323
蓬江区	440703	龙门县	441324
江海区	440704	梅州市(＊)	441400
新会区(＊)	440705	市辖区	441401
台山市	440781	梅江区	441402
开平市	440783	梅县	441421
鹤山市(＊)	440784	大埔县	441422
恩平市(＊)	440785	丰顺县	441423
湛江市(＊)	440800	五华县	441424
市辖区	440801	平远县	441426
赤坎区	440802	蕉岭县	441427
霞山区	440803	兴宁市	441481
坡头区	440804	汕尾市(＊)	441500
麻章区	440811	市辖区	441501
遂溪县	440823	城区	441502
徐闻县	440825	海丰县	441521
廉江市	440881	陆河县	441523
雷州市	440882	陆丰市	441581
吴川市	440883	河源市(＊)	441600
茂名市(＊)	440900	市辖区	441601
市辖区	440901	源城区	441602
茂南区	440902	紫金县	441621
茂港区	440903	龙川县	441622
电白县	440923	连平县	441623
高州市	440981	和平县	441624
化州市	440982	东源县	441625
信宜市	440983	阳江市(＊)	441700
肇庆市(＊)	441200	市辖区	441701
市辖区	441201	江城区	441702
端州区	441202	阳西县	441721

名　称	数字码	名　称	数字码
阳东县	441723	潮安县	445121
阳春市	441781	饶平县	445122
清远市(*)	441800	揭阳市(*)	445200
市辖区	441801	市辖区	445201
清城区	441802	榕城区	445202
佛冈县	441821	揭东县	445221
阳山县	441823	揭西县	445222
连山壮族瑶族自治县	441825	惠来县	445224
连南瑶族自治县	441826	普宁市	445281
清新县	441827	云浮市	445300
英德市	441881	市辖区	445301
连州市	441882	云城区	445302
东莞市(*)	441900	新兴县	445321
中山市(*)	442000	郁南县	445322
潮州市	445100	云安县	445323
市辖区	445101	罗定市(*)	445381
湘桥区	445102		

表 21　广西壮族自治区(450000 GX)代码表

名　称	数字码	名　称	数字码
南宁市(*)	450100	鹿寨县	450223
市辖区	450101	融安县	450224
兴宁区	450102	融水苗族自治县	450225
青秀区	450103	三江侗族自治县	450226
江南区	450105	桂林市(*)	450300
西乡塘区	450107	市辖区	450301
良庆区	450108	秀峰区	450302
邕宁区	450109	叠彩区	450303
武鸣县	450122	象山区	450304
隆安县	450123	七星区	450305
马山县	450124	雁山区	450311
上林县	450125	阳朔县	450321
宾阳县	450126	临桂县	450322
横县	450127	灵川县	450323
柳州市(*)	450200	全州县	450324
市辖区	450201	兴安县	450325
城中区	450202	永福县	450326
鱼峰区	450203	灌阳县	450327
柳南区	450204	龙胜各族自治县	450328
柳北区	450205	资源县	450329
柳江县	450221	平乐县	450330
柳城县	450222	荔浦县	450331

名　称	数字码
恭城瑶族自治县	450332
梧州市(*)	450400
市辖区	450401
万秀区	450403
蝶山区	450404
长洲区	450405
苍梧县	450421
藤县	450422
蒙山县	450423
岑溪市	450481
北海市(*)	450500
市辖区	450501
海城区	450502
银海区	450503
铁山港区	450512
合浦县	450521
防城港市(*)	450600
市辖区	450601
港口区	450602
防城区	450603
上思县	450621
东兴市(*)	450681
钦州市(*)	450700
市辖区	450701
钦南区	450702
钦北区	450703
灵山县	450721
浦北县	450722
贵港市(*)	450800
市辖区	450801
港北区	450802
港南区	450803
覃塘区	450804
平南县	450821
桂平市	450881
玉林市	450900
市辖区	450901
玉州区	450902
容县	450921
陆川县	450922
博白县	450923
兴业县	450924
北流市	450981
百色市	451000
市辖区	451001
右江区	451002
田阳县	451021
田东县	451022
平果县	451023
德保县	451024
靖西县	451025
那坡县	451026
凌云县	451027
乐业县	451028
田林县	451029
西林县	451030
隆林各族自治县	451031
贺州市	451100
市辖区	451101
八步区	451102
昭平县	451121
钟山县	451122
富川瑶族自治县	451123
河池市	451200
市辖区	451201
金城江区	451202
南丹县	451221
天峨县	451222
凤山县	451223
东兰县	451224
罗城仫佬族自治县	451225
环江毛南族自治县	451226
巴马瑶族自治县	451227
都安瑶族自治县	451228
大化瑶族自治县	451229
宜州市	451281
来宾市	451300
市辖区	451301
兴宾区	451302
忻城县	451321
象州县	451322
武宣县	451323
金秀瑶族自治县	451324
合山市	451381

名　称	数字码	名　称	数字码
崇左市	451400	龙州县	451423
市辖区	451401	大新县	451424
江洲区	451402	天等县	451425
扶绥县	451421	凭祥市(＊)	451481
宁明县	451422		

表 22　海南省(460000 HI)代码表

名　称	数字码	名　称	数字码
海口市(＊)	460100	定安县	469021
市辖区	460101	屯昌县	469022
秀英区	460105	澄迈县	469023
龙华区	460106	临高县	469024
琼山区	460107	白沙黎族自治县	469025
美兰区	460108	昌江黎族自治县	469026
三亚市(＊)	460200	乐东黎族自治县	469027
省直辖县级行政区划	469000	陵水黎族自治县	469028
五指山市	469001	保亭黎族苗族自治县	469029
琼海市	469002	琼中黎族苗族自治县	469030
儋州市	469003	西沙群岛	469031
文昌市	469005	南沙群岛	469032
万宁市	469006	中沙群岛的岛礁及其海域	469033
东方市	469007		

表 23　重庆市(500000 CQ)代码表

名　称	数字码	名　称	数字码
市辖区	500100	合川区	500117
万州区	500101	永川区	500118
涪陵区	500102	南川区	500119
渝中区	500103	县	500200
大渡口区	500104	綦江县	500222
江北区	500105	潼南县	500223
沙坪坝区	500106	铜梁县	500224
九龙坡区	500107	大足县	500225
南岸区	500108	荣昌县	500226
北碚区	500109	璧山县	500227
万盛区	500110	梁平县	500228
双桥区	500111	城口县	500229
渝北区	500112	丰都县	500230
巴南区	500113	垫江县	500231
黔江区	500114	武隆县	500232
长寿区	500115	忠县	500233
江津区	500116	开县	500234

名　称	数字码	名　称	数字码
云阳县	500235	石柱土家族自治县	500240
奉节县	500236	秀山土家族苗族自治县	500241
巫山县	500237	酉阳土家族苗族自治县	500242
巫溪县	500238	彭水苗族土家族自治县	500243

表 24　四川省(510000 SC)代码表

名　称	数字码	名　称	数字码
成都市(*)	510100	盐边县	510422
市辖区	510101	泸州市	510500
锦江区	510104	市辖区	510501
青羊区	510105	江阳区	510502
金牛区	510106	纳溪区	510503
武侯区	510107	龙马潭区	510504
成华区	510108	泸县	510521
龙泉驿区	510112	合江县	510522
青白江区	510113	叙永县	510524
新都区	510114	古蔺县	510525
温江区	510115	德阳市	510600
金堂县	510121	市辖区	510601
双流县	510122	旌阳区	510603
郫县	510124	中江县	510623
大邑县	510129	罗江县	510626
蒲江县	510131	广汉市	510681
新津县	510132	什邡市	510682
都江堰市	510181	绵竹市	510683
彭州市	510182	绵阳市(*)	510700
邛崃市	510183	市辖区	510701
崇州市	510184	涪城区	510703
自贡市	510300	游仙区	510704
市辖区	510301	三台县	510722
自流井区	510302	盐亭县	510723
贡井区	510303	安县	510724
大安区	510304	梓潼县	510725
沿滩区	510311	北川羌族自治县	510726
荣县	510321	平武县	510727
富顺县	510322	江油市	510781
攀枝花市(*)	510400	广元市	510800
市辖区	510401	市辖区	510801
东区	510402	利州区	510802
西区	510403	元坝区	510811
仁和区	510411	朝天区	510812
米易县	510421	旺苍县	510821

名　称	数字码	名　称	数字码
青川县	510822	市辖区	511401
剑阁县	510823	东坡区	511402
苍溪县	510824	仁寿县	511421
遂宁市	510900	彭山县	511422
市辖区	510901	洪雅县	511423
船山区	510903	丹棱县	511424
安居区	510904	青神县	511425
蓬溪县	510921	宜宾市	511500
射洪县	510922	市辖区	511501
大英县	510923	翠屏区	511502
内江市	511000	宜宾县	511521
市辖区	511001	南溪县	511522
市中区	511002	江安县	511523
东兴区	511011	长宁县	511524
威远县	511024	高县	511525
资中县	511025	珙县	511526
隆昌县	511028	筠连县	511527
乐山市	511100	兴文县	511528
市辖区	511101	屏山县	511529
市中区	511102	广安市	511600
沙湾区	511111	市辖区	511601
五通桥区	511112	广安区	511602
金口河区	511113	岳池县	511621
犍为县	511123	武胜县	511622
井研县	511124	邻水县	511623
夹江县	511126	华蓥市	511681
沐川县	511129	达州市	511700
峨边彝族自治县	511132	市辖区	511701
马边彝族自治县	511133	通川区	511702
峨眉山市	511181	达县	511721
南充市	511300	宣汉县	511722
市辖区	511301	开江县	511723
顺庆区	511302	大竹县	511724
高坪区	511303	渠县	511725
嘉陵区	511304	万源市	511781
南部县	511321	雅安市	511800
营山县	511322	市辖区	511801
蓬安县	511323	雨城区	511802
仪陇县	511324	名山县	511821
西充县	511325	荥经县	511822
阆中市	511381	汉源县	511823
眉山市	511400	石棉县	511824

名　称	数字码	名　称	数字码
天全县	511825	九龙县	513324
芦山县	511826	雅江县	513325
宝兴县	511827	道孚县(**)	513326
巴中市	511900	炉霍县	513327
市辖区	511901	甘孜县(**)	513328
巴州区	511902	新龙县	513329
通江县	511921	德格县(**)	513330
南江县	511922	白玉县	513331
平昌县	511923	石渠县(**)	513332
资阳市	512000	色达县(**)	513333
市辖区	512001	理塘县	513334
雁江区	512002	巴塘县	513335
安岳县	512021	乡城县	513336
乐至县	512022	稻城县	513337
简阳市	512081	得荣县(**)	513338
阿坝藏族羌族自治州	513200	凉山彝族自治州	513400
汶川县	513221	西昌市	513401
理县	513222	木里藏族自治县	513422
茂县	513223	盐源县	513423
松潘县	513224	德昌县	513424
九寨沟县	513225	会理县	513425
金川县	513226	会东县	513426
小金县	513227	宁南县(**)	513427
黑水县	513228	普格县	513428
马尔康县(**)	513229	布拖县	513429
壤塘县(**)	513230	金阳县	513430
阿坝县	513231	昭觉县	513431
若尔盖县(**)	513232	喜德县	513432
红原县	513233	冕宁县	513433
甘孜藏族自治州(**)	513300	越西县	513434
康定县	513321	甘洛县	513435
泸定县	513322	美姑县	513436
丹巴县	513323	雷波县	513437

表 25　贵州省(520000 GZ)代码表

名　称	数字码	名　称	数字码
贵阳市(*)	520100	白云区	520113
市辖区	520101	小河区	520114
南明区	520102	开阳县	520121
云岩区	520103	息烽县	520122
花溪区	520111	修文县	520123
乌当区	520112	清镇市	520181

名　称	数字码	名　称	数字码
六盘水市	520200	兴仁县	522322
钟山区	520201	普安县	522323
六枝特区	520203	晴隆县	522324
水城县	520221	贞丰县	522325
盘县	520222	望谟县	522326
遵义市	520300	册亨县	522327
市辖区	520301	安龙县	522328
红花岗区	520302	毕节地区	522400
汇川区	520303	毕节市	522401
遵义县	520321	大方县	522422
桐梓县	520322	黔西县	522423
绥阳县	520323	金沙县	522424
正安县	520324	织金县	522425
道真仡佬族苗族自治县	520325	纳雍县	522426
务川仡佬族苗族自治县	520326	威宁彝族回族苗族自治县	522427
凤冈县	520327	赫章县	522428
湄潭县	520328	黔东南苗族侗族自治州	522600
余庆县	520329	凯里市	522601
习水县	520330	黄平县	522622
赤水市	520381	施秉县	522623
仁怀市	520382	三穗县	522624
安顺市	520400	镇远县	522625
市辖区	520401	岑巩县	522626
西秀区	520402	天柱县	522627
平坝县	520421	锦屏县	522628
普定县	520422	剑河县	522629
镇宁布依族苗族自治县	520423	台江县	522630
关岭布依族苗族自治县	520424	黎平县	522631
紫云苗族布依族自治县	520425	榕江县	522632
铜仁地区	522200	从江县	522633
铜仁市	522201	雷山县	522634
江口县	522222	麻江县	522635
玉屏侗族自治县	522223	丹寨县	522636
石阡县	522224	黔南布依族苗族自治州	522700
思南县	522225	都匀市	522701
印江土家族苗族自治县	522226	福泉市	522702
德江县	522227	荔波县	522722
沿河土家族自治县	522228	贵定县	522723
松桃苗族自治县	522229	瓮安县	522725
万山特区	522230	独山县	522726
黔西南布依族苗族自治州	522300	平塘县	522727
兴义市	522301	罗甸县	522728

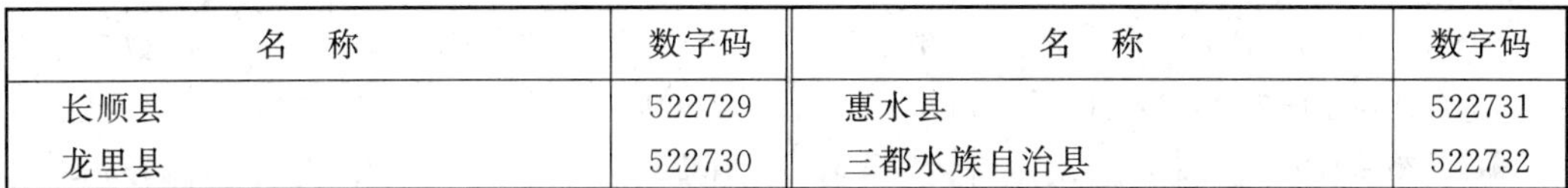

名　称	数字码	名　称	数字码
长顺县	522729	惠水县	522731
龙里县	522730	三都水族自治县	522732

表 26　云南省(530000 YN)代码表

名　称	数字码	名　称	数字码
昆明市(*)	530100	元江哈尼族彝族傣族自治县	530428
市辖区	530101	保山市	530500
五华区	530102	市辖区	530501
盘龙区	530103	隆阳区	530502
官渡区	530111	施甸县	530521
西山区	530112	腾冲县	530522
东川区	530113	龙陵县	530523
呈贡县	530121	昌宁县	530524
晋宁县	530122	昭通市	530600
富民县	530124	市辖区	530601
宜良县	530125	昭阳区	530602
石林彝族自治县	530126	鲁甸县	530621
嵩明县	530127	巧家县	530622
禄劝彝族苗族自治县(**)	530128	盐津县	530623
寻甸回族彝族自治县	530129	大关县	530624
安宁市	530181	永善县	530625
曲靖市	530300	绥江县	530626
市辖区	530301	镇雄县	530627
麒麟区	530302	彝良县	530628
马龙县	530321	威信县	530629
陆良县	530322	水富县	530630
师宗县	530323	丽江市	530700
罗平县	530324	市辖区	530701
富源县	530325	古城区	530702
会泽县	530326	玉龙纳西族自治县	530721
沾益县	530328	永胜县	530722
宣威市	530381	华坪县	530723
玉溪市	530400	宁蒗彝族自治县	530724
市辖区	530401	普洱市	530800
红塔区	530402	市辖区	530801
江川县	530421	思茅区(*)	530802
澄江县	530422	宁洱哈尼族彝族自治县	530821
通海县	530423	墨江哈尼族自治县	530822
华宁县	530424	景东彝族自治县	530823
易门县	530425	景谷傣族彝族自治县	530824
峨山彝族自治县	530426	镇沅彝族哈尼族拉祜族自治县	530825
新平彝族傣族自治县	530427	江城哈尼族彝族自治县	530826

名　称	数字码	名　称	数字码
孟连傣族拉祜族佤族自治县(*)	530827	砚山县	532622
澜沧拉祜族自治县	530828	西畴县	532623
西盟佤族自治县	530829	麻栗坡县	532624
临沧市	530900	马关县	532625
市辖区	530901	丘北县	532626
临翔区	530902	广南县	532627
凤庆县	530921	富宁县	532628
云县	530922	西双版纳傣族自治州	532800
永德县	530923	景洪市(*)	532801
镇康县	530924	勐海县	532822
双江拉祜族佤族布朗族傣族自治县	530925	勐腊县	532823
耿马傣族佤族自治县	530926	大理白族自治州	532900
沧源佤族自治县	530927	大理市	532901
楚雄彝族自治州	532300	漾濞彝族自治县	532922
楚雄市	532301	祥云县	532923
双柏县	532322	宾川县	532924
牟定县	532323	弥渡县	532925
南华县	532324	南涧彝族自治县	532926
姚安县	532325	巍山彝族回族自治县	532927
大姚县	532326	永平县	532928
永仁县	532327	云龙县	532929
元谋县	532328	洱源县	532930
武定县	532329	剑川县	532931
禄丰县	532331	鹤庆县	532932
红河哈尼族彝族自治州	532500	德宏傣族景颇族自治州	533100
个旧市	532501	瑞丽市(*)	533102
开远市	532502	潞西市	533103
蒙自县	532522	梁河县	533122
屏边苗族自治县	532523	盈江县(*)	533123
建水县	532524	陇川县	533124
石屏县	532525	怒江傈僳族自治州	533300
弥勒县	532526	泸水县	533321
泸西县	532527	福贡县	533323
元阳县	532528	贡山独龙族怒族自治县	533324
红河县	532529	兰坪白族普米族自治县	533325
金平苗族瑶族傣族自治县	532530	迪庆藏族自治州(**)	533400
绿春县	532531	香格里拉县(**)	533421
河口瑶族自治县(*)	532532	德钦县(**)	533422
文山壮族苗族自治州	532600	维西傈僳族自治县	533423
文山县	532621		

表 27　西藏自治区(540000 XZ)代码表

名　称	数字码	名　称	数字码
拉萨市(*)	540100	拉孜县(**)	542326
市辖区	540101	昂仁县(**)	542327
城关区	540102	谢通门县(**)	542328
林周县(**)	540121	白朗县(**)	542329
当雄县(**)	540122	仁布县(**)	542330
尼木县(**)	540123	康马县(**)	542331
曲水县(**)	540124	定结县(**)	542332
堆龙德庆县(**)	540125	仲巴县	542333
达孜县(**)	540126	亚东县	542334
墨竹工卡县(**)	540127	吉隆县(*)	542335
昌都地区(**)	542100	聂拉木县(**)	542336
昌都县(**)	542121	萨嘎县(**)	542337
江达县(**)	542122	岗巴县(**)	542338
贡觉县(**)	542123	那曲地区(**)	542400
类乌齐县(**)	542124	那曲县(**)	542421
丁青县(**)	542125	嘉黎县(**)	542422
察雅县(**)	542126	比如县	542423
八宿县(**)	542127	聂荣县(**)	542424
左贡县(**)	542128	安多县(**)	542425
芒康县(**)	542129	申扎县(**)	542426
洛隆县(**)	542132	索县(**)	542427
边坝县(**)	542133	班戈县(**)	542428
山南地区	542200	巴青县(**)	542429
乃东县(**)	542221	尼玛县(**)	542430
扎囊县(**)	542222	阿里地区(**)	542500
贡嘎县(**)	542223	普兰县(**)	542521
桑日县	542224	札达县(**)	542522
琼结县(**)	542225	噶尔县(**)	542523
曲松县(**)	542226	日土县(**)	542524
措美县(**)	542227	革吉县(**)	542525
洛扎县(**)	542228	改则县(**)	542526
加查县(**)	542229	措勤县(**)	542527
隆子县(**)	542231	林芝地区(**)	542600
错那县(**)	542232	林芝县(**)	542621
浪卡子县(**)	542233	工布江达县(**)	542622
日喀则地区(**)	542300	米林县(**)	542623
日喀则市(**)	542301	墨脱县(**)	542624
南木林县(**)	542322	波密县	542625
江孜县(**)	542323	察隅县(**)	542626
定日县(**)	542324	朗县(**)	542627
萨迦县(**)	542325		

表 28　陕西省(610000 SN)代码表

名　称	数字码	名　称	数字码
西安市(*)	610100	泾阳县	610423
市辖区	610101	乾县	610424
新城区	610102	礼泉县	610425
碑林区	610103	永寿县	610426
莲湖区	610104	彬县	610427
灞桥区	610111	长武县	610428
未央区	610112	旬邑县	610429
雁塔区	610113	淳化县	610430
阎良区	610114	武功县	610431
临潼区	610115	兴平市	610481
长安区	610116	渭南市	610500
蓝田县	610122	市辖区	610501
周至县	610124	临渭区	610502
户县	610125	华县	610521
高陵县	610126	潼关县	610522
铜川市	610200	大荔县	610523
市辖区	610201	合阳县	610524
王益区	610202	澄城县	610525
印台区	610203	蒲城县	610526
耀州区	610204	白水县	610527
宜君县	610222	富平县	610528
宝鸡市	610300	韩城市	610581
市辖区	610301	华阴市	610582
渭滨区	610302	延安市	610600
金台区	610303	市辖区	610601
陈仓区	610304	宝塔区	610602
凤翔县	610322	延长县	610621
岐山县	610323	延川县	610622
扶风县	610324	子长县	610623
眉县	610326	安塞县	610624
陇县	610327	志丹县	610625
千阳县	610328	吴起县	610626
麟游县	610329	甘泉县	610627
凤县	610330	富县	610628
太白县	610331	洛川县	610629
咸阳市	610400	宜川县	610630
市辖区	610401	黄龙县	610631
秦都区	610402	黄陵县	610632
杨陵区	610403	汉中市	610700
渭城区	610404	市辖区	610701
三原县	610422	汉台区	610702

名　称	数字码	名　称	数字码
南郑县	610721	子洲县	610831
城固县	610722	安康市	610900
洋县	610723	市辖区	610901
西乡县	610724	汉滨区	610902
勉县	610725	汉阴县	610921
宁强县	610726	石泉县	610922
略阳县	610727	宁陕县	610923
镇巴县	610728	紫阳县	610924
留坝县	610729	岚皋县	610925
佛坪县	610730	平利县	610926
榆林市	610800	镇坪县	610927
市辖区	610801	旬阳县	610928
榆阳区	610802	白河县	610929
神木县	610821	商洛市	611000
府谷县	610822	市辖区	611001
横山县	610823	商州区	611002
靖边县	610824	洛南县	611021
定边县	610825	丹凤县	611022
绥德县	610826	商南县	611023
米脂县	610827	山阳县	611024
佳县	610828	镇安县	611025
吴堡县	610829	柞水县	611026
清涧县	610830		

表 29　甘肃省(620000 GS)代码表

名　称	数字码	名　称	数字码
兰州市(*)	620100	市辖区	620401
市辖区	620101	白银区	620402
城关区	620102	平川区	620403
七里河区	620103	靖远县	620421
西固区	620104	会宁县	620422
安宁区	620105	景泰县	620423
红古区	620111	天水市	620500
永登县	620121	市辖区	620501
皋兰县	620122	秦州区	620502
榆中县	620123	麦积区	620503
嘉峪关市	620200	清水县	620521
金昌市	620300	秦安县	620522
市辖区	620301	甘谷县	620523
金川区	620302	武山县	620524
永昌县	620321	张家川回族自治县	620525
白银市	620400	武威市	620600

名　称	数字码	名　称	数字码
市辖区	620601	镇原县	621027
凉州区	620602	定西市	621100
民勤县	620621	市辖区	621101
古浪县	620622	安定区	621102
天祝藏族自治县	620623	通渭县	621121
张掖市	620700	陇西县	621122
市辖区	620701	渭源县	621123
甘州区	620702	临洮县	621124
肃南裕固族自治县	620721	漳县	621125
民乐县	620722	岷县	621126
临泽县	620723	陇南市	621200
高台县	620724	市辖区	621201
山丹县	620725	武都区	621202
平凉市	620800	成县	621221
市辖区	620801	文县	621222
崆峒区	620802	宕昌县	621223
泾川县	620821	康县	621224
灵台县	620822	西和县	621225
崇信县	620823	礼县	621226
华亭县	620824	徽县	621227
庄浪县	620825	两当县	621228
静宁县	620826	临夏回族自治州	622900
酒泉市	620900	临夏市	622901
市辖区	620901	临夏县	622921
肃州区	620902	康乐县	622922
金塔县	620921	永靖县	622923
瓜州县	620922	广河县	622924
肃北蒙古族自治县	620923	和政县	622925
阿克塞哈萨克族自治县(**)	620924	东乡族自治县	622926
玉门市	620981	积石山保安族东乡族撒拉族自治县	622927
敦煌市	620982	甘南藏族自治州	623000
庆阳市	621000	合作市	623001
市辖区	621001	临潭县	623021
西峰区	621002	卓尼县(**)	623022
庆城县	621021	舟曲县(**)	623023
环县	621022	迭部县(**)	623024
华池县	621023	玛曲县	623025
合水县	621024	碌曲县	623026
正宁县	621025	夏河县	623027
宁县	621026		

表 30 青海省(630000 QH)代码表

名　称	数字码	名　称	数字码
西宁市(*)	630100	海南藏族自治州	632500
市辖区	630101	共和县	632521
城东区	630102	同德县	632522
城中区	630103	贵德县	632523
城西区	630104	兴海县	632524
城北区	630105	贵南县	632525
大通回族土族自治县	630121	果洛藏族自治州(**)	632600
湟中县	630122	玛沁县(**)	632621
湟源县	630123	班玛县(**)	632622
海东地区	632100	甘德县(**)	632623
平安县	632121	达日县(**)	632624
民和回族土族自治县	632122	久治县(**)	632625
乐都县	632123	玛多县(**)	632626
互助土族自治县	632126	玉树藏族自治州	632700
化隆回族自治县	632127	玉树县	632721
循化撒拉族自治县	632128	杂多县(**)	632722
海北藏族自治州	632200	称多县(**)	632723
门源回族自治县	632221	治多县(**)	632724
祁连县	632222	囊谦县(**)	632725
海晏县	632223	曲麻莱县(**)	632726
刚察县(**)	632224	海西蒙古族藏族自治州	632800
黄南藏族自治州	632300	格尔木市(**)	632801
同仁县	632321	德令哈市(**)	632802
尖扎县(**)	632322	乌兰县(**)	632821
泽库县(**)	632323	都兰县	632822
河南蒙古族自治县	632324	天峻县	632823

表 31 宁夏回族自治区(640000 NX)代码表

名　称	数字码	名　称	数字码
银川市(*)	640100	平罗县	640221
市辖区	640101	吴忠市	640300
兴庆区	640104	市辖区	640301
西夏区	640105	利通区	640302
金凤区	640106	盐池县	640323
永宁县	640121	同心县	640324
贺兰县	640122	青铜峡市	640381
灵武市	640181	固原市	640400
石嘴山市	640200	市辖区	640401
市辖区	640201	原州区	640402
大武口区	640202	西吉县	640422
惠农区	640205	隆德县	640423

名　称	数字码	名　称	数字码
泾源县	640424	沙坡头区	640502
彭阳县	640425	中宁县	640521
中卫市	640500	海原县	640522
市辖区	640501		

表 32　新疆维吾尔自治区(650000 XJ)代码表

名　称	数字码	名　称	数字码
乌鲁木齐市(*)	650100	精河县	652722
市辖区	650101	温泉县	652723
天山区	650102	巴音郭楞蒙古自治州(**)	652800
沙依巴克区(**)	650103	库尔勒市(**)	652801
新市区	650104	轮台县(**)	652822
水磨沟区	650105	尉犁县	652823
头屯河区	650106	若羌县	652824
达坂城区	650107	且末县	652825
东山区	650108	焉耆回族自治县	652826
乌鲁木齐县(**)	650121	和静县	652827
克拉玛依市(**)	650200	和硕县(**)	652828
市辖区	650201	博湖县	652829
独山子区	650202	阿克苏地区(**)	652900
克拉玛依区(**)	650203	阿克苏市(**)	652901
白碱滩区	650204	温宿县	652922
乌尔禾区(**)	650205	库车县(**)	652923
吐鲁番地区(**)	652100	沙雅县(**)	652924
吐鲁番市(**)	652101	新和县	652925
鄯善县	652122	拜城县	652926
托克逊县(**)	652123	乌什县	652927
哈密地区	652200	阿瓦提县(**)	652928
哈密市	652201	柯坪县(**)	652929
巴里坤哈萨克自治县(**)	652222	克孜勒苏柯尔克孜自治州(**)	653000
伊吾县	652223	阿图什市(**)	653001
昌吉回族自治州	652300	阿克陶县(**)	653022
昌吉市	652301	阿合奇县(**)	653023
阜康市	652302	乌恰县	653024
米泉市	652303	喀什地区	653100
呼图壁县	652323	喀什市(*)	653101
玛纳斯县(**)	652324	疏附县	653121
奇台县	652325	疏勒县	653122
吉木萨尔县(**)	652327	英吉沙县(**)	653123
木垒哈萨克自治县(**)	652328	泽普县	653124
博尔塔拉蒙古自治州(**)	652700	莎车县	653125
博乐市(*)	652701	叶城县	653126

名　称	数字码	名　称	数字码
麦盖提县(**)	653127	特克斯县(**)	654027
岳普湖县(**)	653128	尼勒克县(**)	654028
伽师县	653129	塔城地区	654200
巴楚县	653130	塔城市	654201
塔什库尔干塔吉克自治县(**)	653131	乌苏市(**)	654202
和田地区(**)	653200	额敏县	654221
和田市(**)	653201	沙湾县	654223
和田县(**)	653221	托里县(**)	654224
墨玉县	653222	裕民县	654225
皮山县	653223	和布克赛尔蒙古自治县(**)	654226
洛浦县(**)	653224	阿勒泰地区(**)	654300
策勒县(**)	653225	阿勒泰市(**)	654301
于田县	653226	布尔津县(**)	654321
民丰县	653227	富蕴县	654322
伊犁哈萨克自治州(**)	654000	福海县	654323
伊宁市(*)	654002	哈巴河县	654324
奎屯市(**)	654003	青河县	654325
伊宁县	654021	吉木乃县(*)	654326
察布查尔锡伯自治县(**)	654022	自治区直辖县级行政区划	659000
霍城县	654023	石河子市	659001
巩留县	654024	阿拉尔市	659002
新源县	654025	图木舒克市	659003
昭苏县	654026	五家渠市	659004

国家统计局办公室关于印发企业登记注册类型对照表的通知

国统办字[2008]105号

颁布时间：2008—9—22　　发文单位：国家统计局办公室

各省、自治区、直辖市统计局，国家统计局各调查总队：

近年来，国家工商行政管理总局陆续出台了新的企业登记注册管理办法，为便于在统计调查中准确填报登记注册类型，我们编制了《企业登记注册类型对照表》。现将《企业登记注册类型对照表》印发给你们，请在统计工作中遵照执行。

国家统计局办公室

二〇〇八年九月二十二日

企业登记注册类型对照表

企业(机构)类型代码表(工商总局)		1998年《关于划分企业登记注册类型的规定》	
1000	**内资公司**		
1100	有限责任公司		
1110	有限责任公司(国有独资)	151	国有独资公司
1120	有限责任公司(外商投资企业投资)		
1121	有限责任公司(外商投资企业合资)	330	外资企业
1122	有限责任公司(外商投资企业与内资合资)	310	中外合资经营企业
1123	有限责任公司(外商投资企业法人独资)	330	外资企业
1130	有限责任公司(自然人投资或控股)	173	私营有限责任公司
1140	有限责任公司(国有控股)	159	其他有限责任公司
1150	一人有限责任公司		
1151	有限责任公司(自然人独资)	173	私营有限责任公司
1152	有限责任公司(法人独资)	173	私营有限责任公司
1190	其他有限责任公司	159	其他有限责任公司
1200	股份有限公司		

企业(机构)类型代码表(工商总局)		1998年《关于划分企业登记注册类型的规定》	
1210	股份有限公司(上市)		
1211	股份有限公司(上市、外商投资企业投资)	340	外商投资股份有限公司
1212	股份有限公司(上市、自然人投资或控股)	174	私营股份有限公司
1213	股份有限公司(上市、国有控股)	160	股份有限公司
1219	其他股份有限公司(上市)	160	股份有限公司
1220	股份有限公司(非上市)		
1221	股份有限公司(非上市、外商投资企业投资)	340	外商投资股份有限公司
1222	股份有限公司(非上市、自然人投资或控股)	174	私营股份有限公司
1223	股份有限公司(非上市、国有控股)	160	股份有限公司
1229	其他股份有限公司(非上市)	160	股份有限公司
2000	**内资分公司**		
2100	有限责任公司分公司		
2110	有限责任公司分公司(国有独资)	151	国有独资公司
2120	有限责任公司分公司(外商投资企业投资)		
2121	有限责任公司分公司(外商投资企业合资)	330	外资企业
2122	有限责任公司分公司(外商投资企业与内资合资)	310	中外合资经营企业
2123	有限责任公司分公司(外商投资企业法人独资)	330	外资企业
2130	有限责任公司分公司(自然人投资或控股)	173	私营有限责任公司
2140	有限责任公司分公司(国有控股)	159	其他有限责任公司
2150	一人有限责任公司分公司		
2151	有限责任公司分公司(自然人独资)	173	私营有限责任公司
2152	有限责任公司分公司(法人独资)	173	私营有限责任公司
2190	其他有限责任公司分公司	159	其他有限责任公司
2200	股份有限公司分公司		

企业(机构)类型代码表(工商总局)		1998年《关于划分企业登记注册类型的规定》	
2210	股份有限公司分公司(上市)		
2211	股份有限公司分公司(上市、外商投资企业投资)	340	外商投资股份有限公司
2212	股份有限公司分公司(上市、自然人投资或控股)	174	私营股份有限公司
2213	股份有限公司分公司(上市、国有控股)	160	股份有限公司
2219	其他股份有限公司分公司(上市)	160	股份有限公司
2220	股份有限公司分公司(非上市)		
2221	股份有限公司分公司(非上市、外商投资企业投资)	340	外商投资股份有限公司
2222	股份有限公司分公司(非上市、自然人投资或控股)	174	私营股份有限公司
2223	股份有限公司分公司(非上市、国有控股)	160	股份有限公司
2229	其他股份有限公司分公司(非上市)	160	股份有限公司
3000	**内资企业法人**		
3100	全民所有制	110	国有企业
3200	集体所有制	120	集体企业
3300	股份制	151/159/160	国有独资公司/其他有限责任公司/股份有限公司
3400	股份合作制	130	股份合作企业
3500	联营	141/142/143/149	国有联营企业/集体联营企业/国有与集体联营企业/其他联营企业
4000	**内资非法人企业、非公司私营企业及内资非公司企业分支机构**		
4100	事业单位营业		
4110	国有事业单位营业	110	国有企业
4120	集体事业单位营业	120	集体企业
4200	社团法人营业		
4210	国有社团法人营业	110	国有企业
4220	集体社团法人营业	120	集体企业
4300	内资企业法人分支机构(非法人)		

企业(机构)类型代码表(工商总局)		1998年《关于划分企业登记注册类型的规定》	
4310	全民所有制分支机构(非法人)	110	国有企业
4320	集体分支机构(非法人)	120	集体企业
4330	股份制分支机构	151/159/160	国有独资公司/其他有限责任公司/股份有限公司
4340	股份合作制分支机构	130	股份合作企业
4400	经营单位(非法人)		
4410	国有经营单位(非法人)	110	国有企业
4420	集体经营单位(非法人)	120	集体企业
4500	非公司私营企业		
4530	合伙企业		
4531	普通合伙企业	172	私营合伙企业
4532	特殊普通合伙企业	172	私营合伙企业
4533	有限合伙企业	172	私营合伙企业
4540	个人独资企业	171	私营独资企业
4550	合伙企业分支机构		
4551	普通合伙企业分支机构	172	私营合伙企业
4552	特殊普通合伙企业分支机构	172	私营合伙企业
4553	有限合伙企业分支机构	172	私营合伙企业
4560	个人独资企业分支机构	171	私营独资企业
4600	联营	141/142/143/149	国有联营企业/集体联营企业/国有与集体联营企业/其他联营企业
4700	股份制企业(非法人)	151/159/160	国有独资公司/其他有限责任公司/股份有限公司
5000	**外商投资企业**		
5100	有限责任公司		
5110	有限责任公司(中外合资)	310	中外合资经营企业
5120	有限责任公司(中外合作)	320	中外合作经营企业
5130	有限责任公司(外商合资)	330	外资企业
5140	有限责任公司(外国自然人独资)	330	外资企业
5150	有限责任公司(外国法人独资)	330	外资企业

企业(机构)类型代码表(工商总局)		1998年《关于划分企业登记注册类型的规定》	
5160	有限责任公司(外国非法人经济组织独资)	330	外资企业
5190	其他	320	中外合作经营企业
5200	股份有限公司		
5210	股份有限公司(中外合资、未上市)	340	外商投资股份有限公司
5220	股份有限公司(中外合资、上市)	340	外商投资股份有限公司
5230	股份有限公司(外商合资、未上市)	340	外商投资股份有限公司
5240	股份有限公司(外商合资、上市)	340	外商投资股份有限公司
5290	其他	340	外商投资股份有限公司
5300	非公司		
5310	非公司外商投资企业(中外合作)	320	中外合作经营企业
5320	非公司外商投资企业(外商合资)	330	外资企业
5390	其他	320	中外合作经营企业
5800	外商投资企业分支机构		
5810	分公司	330	外资企业
5820	非公司外商投资企业分支机构	330	外资企业
5830	办事处	330	外资企业
5890	其他	330	外资企业
6000	**台、港、澳投资企业**		
6100	有限责任公司		
6110	有限责任公司(台港澳与境内合资)	210	合资经营企业(港或澳、台资)
6120	有限责任公司(台港澳与境内合作)	220	合作经营企业(港或澳、台资)
6130	有限责任公司(台港澳合资)	230	港、澳、台商独资经营企业
6140	有限责任公司(台港澳自然人独资)	230	港、澳、台商独资经营企业
6150	有限责任公司(台港澳法人独资)	230	港、澳、台商独资经营企业
6160	有限责任公司(台港澳非法人经济组织独资)	230	港、澳、台商独资经营企业
6170	有限责任公司(台港澳与外国投资者合资)	230/330	港、澳、台商独资经营企业/外资企业
6190	其他	220	合作经营企业(港或澳、台资)
6200	股份有限公司		

企业(机构)类型代码表(工商总局)		1998年《关于划分企业登记注册类型的规定》	
6210	股份有限公司(台港澳与境内合资、未上市)	240	港、澳、台商投资股份有限公司
6220	股份有限公司(台港澳与境内合资、上市)	240	港、澳、台商投资股份有限公司
6230	股份有限公司(台港澳合资、未上市)	240	港、澳、台商投资股份有限公司
6240	股份有限公司(台港澳合资、上市)	240	港、澳、台商投资股份有限公司
6250	股份有限公司(台港澳与外国投资者合资、未上市)	240/340	港、澳、台商投资股份有限公司/外商投资股份有限公司
6260	股份有限公司(台港澳与外国投资者合资、上市)	240/340	港、澳、台商投资股份有限公司/外商投资股份有限公司
6290	其他	240	港、澳、台商投资股份有限公司
6300	非公司		
6310	非公司台、港、澳企业(台港澳与境内合作)	220	合作经营企业(港或澳、台资)
6320	非公司台、港、澳企业(台港澳合资)	230	港、澳、台商独资经营企业
6390	其他	220	合作经营企业(港或澳、台资)
6800	台、港、澳投资企业分支机构		
6810	分公司	230	港、澳、台商独资经营企业
6820	非公司台、港、澳投资企业分支机构	230	港、澳、台商独资经营企业
6830	办事处	230	港、澳、台商独资经营企业
6890	其他	230	港、澳、台商独资经营企业
7000	**外国(地区)企业**		
7100	外国(地区)公司分支机构		
7110	外国(地区)无限责任公司分支机构	330	外资企业
7120	外国(地区)有限责任公司分支机构	330	外资企业
7130	外国(地区)股份有限责任公司分支机构	340	外商投资股份有限公司
7190	外国(地区)其他形式公司分支机构	330	外资企业
7200	外国(地区)企业常驻代表机构	330	外资企业
7300	外国(地区)企业在中国境内从事经营活动		
7310	分公司	330	外资企业
7390	其他	330	外资企业

企业(机构)类型代码表(工商总局)		1998年《关于划分企业登记注册类型的规定》	
8000	**集团**		
9000	**其他类型**		
9100	农民专业合作经济组织	190	其他企业
9200	农民专业合作经济组织分支机构	190	其他企业
9900	其他	190	其他企业

说明：

1. 凡在工商局登记为“股份制”、“股份制分支机构”、“股份制企业(非法人)”的单位，如是按照《中华人民共和国公司登记管理条例》注册为股份制企业，并以募集方式筹集资本的，对应160“股份有限公司”；否则，对应151“国有独资公司”或159“其他有限责任公司”。

2. “联营”企业按照实际联营情况，对应141“国有联营企业”、142“集体联营企业”、143“国有与集体联营企业”、149“其他联营企业”。

3. “有限责任公司(台港澳与外国投资者合资)”按照台港澳与外国投资者的出资比例，对应230“港、澳、台商独资经营企业”或330“外资企业”。如果出资比例各为50%，则按照协议，以拥有企业实际控制权(协议控股)作为判断依据。

4. “股份有限公司(台港澳与外国投资者合资、未上市、上市)”按照台港澳与外国投资者的股份比例，对应240“港、澳、台商投资股份有限公司”或340“外商投资股份有限公司”。如果双方股份各为50%，则按照协议，以拥有公司实际控制权(协议控股)作为判断依据。

5. “集团”随核心企业判断注册登记类型。